Sandra Severin

Entwicklung eines Reifegradmodells für cloudbasierte Fernsehproduktionsprozesse

Entwicklung eines Reifegradmodells für cloudbasierte Fernsehproduktionsprozesse

Sandra Severin

Universitätsverlag Ilmenau
2023

Impressum

Bibliografische Information der Deutschen Nationalbibliothek
Die Deutsche Nationalbibliothek verzeichnet diese Publikation in der Deutschen Nationalbibliografie; detaillierte bibliografische Angaben sind im Internet über http://dnb.d-nb.de abrufbar.

Diese Arbeit hat der Fakultät für Elektrotechnik und Informationstechnik der Technischen Universität Ilmenau als Dissertation vorgelegen.

Tag der Einreichung:	5. Juli 2021
1. Gutachterin:	Prof. Dr. Heidi Krömker (Technische Universität Ilmenau)
2. Gutachter:	Prof. Dr. Martin Gläser (Hochschule der Medien Stuttgart)
3. Gutachter:	Prof. Dr. Thomas Becker (Hochschule Mainz)
Tag der Verteidigung:	24. März 2022

Technische Universität Ilmenau/Universitätsbibliothek
Universitätsverlag Ilmenau
Postfach 10 05 65
98684 Ilmenau
https://www.tu-ilmenau.de/universitaetsverlag

ISBN 978-3-86360-270-3 (Druckausgabe)
DOI 10.22032/dbt.55663
DOI 10.22032/dbt.55664 (Anhang)
URN urn:nbn:de:gbv:ilm1-2022000513
URN urn:nbn:de:gbv:ilm1-2022100041 (Anhang)

Covergrafik: Sandra Severin

Danksagung

Mein besonderer Dank gilt meiner Doktormutter, Frau Professorin Heidi Krömker, die mich zu dieser Dissertation ermutigt hat. Für ihre fachliche Begleitung in den letzten Jahren und ihre konstruktive Unterstützung bedanke ich mich herzlichst. Herrn Professor Martin Gläser und Herrn Professor Thomas Becker danke ich für den Austausch und die Erstellung der Gutachten.

Ohne die Teilnahme der Expertinnen und Experten an den empirischen Erhebungen wäre diese Reifegradmodellentwicklung nicht möglich gewesen. Ich danke allen Teilnehmerinnen und Teilnehmern ausdrücklich für ihre Zeit und das Feedback.

Ich danke meinem Arbeitgeber, dem Zweiten Deutschen Fernsehen. An dieser Stelle danke ich besonders Herrn Wolfgang Flothow, der die Finanzierung ermöglichte, mir die größtmögliche Freiheit für diese Arbeit einräumte und auf diesem Weg großes Vertrauen entgegenbrachte. Durch die Anstellung konnte ich im Produktions- und Sendebetrieb wesentliche Praxiserfahrung für diese Arbeit sammeln. Bei meinen Kolleginnen, Christiane Janusch, Anke Schönauer, Verena Comont und meinen Kollegen, Peter Hardt, Thomas Köhler und Michael Tschirner, bedanke ich mich von Herzen für die hohe Hilfsbereitschaft und die wertvollen Anregungen in dieser Zeit.

Ich bedanke mich bei Frau Beatrix Bau und Frau Maria-Magdalena Kielholz, deren Abschlussarbeiten ich am Fachgebiet Medienproduktion vonseiten des ZDFs betrieblich betreut habe, und die wichtige Vorstudien zu dieser Arbeit erbracht haben. Herzlichst bedanken möchte ich mich bei Theresia und Andreas Woth, die mir wesentliche Unterstützung im Rahmen der orthografischen Korrektur zuteilwerden ließen.

Darüber hinaus danke ich meinen Eltern sehr für ihren Glauben an mich und ihre Zuversicht, die mich immer wieder gestärkt hat. Mein ausdrücklicher Dank gebührt meinem Partner Andreas Woth, der mich über die letzten Jahre hinweg mit beispiellosem Verständnis unterstützt hat. Ich bin sehr dankbar für die ausgiebigen Gespräche in dieser Zeit, die eine besondere Grundlage zur Reflexion darstellten. Sein Anteil an dieser Arbeit ist außerordentlich.

Kurzfassung

Seit einigen Jahren ermöglichen neue Technologien in der Fernsehproduktion dezentrales, paralleles und vor allem schnelleres Arbeiten. Speziell das Potenzial der Cloud-Technologie mit ihren vielfältigen und neuartigen Einsatzmöglichkeiten entlang des Fernsehproduktionsprozesses kann sich jedoch nur entfalten, wenn die zumeist historisch gewachsenen Fernsehproduktionsprozesse an die neuen Möglichkeiten angepasst werden. Das gelingt oft nur mit einer ganzheitlichen Betrachtung der Prozesse. Eine wissenschaftliche Systematik mit erprobten Instrumentarien bietet dazu das Geschäftsprozessmanagement, das mit sogenannten Reifegradmodellen die Prozessreife bewertet und Maßnahmen für eine Optimierung hin zu einer höheren Reifestufe vorschlägt. Eine Situationsanalyse der Literatur tangierter Fachgebiete und der Praxis hat gezeigt, dass die Optimierung von Prozessen im besonders spezifischen Fernsehproduktionskontext nicht ausreichend thematisiert wird.

Das Ziel dieser Ausarbeitung ist, diese Forschungslücke zu schließen und ein spezifisches Prozessreifegradmodell für die cloudbasierte Fernsehproduktion zu entwickeln, das bewertet, inwieweit diese Prozesse mit Blick auf die Cloud-Nutzung optimiert sind. Es wird erläutert, welche Potenziale Cloud Computing als Basistechnologie für die Fernsehproduktion bietet und wie die cloudbasierten Prozesse gestaltet sein müssen, damit sie dieses Potenzial ausschöpfen. Schritt für Schritt wird nach dem Bottom-up-Vorgehen von de Bruin et al. das Reifegradmodell hergeleitet, d. h., dass aus den theoretischen Grundlagen der Situationsanalyse und den Erkenntnissen der Fernsehproduktionspraxis heraus, die in verschiedenen empirischen Erhebungen mit Expertinnen und Experten der Fernsehbranche gewonnen werden, die Inhalte des Reifegradmodells von Grund auf erstellt werden. Um die Praxistauglichkeit des entwickelten Modells zu sichern, wird eben dieses abschließend in unterschiedlich organisierten Fernsehsendern evaluiert. Die zielorientierte Evaluation wird formativ durch die Anwendung des Reifegradmodells in drei Fallstudien und summativ durch leitfadengestützte Einzelinterviews durchgeführt. Eine Legitimation des Reifegradmodells sowie Verbesserungspotenziale zur Weiterentwicklung des Modells erfolgen daraus.

Das Kernergebnis der Arbeit ist das weiterentwickelte Reifegradmodell für cloudbasierte Fernsehproduktionsprozesse.

Abstract

For some years now, new technologies in television production have enabled decentralized, parallel and, above all, faster work. However, the potential of cloud technology in particular, with its diverse and novel applications along the television production process, can only unfold if the television production processes, most of which have grown historically, are adapted to the new possibilities. This is often only possible with a holistic view of the processes. Business process management offers a scientific system with tried-and-tested instruments for this purpose. It uses so-called maturity models to evaluate the maturity of processes and proposes measures for optimization to a higher level of maturity. A situation analysis of the literature of tangential fields and practice has shown that the optimization of processes in the particularly specific context of television production is not sufficiently addressed.

The aim of this thesis is to close this research gap and to develop a specific process maturity model for cloud-based television production that evaluates the extent to which these processes are optimized with a view to cloud use. It will be explained what potential cloud computing offers as a basic technology for television production and how the cloud-based processes must be designed in order to exploit this potential. Step by step, the maturity model is derived according to the bottom-up approach model of de Bruin et al., i.e., the contents of the maturity model are created from scratch based on the theoretical foundations of the situation analysis and the findings of television production practice obtained in various empirical surveys with experts in the television industry. In order to test the practical suitability of the developed model, it will be evaluated in differently organized television stations. The goal-oriented evaluation will be carried out formatively through the application of the maturity model in three case studies and summatively through guideline-supported individual interviews. A legitimation of the maturity model as well as improvement potentials for the further development of the model follow from it.

The core result of the thesis is the further developed maturity model for cloud-based television production processes.

Inhaltsverzeichnis

1 Ausschöpfung der Potenziale von Cloud-Technologie in Fernsehproduktionsprozessen

1.1 Problemstellung der Arbeit

„Das Fernsehen von heute steht an der Schwelle zur vierten Generation. Zum ursprünglich allein terrestrisch ausgestrahlten Fernsehen der ersten Generation kam in den 80er Jahren das Multikanalfernsehen mit neuen Verbreitungswegen über Kabel und Satellit; in einer dritten Generation folgte in den 90er Jahren das digitale Fernsehen, das zunehmend mit dem Internet verschmilzt. Nie zuvor war die Technik so dominant der treibende Motor der Entwicklung unseres Mediums. [...] Die Digitalisierung ist praktisch zu einer ‚permanenten Revolution' geworden" (Dörr et al. 2016, S. 1).

Digitalisierung als permanente Revolution

Thomas Bellut, Intendant des *Zweiten Deutschen Fernsehens (ZDF)*, beschreibt mit diesen Worten den schleichenden Prozess der Konvergenz von Medien, Informationstechnologie und Telekommunikation und die herausfordernde Ausgangssituation eines sich ständig im Wandel befindlichen Mediums. Die **Digitalisierung** beschreibt er als Motor für die Weiterentwicklung. Diese findet sowohl mit Blick auf das Medium als auch in den Medienunternehmen selbst statt. „Und so stehen auch die Rundfunkanstalten vor der Frage, wie man die steigenden Anforderungen aus Programm, Technik und von Zuschauerseite künftig lösen soll, bei einem gleichzeitig immer stärker werdenden Kosten- und Konkurrenzdruck. Die Cloud kann hier helfen, vor allem, wenn es um Mobilität, Flexibilität, Skalierbarkeit, Automatisierung, Kapazität und Verfügbarkeit geht" (Keltsch 2018, S. 35).

Kind der Digitalisierung: Cloud Computing

Durch sogenannte *disruptive Technologien* sorgt die Digitalisierung auch in der Fernsehbranche, insbesondere bei technisch komplex ausgestatteten Fernsehsendern, für Prozessinnovationen. „Ein neuartiger und zugleich disruptiver IT-Ansatz beschäftigt seit mehreren Jahren die Köpfe von Führungskräften und IT-Abteilungen und verspricht die Lösung für jegliche Probleme zu sein: **Cloud Computing** [Hervorh. d. d. Verf.] ist das Schlagwort zur Lösung sämtlicher Kapazitäts- und Leistungsengpässe" (vgl. Hentschel/Leyh 2018, S. 4). „Die Cloud" als aktuelles *Buzzword* in jeder IT-Runde ist eine solche disruptive Technologie im Sinne von Christensen (1997). Denn die Cloud-Technologie verändert die bisherige Arbeitsweise und beeinflusst die Märkte nachhaltig, da sie andere IT-Services völlig ersetzt und deren Erfolgslinie damit unterbricht. Die Cloud-Technologie kann darüber hinaus einen zusätzlichen Mehrwert für die Kunden und Kundinnen generieren, indem z. B. mobilere, flexiblere und skalierbare Arbeitsweisen ermöglicht werden.

Die Cloud-Nutzung hat sich – besonders in den letzten Jahren – in Unternehmen aller Branchen etabliert. Einer *KPMG*-Studie zufolge nutzen drei von vier Unternehmen mit über 20 Mitarbeitenden bereits Cloud-Technologie (s. Abb. 1.1).

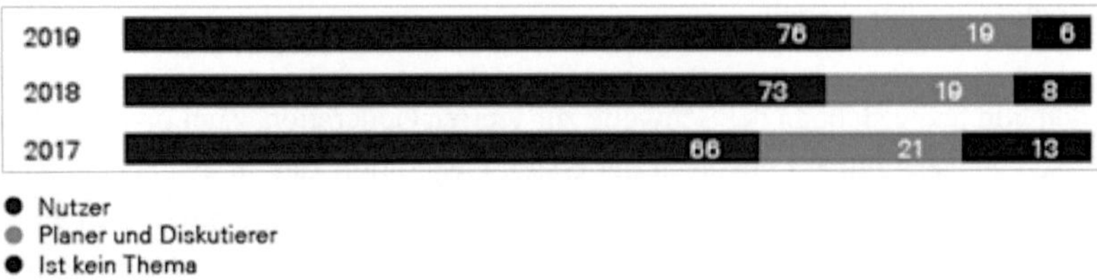

Abbildung 1.1: Nutzung und Planung von Cloud-Technologie im Zeitvergleich, Quelle: KPMG AG Wirtschaftsprüfungsgesellschaft 2020, S. 7.

Die Anwendung von Cloud-Technologie als Prozessinnovation ermöglicht im Allgemeinen die folgenden finanziellen, operativen und strategischen Potenziale:

Finanziell	• Geringere Investitionskosten in eigene IT-Infrastruktur • Verringerung der Kapitalbindung • Niedrigere Betriebs- und Wartungskosten
Operativ	• Flexiblere, agilere und bedarfsorientiertere Skalierung der IT-Infrastruktur • Schnellere Realisierung von IT-Projekten, auch bei fehlendem Know-how • Reduzierter Administrations- und Wartungsaufwand • Ortsunabhängiger Zugriff
Strategisch	• Stärkung der Wettbewerbsvorteile sowie der Entwicklung neuer Geschäftsbereiche • Geringere Markteintrittsbarrieren (schnellere „Time-To-Market“) • Zugang zu Technologien, die bisher nur Großunternehmen zur Verfügung standen • Stärkung der Fachabteilungen durch höhere Verantwortung • Gesteigerte Datensicherheit und bessere Verfügbarkeit von IT-Systemen

Abbildung 1.2: Potenziale der Nutzung von Cloud-Services, Quelle: Hentschel/Leyh 2018, S. 16.

<u>Cloud-Technologie in der Fernsehproduktion</u>

Cloud-Technologie eröffnet damit den historisch gewachsenen Prozessen in der Fernsehproduktion **neue Möglichkeiten für flexibleres, ortsunabhängiges und vor allem schnelleres Arbeiten** (s. Kap. 2.3.4.3). Dennoch befindet sich die Umsetzung der cloudbasierten Unterstützung in der Fernsehbranche im Moment weitestgehend noch in der Pilotphase, bei der nur ausgewählte Herstellungsschritte cloudbasiert unterstützt werden (s. Kap. 2.2.2).

„Nahezu kein anderes IT-Thema wird derzeit und wurde in den vergangenen Jahren so stark und teilweise auch kontrovers diskutiert wie das ‚Rechnen aus oder in der Wolke“ (Hentschel/Leyh 2018, S. 4).

Für **Befürworter** der Cloud-Technologie ist das prozessübergreifende, cloudbasierte Arbeiten nach der Umstellung zu filebasiertem Arbeiten der nächste große Schritt. Die Gegner der Cloud-Technologie befürchten, dass die Risiken bei Performance und Datensicherheit zu hoch und ein Einsatz daher (noch) nicht möglich sei. In der Fernsehbranche ist eine Skepsis gegenüber Cloud-Technologie zu spüren, da relevante technische Parameter, wie z. B. die Transferzeit und die Bandbreite, lange Zeit noch nicht hinreichend entwickelt waren.

Wenn man Einblicke in eben jene gewachsenen Strukturen der Fernsehproduktionswelt erhält, dann kann man die anfängliche **Skepsis** gegenüber der technischen Innovation Cloud-Technologie nachvollziehen. Es muss sowohl in technischer als auch in organisatorischer Hinsicht eine genaue Analyse der Einsatzgebiete erfolgen, damit die Cloud-Technologie ihr Potenzial voll entfalten kann. Denn die Realität zeichnet ein **herausforderndes Bild**, bei dem es verschiedene Einflussfaktoren auf den Prozess abzustimmen gilt:

1. Investitionszyklen versus Innovationszyklen
Die Umsetzung von Cloud-Technologie muss zunächst für die Implementierung aus dem Investitionshaushalt, aber in der Nutzung aus dem Betriebshaushalt, finanziert werden. Das Investitionsvorhaben gestaltet sich sowohl verwaltungs- als auch planungstechnisch anspruchsvoll. Denn die **Investitionszyklen** in den Fernsehsendern sind häufig an der früheren Entwicklungsdauer technischer Innovationen ausgerichtet. Die Planungshorizonte sind daher traditionellerweise langfristig angelegt, z. B. auf sieben bis zehn Jahre. Die **Innovationszyklen** werden heutzutage immer kürzer und vielgestaltiger. Sie erhöhen damit die Komplexität der technischen Integration von Innovationen. Die Diskrepanz zwischen der heute gelebten Realität und einem zukunftsfähigen Arbeitsumfeld wird durch diese Dynamik immer größer.

2. Bewertung von Wirtschaftlichkeit
Die Umsetzung der Cloud-Technologie muss wirtschaftlich vorteilhaft sein. Vor allem die Verschiebung von „CAPEX“, aus dem Englischen capital expenditure meint Investitionskosten, zu „OPEX“, aus dem Englischen operational expenditure meint Betriebskosten, (s. Kap. 2.2.1) und die oft **undurchsichtigen Geschäftsmodelle** der Cloud-Anbieter erschweren die Kalkulation der tatsächlich erforderlichen Kosten. Zudem geht der Einsatz von Cloud oft mit neuen Produktionskonzepten einher. Dies erfordert eine konkrete Wirtschaftlichkeitsbetrachtung, bei der oftmals mit hohen Unsicherheitsfaktoren umzugehen ist, wie z. B. neben dem Kostenfaktor auch mit der Akzeptanz der Nutzer:innen.

3. Kenntnisse und Fähigkeiten der Nutzer der Technologie
Eine **Anpassung der Berufsbilder** sowie eine systematische Aus- und Weiterbildung sind noch nicht überall gelungen und werden durch den demografischen Wandel erschwert. Die

Einsatzmöglichkeiten von Cloud Computing in der Fernsehproduktion erfordern bei den Nutzern neue Kenntnisse und Fähigkeiten auf dem Gebiet der Broadcast-IT.

4. Komplexes Anforderungsmanagement
Die Integration von neuen Technologien verläuft meist sehr vielschichtig. Es müssen völlig unterschiedliche Risiken abgewogen werden, wie z. B. rechtliche Rahmenbedingungen, Datensicherheit, Akzeptanz der Nutzer und letztendlich die nahtlose Integration in die bestehende Technologielandschaft. Das Bestimmen der relevanten Anforderungen ist daher bei der Umsetzung der Cloud-Integration von zentraler Bedeutung. Auch hier muss mit **hohen Unsicherheitsfaktoren** umgegangen werden, da der Einsatz von Cloud-Technologie sowohl den Entscheidern als auch den meisten Nutzern nicht geläufig genug ist.

5. Ganzheitliches Prozessdenken
Bei der Cloud-Integration ist neben der technischen Komponente das ganzheitliche Prozessdenken notwendig. Auch die Anbieter von Cloud-Services, wie *Avid Technology Inc.*, haben daher den Fokus auf die Arbeitsabläufe gelegt:

„Nicht Geräte definieren die Medienproduktion, sondern Workflows" (Ihne 2018, S. 44.).

Das ganzheitliche Prozessdenken wurde in der Fernsehbranche lange vernachlässigt (s. Kap. 2.4.1), sodass die Fernsehproduktionsprozesse in den meisten Fernsehsendern ein **Optimierungspotenzial** aufweisen (s. Kap. 2.3.4.2). Die historisch gewachsenen, technischen Insel- und die vielen prozessualen Individuallösungen können nicht eins zu eins mit Cloud-Technologie unterstützt werden. Das bedeutet, dass Prozesse zunächst für die Anwendung der Cloud-Technologie optimiert werden müssen, damit die Potenziale der Cloud-Technologie ausgeschöpft werden können. Dazu müssen Prozesse in ihrem aktuellen Zustand beschrieben, bewertet und für die Cloud-Technologie optimiert werden. Dabei ist vor allem die wirtschaftliche Bewertung der Prozesseffizienz und -effektivität eine wichtige Determinante.

In Tabelle 1.1 werden die prozessimmanenten Schwachstellen der bestehenden Produktionsprozesse und die damit verbundenen Konsequenzen kurz skizziert, die u. a. in der Vorstudie bei Bau (2019) im Rahmen einer Experten- und Expertinnenbefragung zum Optimierungsbedarf mit Cloud-Technologie erarbeitet wurden (s. dazu Kap. 2.3.4.2).

Schwachstellen der Prozesse	Konsequenzen
Hohe technische Anforderungen an langfristige Datenspeicherung und -transfer gepaart mit temporärem Bedarf an Produktionsmitteln und -infrastruktur;	Hohe Komplexität in der technischen Gesamtübersicht, Kapazitätsauslastung und Sicherheit;
Mangelnde dezentrale Zugriffsmöglichkeiten auf Material und technische Anwendung;	Zahlreiche unnötige Medienbrüche und Kopiervorgänge, technische Redundanzen und zwingende Doppelarbeiten;
Zeitverluste aufgrund von technisch bedingten Wartezeiten im Ablauf.	Zeitverlust führt im Extremfall auch zu einem Qualitätsverlust.

Tabelle 1.1: Schwachstellen der Prozesse und damit verbundene Konsequenzen, Quelle: in Anlehnung an Bau 2019 [betreute Abschlussarbeit], S. 66-74.

Besonders die hohen Anforderungen der Fernsehproduktion an eine verfügbare Prozesstechnik stehen dabei im Vordergrund (s. Tab. 1.1).

Summarisch zeichnen diese verschiedenen Einflussfaktoren ein herausforderndes Gesamtbild, da der Einsatz von Cloud-Technologie einige Anpassungen in Fernsehsendern erfordert.

Wie einleitend betrachtet, zeigt das Gesamtbild aber auch, dass dieser Einsatz zu neuen Arbeitsweisen führen kann. Der funktionale Einsatz der Cloud-Technologie verspricht Skalierbarkeit, Ressourcenzugriff von überall, Ortsunabhängigkeit etc. Die Cloud-Technologie birgt damit großes Potenzial für eine optimierte Fernsehproduktion und effizientere Produktionsprozesse. Im Rahmen dieser Problemstellung drängt sich daher die Frage auf: Wie kann eine Integration der Cloud-Potenziale in die Arbeitsabläufe und Aufgaben gelingen?

1.2 Forschungsziel der Arbeit

An diesem Punkt setzt die Dissertationsschrift an. Es wird deutlich, dass für eine erfolgreiche Integration der Cloud-Technologie unterschiedliche Gewerke berücksichtigt und diese koordiniert werden müssen. Verschiedene Fachgebiete, wie das betriebswirtschaftliche Geschäftsprozessmanagement, die Technologiedisziplin Cloud Computing und das Unternehmensumfeld der Fernsehproduktion als Einsatzort, müssen aufeinander abgestimmt werden (s. Kap. 2.1).

Im Folgenden wird ein Lösungsansatz aufgezeigt, der vom ganzheitlichen Prozessdenken ausgeht und die Prozessoptimierung hin zur optimalen Ausschöpfung der Cloud-Potenziale unterstützt. Dabei wird ein **Instrumentarium** zur Prozessbewertung für Fernsehsender gesucht, das in der Praxis die Anpassung der Prozesse auf die Besonderheiten der Cloud-Technologie ermöglichen und vor allem vereinfachen soll.

Der Fokus der Arbeit liegt auf der Optimierung der Prozesse eines Fernsehsenders hin zu einer erfolgreichen Cloud-Integration. Indem ein Instrumentarium interdisziplinär erarbeitet wird, soll ein Beitrag für die Erreichung von cloudbasierter Prozessreife geleistet werden. Ein Anhaltspunkt für die Prozessweiterentwicklung könnte damit ein Instrumentarium darstellen, das bei der „permanenten Revolution" des Mediums „Fernsehen" unterstützend eingesetzt werden kann.

„Die Optimierung der Produktions-Workflows stellt für Mediencontroller aufgrund der Veränderung der Geschäftsmodelle und Wertschöpfungsstrukturen einerseits und der Verfügbarkeit neuer Produktionstechnologien andererseits eine zentrale Aufgabe dar. Denn neue Herstellungsprozesse generieren auch neue Kosten- und Werttreiber, die erkannt und gezielt gesteuert werden müssen" (Kovarova-Simecek/Aubram 2020, S. 667). Im Prozesscontrolling und zur Entscheidungshilfe im Prozessoptimierungsumfeld werden sogenannte „**Prozessreifegradmodelle**" als Instrumentarium eingesetzt. Prozessreifegradmodelle setzen Kriterien ein, um den Untersuchungsgegenstand, wie beispielsweise den Prozessschritt, zu bewerten und Anforderungen an diesen zu prüfen. So kann die Einordnung eines Prozessschrittes in einen bestimmten Bewertungsstand erfolgen, dem sogenannten „Reifegrad". Das Instrumentarium funktioniert als Vergleichsmodell (s. Kap. 2.4.3) und weist auf, wie die bewerteten Prozesse gestaltet sein müssen, damit sie einen gewünschten Stand erreichen, nämlich die erfolgreiche Ausschöpfung des Cloud-Potenzials.

Ausgehend von diesem Lösungsansatz wird sich der aktuellen Situation interdisziplinär genähert: In Fernsehsendern „gilt es, den erweiterten Bedarf für transmediale, ‚smarte Inhalte' für ‚smarte Endgeräte' kosteneffizient mit ‚smarten Produktionsmitteln' einschließlich des Potenzials der Cloud effizient zu decken" (Schäfer 2015, S. 273). Die erfolgreiche Umsetzung der Potenziale von Cloud-Technologie in der Fernsehproduktion und die kosteneffiziente Produktion ist allerdings herausfordernd. Denn es müssen unterschiedliche Gewerke und sowohl technische als auch betriebswirtschaftliche Aspekte berücksichtigt werden. Ein Instrumentarium, das dies auch aus einem ganzheitlichen Prozessdenken heraus leisten kann, ist ein Reifegradmodell, das durch Kriterien einen gewissen Zustand, den sogenannten Reifegrad, ermittelt und Ansatzpunkte für eine Optimierung der Umsetzung geben kann.

Das **Forschungsziel** ist, Fernsehsendern ein spezifisches Bewertungsmodell für ihre Produktionsprozesse zur Verfügung zu stellen, damit eine Prozessbewertung und -optimierung hin zu einer optimalen Nutzung der Cloud-Technologie erzielt werden kann. Dieses Prozessreifegradmodell muss

- eine hinreichende Spezialisierung mit Blick auf die Cloud-Technologie
- sowie eine Eignung hinsichtlich der Besonderheiten der Fernsehproduktionsprozesse aufweisen.

1.3 Struktur und grundlegende Methoden

Struktur der Dissertationsschrift

Die vorliegende Dissertationsschrift gliedert sich in zwei Teile (s. Abb. 1.3):

- Der **erste Teil** liefert die Darlegung des Forschungsstandes und der gelebten Praxis in der Fernsehproduktion (Teil 1, s. Kap. 2) mit dem Zwischenfazit zur aufgetanen Forschungslücke.
- Der **zweite Teil** der Arbeit dokumentiert die Entwicklung des Reifegradmodells und enthält das angefertigte „Reifegradmodell für cloudbasierte Fernsehproduktionsprozesse" als Kernergebnis (Teil 2, s. Kap. 4).

So werden im **ersten Teil** der Arbeit theoretische und praktische Grundlagen gebildet. Prozessuale, technische sowie fernsehproduktionsspezifische Grundlagen sind notwendige Inhalte zum grundlegenden Verständnis für das junge Forschungsfeld rund um cloudbasierte Fernsehproduktion (s. Abb. 1.3). Vor allem die Prozesszustandsanalyse und Optimierung des Fernsehproduktionsprozesses (s. Kap. 2.3.4) gibt ein rahmengebendes Gespür für den optimalen Zustand von cloudbasierten Fernsehproduktionsprozessen. Die im Kapitel 2 zunächst aus Theorie und Praxis hergeleitete **Forschungslücke** begründet die Entwicklung des Reifegradmodells für cloudbasierte Fernsehproduktionsprozesse im Teil 2 (s. Abb. 1.3). Im **zweiten Teil** der Arbeit wird das Reifegradmodell Bottom-up entwickelt. Das zugrunde gelegte Bottom-up-Vorgehen nach de Bruin et al. (s. Abb. 1.3) wird als Überleitung zu Kap. 4 und Teil 2 in Kap. 3.3 erläutert.

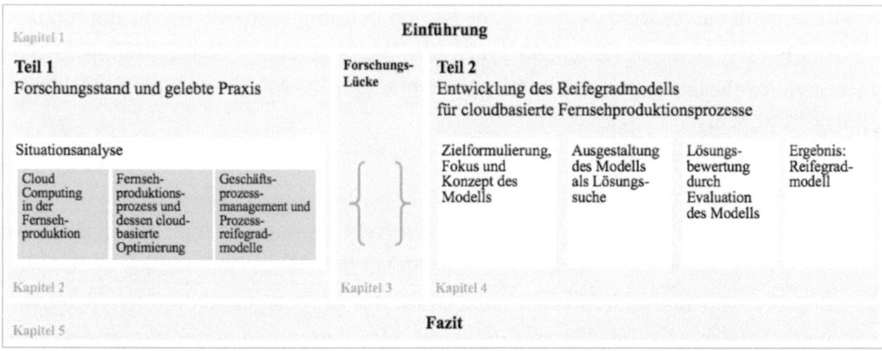

Abbildung 1.3: Struktur der Dissertationsschrift, Quelle: Eigene Darstellung.

Grundlegende Methoden

Dem methodischen Vorgehen liegt der **Problemlösungszyklus (PLZ) aus dem Systems Engineering** (Haberfellner et al. 2015) und ein spezifisches **Bottom-up-Vorgehensmodell nach de Bruin et al.** (2005) für Reifegradmodelle zugrunde (s. Abb. 1.4), die bei der wissenschaftlichen Entwicklung des Prozessreifegradmodells die notwendige Struktur und Orientierung ermöglichen. Beide Vorgehensansätze werden entsprechend logisch aufeinander abgestimmt. Im Folgenden wird für das Gesamtkonstrukt der Arbeit zunächst der

PLZ als übergeordnete Logik der Dissertation beschrieben. Die Erläuterungen zum methodischen Vorgehen der Reifegradmodellentwicklung im Teil 2 der Dissertationsschrift erfolgen im Kap. 3.3.

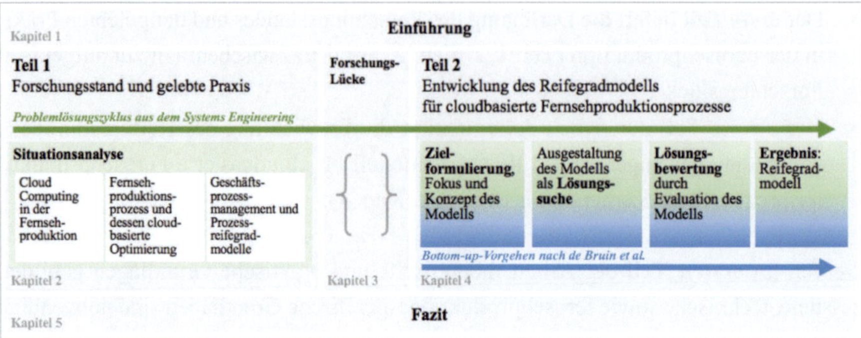

Abbildung 1.4: Struktur und methodisches Vorgehen der Dissertationsschrift, Quelle: Eigene Darstellung.

Methodisch wird sich in dieser Dissertationsschrift vor allem am **Systems Engineering (SE)** orientiert. SE ist eine Methodik zur ganzheitlichen Betrachtung, die das Systemdenken in den Vordergrund stellt und eigene Vorgehensmodelle vorgibt (vgl. Haberfellner et al. 2015, S. 31, 55). Die Methodik entstammt dem Feld der „Systemtheorie“ (vgl. Gausemeier et al. 2013, S. 22) und betrachtet ganzheitlich einen vielschichtigen Sachverhalt bis hin zur Lösungsbildung (vgl. Haberfellner et al. 2015, S. 52). Als zugrunde gelegte Definition wird die Erläuterung des International Council on Systems Engineering (INCOSE) herangezogen: „Systems Engineering is an interdisciplinary approach and means to enable the realization of successful systems. It focuses on defining customer needs and required functionality early in the development cycle, documenting requirements, then proceeding with design synthesis and system validation while considering the complete problem“[1] (Schulze 2009, S. 4).

Da es sich bei den Fernsehsendern, die als System das Nutzungsumfeld des zu entwickelnden Reifegradmodells darstellen, um **„soziotechnische Systeme“** handelt, ist nach Züst die Nutzung als geeignet einzustufen (vgl. Züst 2004, S. 9, 24 f.). Haberfellner et al. haben neben Züst die wissenschaftlichen Grundlagen für das SE gelegt und diese werden daher zur weiteren Erläuterung sowie beim Einsatz der SE-Methodik in dieser Ausarbeitung zitiert. Um Sachverhalte mit ihren Zusammenhängen systematisch zu strukturieren, wird nach Haberfellner „Systemdenken“ benutzt (vgl. Haberfellner et al. 2015, S. 26).

---

[1] Übersetzung: Systems Engineering ist ein interdisziplinärer Ansatz und ermöglicht die Realisierung erfolgreicher Systeme. Es konzentriert sich darauf, Kundenbedürfnisse und erforderliche Funktionalität früh im Entwicklungszyklus zu definieren, Anforderungen zu dokumentieren und dann mit der Entwurfssynthese und Systemvalidierung unter Berücksichtigung des vollständigen Problems fortzufahren.

Vorgehensmodelle

Zur SE-Philosophie zählen neben dem Systemdenken auch die passenden **Vorgehensmodelle** wie „Vom Groben zum Detail", „Denken in Varianten", „Phasenablauf" und „Problemlösungszyklus" (vgl. Haberfellner et al. 2015, S. 31, 55). Die Vorgehensmodelle, die in dieser Dissertationsschrift Anwendung finden, werden im Folgenden beschrieben:

- *Vom Groben zum Detail* (vgl. Haberfellner et al. 2015, S. 56-59): Das Vorgehen „Vom Groben zum Detail" geht von einem weitgefassten Betrachtungsstandpunkt aus und wendet einen zunehmenden Detaillierungsgrad an. Somit wird nicht mit der Betrachtung in der Tiefe begonnen, sondern sich schrittweise herangetastet (ebd.).
- *Problemlösungszyklus* (vgl. Haberfellner et al. 2015, S. 55, 72-79, 193-298): Der PLZ kann als Mikro-Logik zur Lösung von Problemen angewandt werden (ebd., S. 71). Der PLZ als Vorgehensmodell aus dem SE umfasst die Phasen „Anstoß", „Situationsanalyse", „Zielformulierung", „Lösungssuche", „Lösungsbewertung" sowie „Ergebnis" (ebd., S. 72; s. Abb. 1.5).

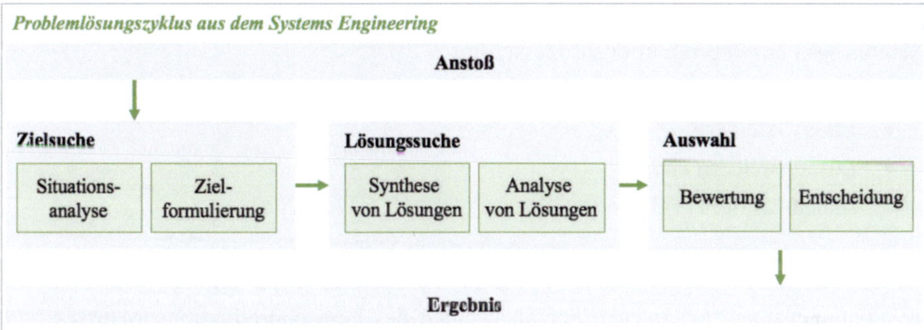

Abbildung 1.5: Vorgehensmodell „Problemlösungszyklus", Quelle: Eigene Darstellung in Anlehnung an Haberfellner et al. 2015, S. 72.

Dieser PLZ lässt sich auf die Struktur dieser Dissertation anwenden:

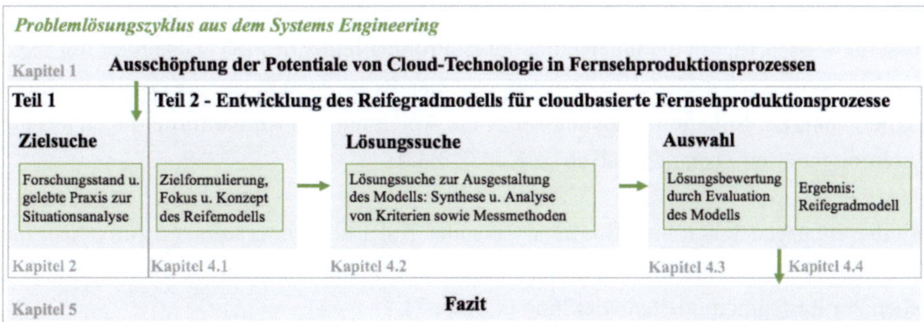

Abbildung 1.6: Angewandter Problemlösungszyklus in der Dissertationsschrift, Quelle: Eigene Darstellung in Anlehnung an Haberfellner et al. 2015, S. 72.

Angewandter Problemlösungszyklus im Detail

Die bereits in der Einführung im Kapitel 1 erläuterte Problemstellung zur Ausschöpfung der Potenziale der Cloud-Technologie in Fernsehproduktionsprozessen bildet den **Anstoß** des PLZs (vgl. Haberfellner et al. 2015, S. 72). In dieser ersten Phase wird sich dem zu lösenden Problem angenommen, um es in der Phase der Situationsanalyse genauer zu untersuchen (s. Abb. 1.6).

Die **Situationsanalyse** (vgl. Haberfellner et al. 2015, S. 194-216) ermöglicht eine Analyse der Ausgangssituation im Rahmen der Zielsuche (s. Kap. 2 Teil 1), d. h. in der vorliegenden Ausarbeitung wird die Analyse und Darstellung des Forschungsstandes sowie der gelebten Praxis rund um cloudbasierte Fernsehproduktionsprozesse vorgenommen (s. Abb. 1.6). Ziel ist es hier schon, „wichtige Randbedingungen für die Lösungssuche“ (ebd., S. 74) im Kapitel 4.2 im zweiten Teil der Dissertationsschrift zu erhalten (s. Abb. 1.6). Im Rahmen einer „systemorientierten Situationsanalyse“ (Haberfellner et al. 2015, S. 73) findet in dieser Phase auch eine **Zustandsanalyse mit und ohne Cloud-Technologie** statt (s. Kap. 2.3.4), in welcher das Systemdenken im Sinne des SEs konkret Anwendung findet (vgl. Züst 2004, S. 63-75). Das Ergebnis dieser Zustandsanalyse ist die Modellierung des Systems des Fernsehproduktionsprozesses mit

- Problemfeldern,
- Eingriffsfeldern,
- Lösungsfeldern und
- seinem Umfeld (vgl. Haberfellner et al. 2015, S. 204-206).

Dabei zeigen die **Problemfelder** im Sinne des SE in dieser Ausarbeitung (s. Kap. 2.3.4.2) die cloudrelevanten generischen Schwachstellen des Fernsehproduktionsprozesses (vgl. Haberfellner et al. 2015, S. 204). Die **Eingriffsfelder** zeigen dann (s. Kap. 2.3.4.3), an welchen Stellen die Einbindung durch Cloud-Technologie geeignet ist (vgl. Haberfellner et al. 2015, S. 204). Der Zustand des Systems kann aus unterschiedlichen „Sichtweisen“ betrachtet werden. Diese werden im SE als **Aspekte** eines Systems bezeichnet (vgl. Haberfellner et al. 2015, S. 43 f.). Diese fokussierte Betrachtung findet Anwendung in dieser Dissertationsschrift, um die unterschiedlichen Problemfelder des IST-Zustandes mit ihren cloudrelevanten Schwachstellen getrennt voneinander zu betrachten (s. Kap. 2.3.4.2). Ein Kernergebnis der Situationsanalyse ist u. a. die Ableitung von Kernanforderungen aus der systemorientierten Zustandsanalyse (s. Kap. 2.3.4.4).

Mit dieser ausgedehnten Situationsanalyse endet Teil 1 der Dissertation (s. Abb. 1.6). Ein Zwischenfazit beschreibt die erarbeitete **Forschungslücke** und skizziert das weitere Vorgehen zur Reifegradmodellentwicklung (s. Kap. 3).

Teil 2 der Dissertation (s. Abb. 1.6) beginnt mit der **Zielformulierung** (vgl. Haberfellner et al. 2015, S. 217-234): Diese formiert als dritte Phase des PLZs die Absichten zur Reifegradmodellentwicklung (s. Kap. 4.1), die nach Abschluss des PLZs erreicht werden sollen (vgl. Haberfellner et al. 2015, S. 75). Als Werkzeug der Zielformulierung kann ein **Zielkatalog** (s. Kap. 4.1.1.2) eingesetzt werden (vgl. Haberfellner et al. 2015, S. 221 f.; Züst 2004, S. 93-108). Der Zielkatalog enthält die verschiedenen Zielarten „MUSS-", „SOLL-" und „WUNSCH-Ziele" (Haberfellner et al. 2015, S. 75, 228 f.; Züst 2004, S. 98-100). Damit fasst der Zielkatalog alle Ziele kategorisiert in Zielklassen und priorisiert zusammen.

Das Ziel der Phase der **Lösungssuche** (vgl. Haberfellner et al. 2015, S. 235-260) ist es (s. Abb. 1.6; s. Kap. 4.2), Lösungen zu sammeln (**Synthese**) und zu untersuchen (**Analyse**): „Der konstruktive [Arbeitsschritt; Anm. d. d. Verf.] wird als Synthese, der kritische als Analyse bezeichnet" (Haberfellner et al. 2015, S. 259). Lösungen sind in diesem Zusammenhang die Inhalte zur Ausgestaltung des Reifegradmodells für cloudbasierte Fernsehproduktionsprozesse in Form von Kriterien für die Prozessbewertung und Messmethoden zur Messung von Reife (s. Abb. 1.6). Die in der Situationsanalyse dargelegten Fachgebiete (s. Kap. 2) geben hier den Gestaltungsrahmen für die Suche nach Kriterien zur Prozessbewertung und zur Ausschöpfung des Cloud-Potenzials. Die aus diesen Fachgebieten gesammelten Kriterien werden strukturiert (s. Kap. 4.2.1.1) und schließlich durch eine empirische Erhebung z. B. auf deren Relevanz analysiert (s. Kap. 4.2.1.2). Nachdem die Messmethoden des Reifegradmodells definiert werden (s. Kap. 4.2.2), wird ein erster Entwurf des Reifegradmodells bereitgestellt.

Die **Lösungsbewertung** (vgl. Haberfellner et al. 2015, S. 261-289) des erstellten Reifegradmodells erfolgt in der nächsten Phase des PLZs (s. Kap. 4.3; s. Abb. 1.6). Mittels einer zielorientierten Evaluation wird das Reifegradmodell durch empirische Erhebungen, wie qualitative Interviews (s. Kap. 4.3.1.1) und Fallstudien (s. Kap. 4.3.1.1), beurteilt. Das Verbesserungspotenzial wird eingearbeitet und das Modell wird weiterentwickelt (s. Kap. 4.3.2).

Das **Ergebnis** des PLZs in dieser Dissertationsschrift wird schließlich im Kapitel 4.4 dargestellt (s. Abb. 1.6).

Neben den Vorgehensmodellen bietet das SE **weitere Werkzeuge und Techniken** für die Analyse und Darstellung von Problemen. Denn das SE ist als eine umfassende Systematik zu verstehen. In dieser Ausarbeitung wird z. B. auch die Analysemethode der **Blackbox** (vgl. Haberfellner et al. 2015, S. 36 f.) verwendet. Bei einer solchen Betrachtung ist der „innere Aufbau eines Phänomens vorläufig noch ohne Bedeutung bzw. unbekannt" (vgl. Haberfellner et al. 2015, S. 36). Bei der Darstellung der noch nicht final zu benennenden

Funktionen von Cloud-Technologie in der Fernsehproduktion wird der Blackbox-Gedanke umgesetzt (s. Kap. 2.2.2).

Da die Phase des Anstoßes des PLZs mit diesem ersten Kapitel abgeschlossen ist, wird im nächsten Kapitel die zweite Phase des PLZs, die Situationsanalyse, begonnen (s. Abb. 1.6). In der folgenden Situationsanalyse werden die drei **Fachgebiete** dieser Arbeit, „Cloud Computing in der Fernsehproduktion“, „Fernsehproduktionsprozess und dessen cloudbasierte Optimierung“ und „Geschäftsprozessmanagement und Prozessreifegradmodelle“ nacheinander eingeführt und in Beziehung zueinander gesetzt, damit die Problemstellung interdisziplinär nach aktuellem Forschungsstand und gelebter Praxis gelöst werden kann.

2 Teil 1: Situationsanalyse

Der erste Teil stellt die Darlegung des Forschungsstandes und der gelebten Praxis in der Fernsehproduktion mit dem Zwischenfazit zur aufgetanen Forschungslücke dar. Die Grundlage bildet die zweite Phase des PLZs: Die **Situationsanalyse** (s. Abb. 2.1).

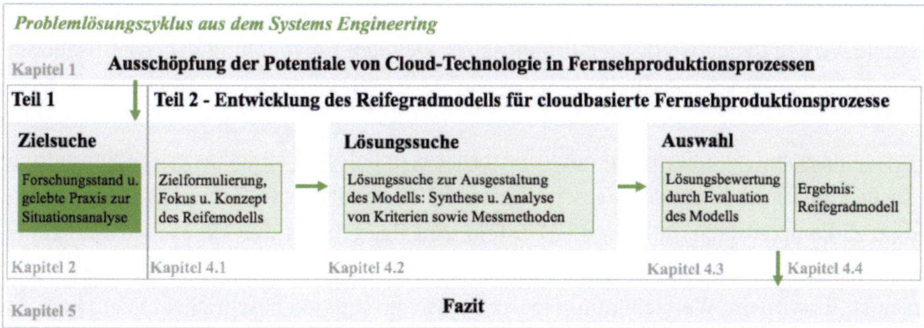

Abbildung 2.1: Inhalte des Kapitels und Verortung im methodischen Vorgehen, Quelle: Eigene Darstellung in Anlehnung an Abb. 1.6.

In dieser Phase wird folglich das interdisziplinäre Spannungsfeld des thematisierten Problems abgegrenzt. Dafür werden der **Forschungsstand der tangierten Fachgebiete** sowie die **gelebte Praxis** bis dato dargestellt.

2.1 Interdisziplinärer Forschungsansatz

Um Fernsehsendern ein Prozessreifegradmodell zur Verfügung zu stellen, bilden die drei Fachgebiete in Abbildung 2.2 das Spannungsfeld:

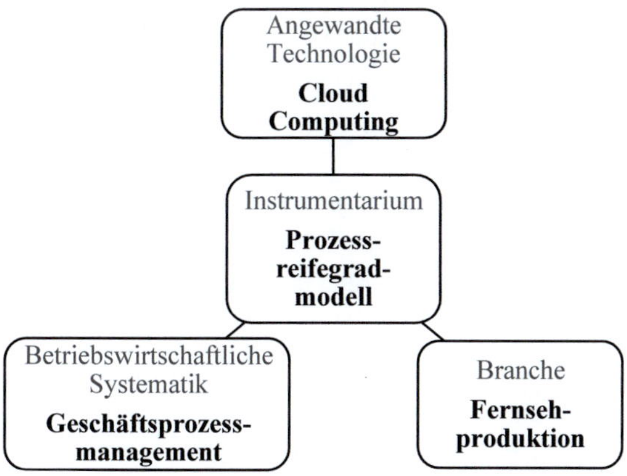

Abbildung 2.2: Das Prozessreifegradmodell in seinem interdisziplinären Spannungsfeld, Quelle: Eigene Darstellung.

Forschungsstand von Cloud Computing in der Fernsehproduktion

Die Problemstellung thematisiert den Einsatz der Cloud-Technologie in Fernsehproduktionsprozessen (s. Kap. 1.1). In diesem Abschnitt wird daher diese **technologische Spezialisierung** theoretisch aufgearbeitet. Zu Beginn des Kapitels wird die Prozessinnovation „Cloud Computing" betrachtet. Die Definition und die technischen Grundlagen werden zunächst beschrieben. Danach wird die Cloud-Technologie in den Kontext der Fernsehproduktion gesetzt. Die Potenziale und Risiken der Cloud-Technologie sowie die Einsatzgebiete werden thematisiert. Eine Prognose zur weiteren Entwicklung in der Fernsehbranche rundet den Forschungsstand ab.

Forschungsstand zum Fernsehproduktionsprozess und dessen cloudbasierter Optimierung

Um den zugrunde liegenden Forschungsstand für cloudbasierte Fernsehproduktionsprozesse zu komplettieren, müssen **das Umfeld und das Objekt der Fernsehproduktionsprozesse** näher untersucht werden. Zunächst wird das Umfeld der Fernsehproduktion betrachtet. Es wird die Wertschöpfung in der Fernsehproduktion beschrieben. Dann liegt der Fokus auf dem Objekt, dem Fernsehproduktionsprozess. Es werden grundlegende Prozessmodelle aus der Literatur aufgelistet und das Prozessmodell nach Krömker/Klimsa (2005) gezielt ausgewählt und konkret beschrieben. Um aufgrund des jungen Forschungsfeldes ein grundlegendes Verständnis und ein Gespür für cloudbasierte Fernsehproduktionsprozesse zu erhalten, werden nach einer IST- und SOLL-Zustandsanalyse die Diskrepanz von IST- und SOLL-Modell aufgezeigt und Kernanforderungen hergeleitet.

Forschungsstand zum Geschäftsprozessmanagement und zu Prozessreifegradmodellen

In diesen Kapiteln wird der Forschungsstand zum **Instrumentarium** selbst thematisiert. Eine wissenschaftliche Systematik bietet dazu das Geschäftsprozessmanagement. Das Prozesscontrolling ist eine Disziplin des Geschäftsprozessmanagements. Ein Instrumentarium zur Steuerung stellt ein Reifegradmodell dar. Im Kapitel 2.4 werden die theoretischen Grundlagen zur Thematik, die Bestandteile eines Reifegradmodells und dessen Funktionsweise definiert. Zudem wird deren Nutzung in der einschlägigen Literatur und in der Praxis skizziert.

Durch die interdisziplinäre Betrachtung dieser verschiedenen Forschungsstände kann im Rahmen der Situationsanalyse des PLZ (s. Kap. 1.3) eine umfassende Basis für das Spannungsfeld des Reifegradmodells dargelegt werden (s. Kap. 3.2).

2.2 Cloud Computing in der Fernsehproduktion

Der erste theoretische Baustein der interdisziplinären Situationsanalyse bildet die Technologie „Cloud Computing“ (s. Abb. 2.3).

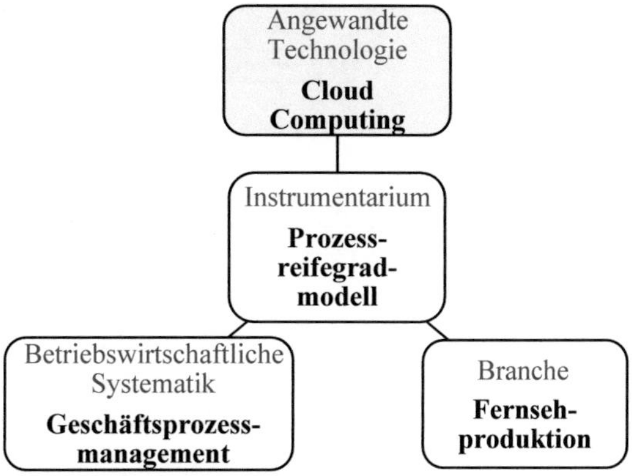

Abbildung 2.3: Verortung im interdisziplinären Spannungsfeld des Prozessreifegradmodells, Quelle: Eigene Darstellung in Anlehung an Abb. 2.2.

Zu Beginn dieses Kapitels wird die Cloud-Technologie im Allgemeinen betrachtet: Die Definition und die technischen Grundlagen werden beschrieben (s. Kap. 2.2.1). Danach wird die Cloud-Technologie in den Fernsehproduktionskontext gesetzt. Die Einsatzgebiete (s. Kap. 2.2.2) sowie die Potenziale und Risiken der Cloud-Technologie (s. Kap. 2.2.3) werden erläutert. Eine Prognose zur weiteren Entwicklung der Cloud-Angebote in der Fernsehbranche rundet den Forschungsstand ab (s. Kap. 2.2.4).

2.2.1 Cloud Computing

Entwicklung bis heute

Eine historische Einordnung nehmen beispielsweise Herzwurm/Henzel vor, wonach bereits ab den 1960er-Jahren der Gedanke von Ubiquität der Daten als Vorläufer für Cloud Computing aufkam (Herzwurm/Henzel 2020, S. 881 f. und s. Abb. 2.9).

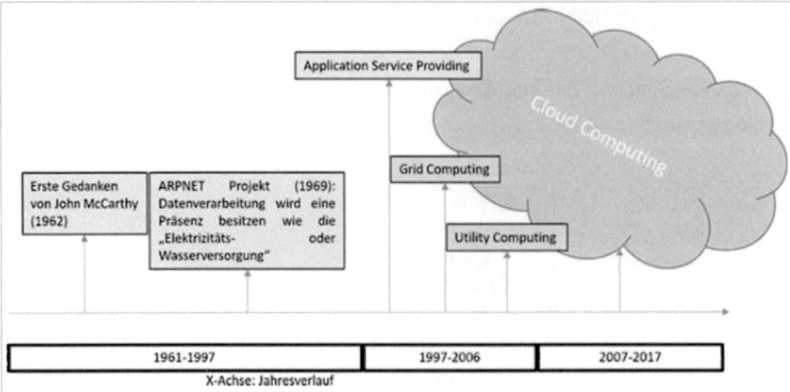

Abbildung 2.4: Historische Einordnung von Cloud Computing, Quelle: Herzwurm/Henzel 2020, S. 882.

Vor allem im letzten Jahrzehnt hat die Beschäftigung mit Cloud Computing an Fahrt aufgenommen (s. Abb. 2.4). Hentschel/Leyh bestätigen in ihrem Beitrag zwar die Beschäftigung mit diesem Thema, stufen Cloud Computing allerdings als „neuartig“ ein (vgl. Hentschel/Leyh 2018, S. 4). Mittlerweile wird Cloud Computing im Cloud-Monitor der *KPMG AG Wirtschaftsprüfungsgesellschaft* als „State of the Art“ bezeichnet, da 76 % der befragten Unternehmen der deutschen Wirtschaft Cloud-Technologie mittlerweile nutzen (vgl. KPMG AG Wirtschaftsprüfungsgesellschaft 2020, S. 5).

Definition „Cloud Computing“

In der Praxis und vor allem in der Forschung wird weitestgehend der **Definition des National Institute of Standards and Technology (NIST)** gefolgt (vgl. Hentschel/Leyh 2018, S. 4 f.; Herzwurm/Henzel 2020, S. 884 f.). Daher wird diese Definition auch im folgenden Kontext zugrunde gelegt. Die NIST definiert Cloud Computing wie folgt: „Cloud computing is a model for enabling ubiquitous, convenient, on-demand network access to a shared pool of configurable computing resources (e.g., networks, servers, storage, applications, and services) that can be rapidly provisioned and released with minimal management effort or service provider interaction. This cloud model is composed of five essential characteristics, three service models, and four deployment models“[2] (Mell/Grance 2011, S. 2). Folglich wird Cloud Computing in dieser Ausarbeitung als ein Konzept mit einem zentralen, virtuellen Ressourcenpool verstanden, der durch den Nutzer

[2] Übersetzung: Cloud Computing ist ein Modell zur Ermöglichung eines allgegenwärtigen, bequemen, bedarfsgerechten Netzwerkzugriffs auf einen gemeinsam genutzten Pool konfigurierbarer Rechenressourcen (z. B. Netzwerke, Server, Speicher, Anwendungen und Dienste), die mit minimalem Verwaltungsaufwand oder Interaktion mit dem Dienstanbieter schnell bereitgestellt und wieder freigegeben werden können. Dieses Cloud-Modell besteht aus fünf wesentlichen Merkmalen, drei Servicemodellen und vier Bereitstellungsmodellen.

automatisiert erweiterbar ist, über das Internet schnell und bedarfsgerecht Ressourcen zur Verfügung stellt, die mess-, überwach- und damit auch abrechenbar sind.

Diese **Merkmale, Service- und Bereitstellungsmodelle nach NIST** sind in der Abbildung 2.5 in einer Übersicht dargestellt.

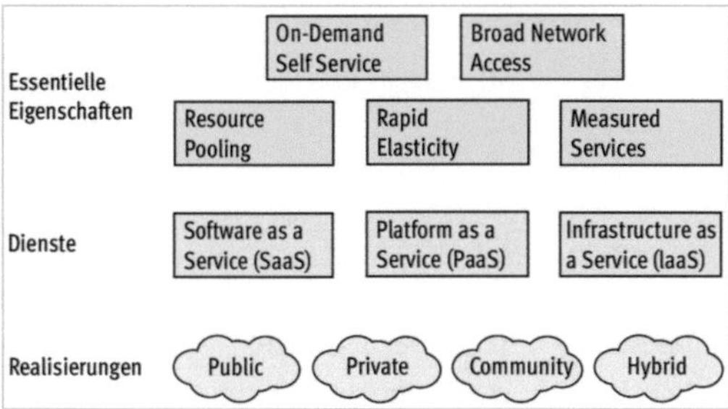

Abbildung 2.5: Übersicht zu Merkmalen, Servicemodellen und Bereitstellungsmodellen von Cloud Computing nach NIST, Quelle: Schäfer et al. 2015, S. 79.

Die essenziellen Eigenschaften/Merkmale der Cloud-Technologie sind zum einen „On-Demand Self Service“. Dabei geht es darum, dass der Nutzer automatisiert Ressourcen dazu buchen kann. Zum anderen sorgt „Broad Network Access“ für die Verfügbarkeit über das Internet oder ein anderes Netzwerk. „Resource Pooling“ ist weitestgehend selbsterklärend – die Ressourcen des Anbieters liegen (virtuell) gebundelt in einem Pool vor. Das Merkmal „Rapid Elasticity“ meint, dass Ressourcen schnell und bedarfsgerecht zur Verfügung gestellt werden können. Schließlich beschreibt „Measured Services“, dass die Ressourcen-Nutzung gemessen, überwacht und damit auch abgerechnet werden kann (vgl. Mell/Grance 2011, S. 2). Voraussetzungen für Cloud Computing sind eine zuverlässige und breitbandige Internetverbindung sowie die Gewährleistung von Daten- und IT-Sicherheit.

<u>Servicemodelle</u>

Cloud-Technologie wird im Kontext verschiedener Servicemodelle angeboten (vgl. ebd.):

- Software as a Service (SaaS) – Software als Dienstleistung,
- Platform as a Service (PaaS) – Rechner als Dienstleistung und
- Infrastructur as a Service (IaaS) – Infrastruktur als Dienstleistung.

Betriebssysteme, Speicher oder sogar einzelne Anwendungsfunktionen gesteuert (s. Tab. 2.1). Bei PaaS stellen die Cloud-Anbietenden den -Nutzenden die -Infrastruktur der Anwendungen bereit, d. h., dass die Cloud-Nutzenden die bereitgestellte Anwendung und ggf. deren Konfigurationseinstellungen kontrollieren können. Die ersten beiden Serviceebenen „Applications“ und „Data“ sind daher den Cloud-Nutzenden in schwarzer Schrift zugeordnet (s. Tab. 2.1). Das Servicemodell IaaS umfasst folgende Aufteilung: Grundlegende Rechenleistungen wie Verarbeitungs-, Speicher-, Netzwerkressourcen werden als „Infrastruktur“ von Cloud-Anbietenden verwaltet. Die Cloud-Nutzenden können so beliebige Software selbst steuern (s. Tab. 2.1).

<table>
<tr><th>Servicemodell</th><th>Cloud-Nutzer:in</th><th>Cloud-Anbieter:in</th><th>Beispiele</th></tr>
<tr><td>SaaS
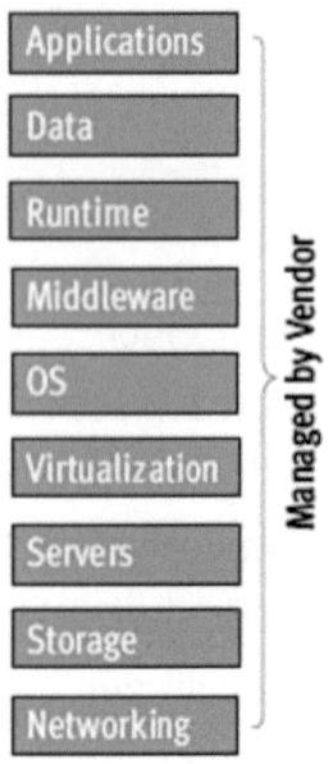
</td><td>• Nutzung der Anwendungen der Cloud-Anbietenden über den Zugriff von verschiedenen Client-Geräten (z. B. Webbrowser als Thin-Client-Schnittstelle);
• Ggf. begrenzte Einstellung der nutzerspezifischen Anwendungskonfigurationen.</td><td>• Zur Verfügung Stellen einer Anwendung, die auf Cloud-Infrastruktur läuft;
• Steuerung der Infrastruktur einschließlich Netzwerk, Server, Betriebssysteme, Speicher oder sogar einzelne Anwendungsfunktionen.</td><td>Office 365 (Microsoft)</td></tr>
<tr><td>PaaS
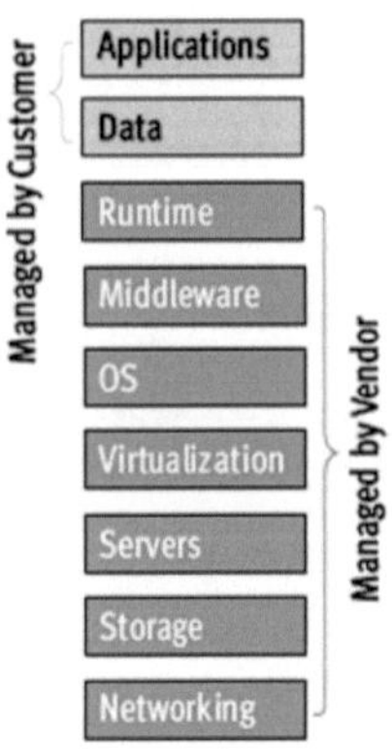
</td><td>• Nutzung der erstellten oder erworbenen Anwendungen, die mit von Cloud-Anbietenden unterstützten Programmiersprachen, Bibliotheken, Diensten und Tools erstellt wurden;
• Kontrolle über die bereitgestellten Anwendungen und möglicherweise die Konfigurationseinstellungen für die Anwendungs-Hosting-Umgebung.</td><td>• Bereitstellung der in der Cloud-Infrastruktur von Cloud-Nutzenden erstellten oder erworbenen Anwendungen;
• Verwaltung der Infrastruktur einschließlich Netzwerk, Server, Betriebssysteme, Speicher oder sogar einzelne Anwendungsfunktionen.</td><td>Azure (Microsoft)</td></tr>
</table>

IaaS 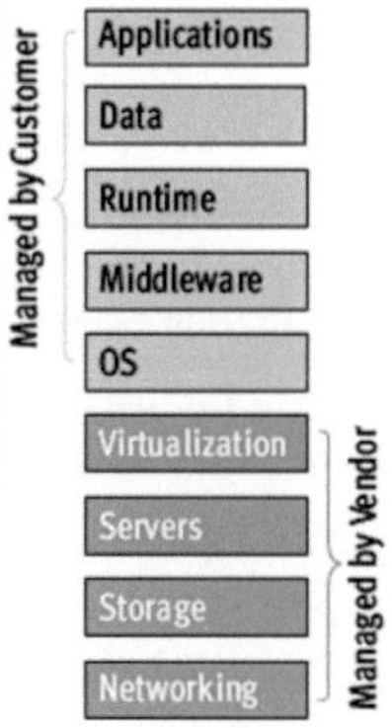	• Kontrolle über Betriebssysteme, Speicher und bereitgestellte Anwendungen sowie möglicherweise eine begrenzte Kontrolle über ausgewählte Netzwerkkomponenten (z. B. Host-Firewalls).	• Bereitstellung von Verarbeitungs-, Speicher-, Netzwerk- und anderen grundlegenden Rechenressourcen, auf denen der Cloud-Nutzende beliebige Software, einschließlich Betriebssystemen und Anwendungen, einsetzen kann.	Amazon Web Services (Amazon)

Tabelle 2.1: Beschreibung der Servicemodelle und Rollen von Cloud-Nutzer:in und –Anbieter:in, Quelle: Eigene Darstellung aus Herzwurm/Henzel 2020, S. 886 f.; Schäfer et al. 2015, S. 79 (Abb.); Mell/Grance 2011, S. 2 f. (Spalte 2 u. 3).

Bei den Servicemodellen gilt das folgende **Prinzip**: „Je höher eine Schicht oder Ebene ist, umso komplexer ist die angebotene Dienstleistung" (Herzwurm/Henzel 2020, S. 886). Damit ist das Angebot eines SaaS generell als komplexer einzustufen als ein IaaS-Angebot.

„Die größte Vielfalt und Bandbreite ist jedoch bei den **SaaS**-Diensten zu finden, wo es inzwischen eine unüberschaubare Menge an Anbietern gibt und fast alles ‚as a Service' angeboten wird" (Schäfer et al. 2015, S. 79). Die Zielgruppe von SaaS-Diensten sind meist die Endnutzer:innen. Bei **PaaS** umfasst die Zielgruppe hingegen Entwickler:innen und Architekten und Architektinnen (Hentschel/Leyh 2018, S. 10). Bei **IaaS** werden ganze Infrastrukturkomponenten (z. B. Rechenleistung, Speicher, etc.) nicht gekauft, sondern von einem IT-Dienstleister gemietet. Eine teure Investition wird damit vermieden (vgl. Hentschel/Leyh 2018, S. 10). „Die Kosten wandeln sich von Investitions- (CAPEX) zu Betriebskosten (OPEX). Ob jedoch eine Cloud-Nutzung wirklich kostengünstiger ist, hängt vom Kostenmodell des Cloud-Anbieter (Abrechnung pro GB, CPU, Storage, Download/Upload, Put/Get etc.) und der spezifischen Applikation ab" (Schäfer et al. 2015, S. 79).

<u>Bereitstellungsmodelle</u>

Die folgende Tabelle zeigt die Unterschiede der Bereitstellungsmodelle **Private, Public, Community und Hybrid Cloud**. Wie die Namen der einzelnen Modelle bereits vermuten lassen, geht es bei der Unterscheidung vor allem um die Exklusivität der Nutzung. „Private Clouds sind so konzipiert, dass lediglich ein vorab definierter Nutzer vollständige Kontrolle über den Zugriff und die IT-Infrastruktur hat" (Hentschel/Leyh 2018, S. 8). Deren Nutzung ist also exklusiv (s. Tab. 2.2). Die Public Cloud ist hochstandardisiert (vgl. Herzwurm/Henzel 2020, S. 888) und wird im Gegensatz zur Private Cloud für die offene Nutzung angeboten (s. Tab. 2.2). Hybrid stellt einen „Mischbetrieb“ der beiden Formen dar (s. Tab. 2.2).

Private Cloud	Public Cloud	Community Cloud
• Ausschließliche Nutzung durch eine einzelne Organisation mit mehreren Verbraucher:innen (z. B. Geschäftseinheiten); • Besitz der und Betrieb durch Organisation, Dritten oder einer Kombination aus beiden.	• Offene Nutzung durch die Allgemeinheit; • Besitz einer geschäftlichen, akademischen oder staatlichen Organisation.	• Ausschließliche Nutzung durch eine bestimmte Gemeinschaft von Kunden und Kundinnen aus Organisationen mit gemeinsamen Anliegen; • Besitz einer oder mehrerer Organisationen in der Community, einer dritten Partei oder einer Kombination von ihnen sein und von diesen verwaltet und betrieben.
Hybrid Cloud als Mischbetrieb aus zwei oder mehr verschiedenen Cloud-Infrastrukturen (privat, öffentlich oder gemeinschaftlich)		

Tabelle 2.2: Bereitstellungsmodelle Private, Public, Community und Hybrid Cloud, Quelle: Eigene Darstellung in Anlehnung an Mell/Grance 2011, S. 3.

Bei NIST wird noch weiter in das Bereitstellungsmodell **Community Cloud** unterschieden (vgl. Mell/Grance 2011, S. 3). Hier besteht eine exklusive Nutzung für eine „Community“, also eine vordefinierte Gruppe von Nutzenden (s. Tab. 2.2).

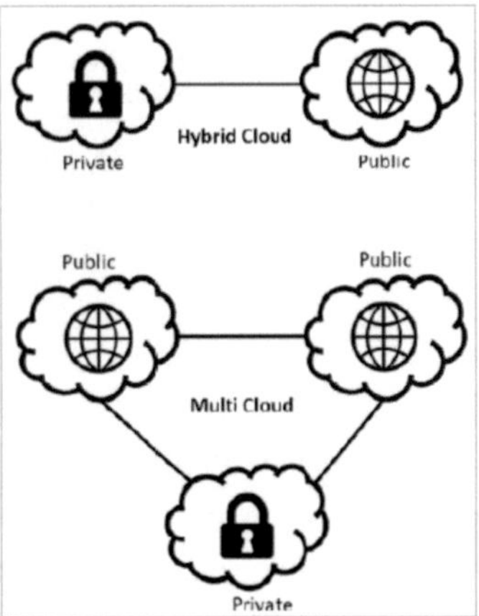

Abbildung 2.6: Hybride und Multi-Cloud, Quelle: Keltsch 2018, S. 35.

In den letzten Jahren hat sich bereits abgezeichnet, dass in der Fernsehbranche meist hybride Konzepte oder **Multi-Cloud-Konzepte** zum Einsatz kommen, da nicht alles von einem Anbieter oder einer Anbieterin angeboten werden kann (vgl. Keltsch 2018, S. 35, s. Abb. 2.6).

Einer KPMG-Studie von 2020 zufolge nutzen 43 % der Unternehmen vor allem Multi-Cloud-Konzepte, um Redundanz zu erhöhen und Ausfälle zu vermeiden. Zudem sind die spezifischen Dienste bei spezifischen Cloud-Anbietenden dafür verantwortlich. Ein Drittel gab an, dass durch die Multi-Cloud bei voller Auslastung eine bessere Verteilung der Ressourcen erreicht wird (vgl. KPMG AG Wirtschaftsprüfungsgesellschaft 2020, S. 21).

Abrechnungsmodelle

Durch die Eigenschaft „Measured Service" (Mell/Grance 2011, S. 2) kann der tatsächliche Nutzen der Cloud-Technologie gemessen und dementsprechend abgerechnet werden: „Die Abrechnung dieser Dienste erfolgt nutzungsabhängig" (Luntovskyy/Gütter 2020, S. 379). Dies gilt für jedes Servicemodell, sodass das Erlösmodell „Pay-per-use" meist angewendet wird (vgl. Herzwurm/Henzel 2020, S. 892; Hentschel/Leyh 2018, S. 11, 13). In der Fernsehproduktion wird damit ein Paradigmenwechsel vom Kaufen zum Mieten ausgelöst und der bislang nach Keltsch strukturierte Käufermarkt verändert (vgl. Keltsch 2016, S. 8; s. Abb. 2.7):

Paradigmenwechsel: Buy → Lease

- Pay-per-use/Pay-as-you-go
  - → Kosteneinsparungen?
- CAPEX → OPEX
  - → Verändert Investitionsplanung und Ausgabenverteilung im Allgemeinen
  - → Weniger Investitionen und Hardwareausgaben, stattdessen höhere laufende Kosten

Abbildung 2.7: Paradigmenwechsel in der Fernsehproduktion, Quelle: Keltsch 2016, S. 8.

Hentschel/Leyh differenzieren ein **technisches und ein wirtschaftliches Verständnis von Cloud Computing** (vgl. Hentschel/Leyh 2018, S. 5), was die Begriffsdefinition abschließend komplettieren soll. Denn diese Differenzierung veranschaulicht gleichzeitig ein Verständnis der Begriffe „Virtualisierung" und „Outsourcing" (s. Abb. 2.8).

Cloud Computing	
Begriffe	**Schwerpunkte**
•**Cloud Computing (technischer Begriff)**	•„im Zusammenhang mit der **Virtualisierung** von Hardware, virtuellen Rechenzentren und den Service-Ebenen 'Software-as-a-Service' (SaaS), 'Platform-as-a-Service' (PaaS) und 'Infrastructure-as-a-Service' (IaaS)“
•**Cloud Computing (betriebswirtschaftlicher Begriff)**	•„spezielle Form des **Outsourcings** von IT-basierten Funktionen, bei der der Betrieb und die Wartung der Services durch spezialisierte Anbieter erfolgen“

Abbildung 2.8: Begriffsdifferenzierung Cloud Computing, Virtualisierung und Outsourcing, Quelle: Eigene Darstellung und Hentschel/Leyh 2018, S. 5.

In dieser Ausarbeitung ist mit „Cloud Computing“ der technische Begriff gemeint. Es wird damit das technische Konzept beschrieben, das nach der Definition von NIST aufgebaut ist.

Zusammenfassend wird Cloud Computing als ein technisches Konzept mit einem zentralen, virtuellen Ressourcenpool verstanden, das durch die Nutzerin und den Nutzer automatisiert erweiterbar ist, über das Internet schnell und bedarfsgerecht Ressourcen zur Verfügung stellt, die mess-, überwach- und damit auch abrechenbar sind. Das Konzept kann in verschiedenen Service- und Bereitstellungsmodellen angeboten werden, die kombinierbar – wie bei der Multi-Cloud – sind und mit ihrer Abrechnung einen Paradigmenwechsel vom Kaufen zum Mieten in der Fernsehbranche auslösen. Auf Basis der Definition kann im Folgenden der spezifische Einsatz von Cloud Computing in der Fernsehproduktion beschrieben werden.

2.2.2 Cloud-Technologie in der Fernsehproduktion

Die Analyse des Erfahrungswissens verschiedener Autorinnen und Autoren zeigt, dass der Cloud-Einsatz in der Fernsehproduktion auf vielerlei Ebenen die künftigen Herausforderungen unterstützt:

- Keltsch beschreibt 2018 beispielsweise die aktuelle Situation für die Fernsehsender treffend und skizziert den Einsatz von Cloud-Technologie wie folgt: „Im Umfeld der Rundfunk- und Medienproduktion sind vor allem die Themen Mobilität, Flexibilität, Skalierbarkeit, Automatisierung und der steigende Kostendruck ein Grund für die wachsende Cloud-Akzeptanz und auch deren Nutzung. Es müssen mehr und mehr Inhalte für eine steigende Zahl von Kanälen und Distributionswegen produziert werden. Und das in immer kürzerer Zeit mit einem zunehmend global verteilten Team“ (Keltsch 2018, S. 36).

- Einige bedeutende Praxisbeispiele für den Einsatz von Cloud-Technologie hat *Devoncroft Partners LLC* in einer Studie von 2009-2017 zusammengefasst. Diese sind in Abb. 2.9 dargestellt und zeigen, dass große Content-Giganten wie *Netflix Inc.* und *The Walt Disney Company* den Schritt in die Cloud seit ca. 2015 teilweise mit „All-in"-Konzepten für einzelne Funktionen oder Prozessschritte umsetzen.

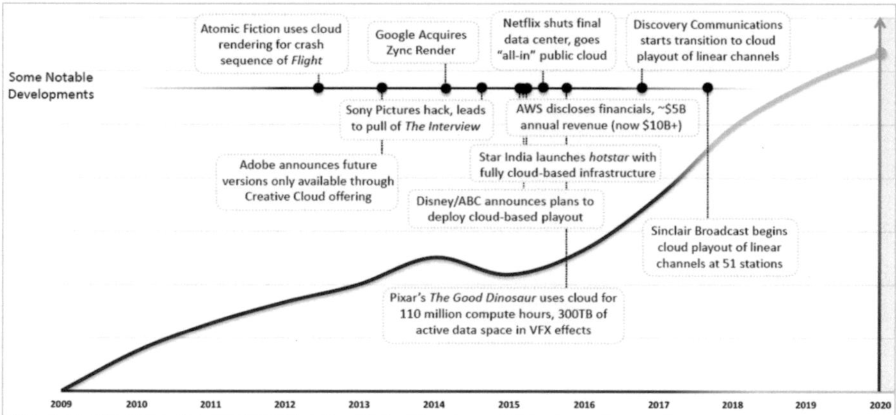

Abbildung 2.9: Beispiele zum Einsatz von Cloud-Technologie über die Jahre 2009-2017, Quelle: Devoncroft Partners LLC 2017, S. 7.

- Auch Schäfer weist 2015 darauf hin, dass Cloud-Technologie den Weg in die Fernsehsender gefunden habe: „Die Cloud ist also schon längst im Rundfunkbetrieb und beim Zuschauer angekommen – sei es als private Cloud in einem eigenen Rechenzentrum mit virtualisierten Servern, als Service eines zentralen Dienstleisters für mehrere Produktionsstätten in einem abgesicherten Corporate Network, oder tatsächlich in der Form von Leistungen in einer Public Cloud. Ebenso reichen die Funktionalitäten von IaaS bis – vor allem im privaten Bereich – SaaS" (Schäfer 2015, S. 271).

Um diese Beispiele für Cloud-Einsatz in der Fernsehproduktion systematisch zu verorten, wird der Einsatz einer **funktionalen und prozessorientierten Betrachtung** unterzogen, d. h., dass zunächst „Funktionen" als Aufgaben entlang des Produktionsprozesses und dann der Prozessphasen betrachtet werden.

Funktionale Betrachtung zum Einsatz in der Fernsehproduktion

In der folgenden Abbildung werden das Cloud Computing und dessen Funktionen mithilfe der Analysemethode „Blackbox" dargestellt (s. Abb. 2.10). Diese Analysemethode des SEs erlaubt (s. Kap. 1.3), die Cloud-Technologie als Ganzes zu betrachten und nur sein Außenverhalten im Kontext der Fernsehproduktion zu erfassen. Auf der linken Seite sind die verschiedenen Arten von Material-Input dargestellt, auf der rechten die verschiedenen Arten von Material-Output.

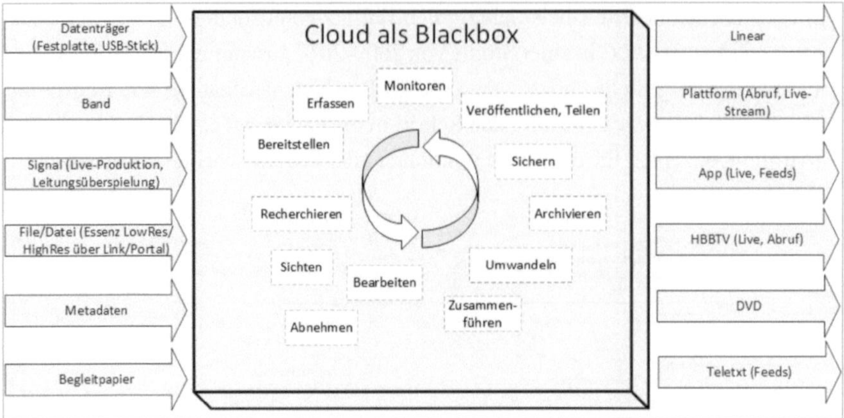

Abbildung 2.10: Funktionen in der Cloud als Blackbox, Quelle: Eigene Darstellung.

Der **Material-Input** lässt sich unternehmensintern nach verschiedenen Quellen kategorisieren wie Datenträgern, also z. B. Festplatte, USB-Stick und Band. Ebenso kann nach Echtzeit-Signalen, wie z. B. Leitungsüberspielung oder File/Datei über Portale kategorisiert werden, über welche das Material in den durch Cloud-Technologie unterstützten Fernsehproduktionsprozess gelangt.

Innerhalb der Cloud wird das Material mit den in Abbildung 2.10 genannten Aufgaben bearbeitet. Es können alle Arbeitsschritte von der Erfassung über die Sichtung und Bearbeitung bis hin zur Veröffentlichung sowie Archivierung des Materials ohne Medienbrüche und Kopiervorgänge über alle Systemgrenzen hinweg ausgeführt werden. Ein **Beispiel** für einen solchen Materialkreislauf ist die Nutzung von archiviertem Material bei der Herstellung eines neuen Beitrags. Das bereits archivierte Material muss noch einmal die Funktionen Bereitstellung, Sichtung, Bearbeitung, Sichtung etc. durchlaufen und kann damit in ein neues Produkt eingebunden werden.

Der **Material-Output** wird im Kontext seiner technischen Übertragung beschrieben, wie z. B. HBBTV oder App bzw. anhand seines Medienträgers, wie z. B. Plattform oder DVD.

Prozessorientierte Betrachtung zum Einsatz in der Fernsehproduktion

Entlang des Produktionsprozesses erfolgt die Analyse des Einsatz-Potenzials der Cloud-Technologie entlang des Produktionsprozesses. Dafür werden die **Produktionsphasen** „Preproduktion“, „Produktion“, „Postproduktion“ und „Distribution“ herangezogen (s. Kap. 2.3.3 und s. Abb. 2.11).

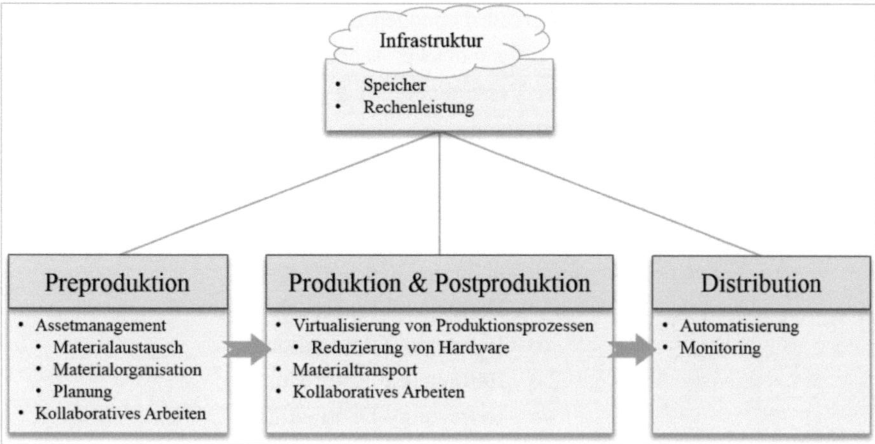

Abbildung 2.11: Einsatz von Cloud-Technologie im Fernsehproduktionsprozess, Quelle: Bau 2019 [betreute Abschlussarbeit], S. 20.

In der Preproduktion unterstützt die Cloud-Technologie vor allem beim Asset-Management und beim kollaborativen Arbeiten. Bei der Produktion und der Postproduktion führt der Cloud-Einsatz dazu, dass Hardware durch die Virtualisierung reduziert werden kann. Zudem wird die Cloud-Technologie hier dafür genutzt, Material zu transportieren, z. B., um Material bei der Bearbeitung in der Postproduktion bereitzustellen. In der Phase der Distribution kann Cloud-Technologie die Automatisierung ermöglichen und das Monitoring begünstigen (s. Abb. 2.11). Im Folgenden werden die konkreten Potenziale und Risiken des Cloud-Einsatzes in der Fernsehproduktion systematisch erfasst.

2.2.3 Potenziale und Risiken der Cloud in der Fernsehproduktion

<u>Potenziale der Cloud-Technologie</u>

In einer Vorstudie im Sinne des SEs (vgl. Haberfellner et al. 2015, S. 65-67), die als betreute Abschlussarbeit zum Thema „Analyse des Medienproduktionsprozesses zur Optimierung mit Cloudtechnologie am Fallbeispiel des ZDF“ umgesetzt wurde, wurden explorative Erhebungen mit Expertinnen und Experten aus der TV-Branche durchgeführt (s. Tab. 2.3).

Ziel		Explorative Erhebungen zu Optimierung mit Cloud Computing entlang des Fernsehproduktionsprozesses;
Datenerhebung	Methode	Betreute Vorstudie: Leitfadengestützte Einzelinterviews mit Vertretenden aus einem Fernsehsender (*ZDF*), der Wissenschaft (*IRT*, *Hochschule der Medien*) und verschiedenen Herstellenden (*Imagine Communications Corp.*, *Avid Technology Inc.*);
	Teilnehmerprofile	• Erste Befragung, Fernsehsender: o Befragte:r 1 Preproduktion; o Befragte:r 2 Produktion; o Befragte:r 3 Postproduktion; o Befragte:r 4 Distribution; o Befragte:r 5 Gesamtproduktionsprozess; o Befragte:r 6 Gesamtproduktionsprozess; • Zweite Befragung, Wissenschaft und Herstellende: o Befragte:r 1; o Befragte:r 2; o Befragte:r 3;
	Zeitraum	April und Juni 2019;
	Ablauf	Persönliche und telefonische Befragung;
Datenaufbereitung	Methode	Qualitative Inhaltsanalyse;
Ergebnis		Eingriffsbereiche für Cloud-Technologie im Fernsehproduktionsprozess.

Tabelle 2.3: Schema für explorative Erhebungen zu Optimierung mit Cloud Computing entlang des Fernsehproduktionsprozesses, Quelle: Eigene Darstellung in Anlehnung an Bau [betreute Abschlussarbeit] 2019.

Diese Studienergebnisse zu den Eingriffsbereichen für Cloud-Technologie (vgl. Bau [betreute Abschlussarbeit] 2019, S. 92-101) führen zu den Potenzialen, die in Tabelle 2.4 entsprechend dem Kategorisierungssystem des National Institutes of Standards and Technology (NIST) aufgeschlüsselt werden.

In der linken Spalte bildet das Kategorisierungssystem nach NIST die fünf Merkmale einer Cloud ab, die in vielen Branchen zur Definition von Cloud Computing herangezogen werden. Nach diesen Merkmalen der Cloud-Technologie werden allgemeine Potenziale in der Mitte der Tabelle formuliert. Die ermittelten Potenziale der Cloud-Technologie gegenüber konventioneller Fernsehtechnik werden in der rechten Spalte der Tabelle 2.4 aufgelistet.

Kategoriensystem nach NIST (vgl. Mell/ Grance 2011, S. 2)	Allgemeine Potenziale	Potenziale in der Fernsehproduktion (vgl. Bau [betreute Abschlussarbeit] 2019, S. 92-101; vgl. Keltsch 2016, S. 5)
Die Nutzerin und der Nutzer können automatisiert Ressourcen dazu buchen.	Skalierbarkeit und Nutzerorientierung	- Bedarfsgestützte Skalierung von Speicherkapazitäten und anderen Serviceleistungen; - Individuelle Präsentation bei zielgruppenspezifischer Konfiguration. *Beispiel*: Es können bei Lastspitzen weitere Ressourcen oder in der Postproduktion zielgruppenspezifische Arbeitsplätze hinzugebucht werden.
Die Ressourcen können schnell und bedarfsgerecht zur Verfügung gestellt werden.	Geschwindigkeit und Bedarfsorientierung	- Geschwindigkeit durch schnelle Material- und Serviceverfügbarkeit entlang des Fernsehproduktionsprozesses; - Schneller Aufbau von temporären Lösungen. *Beispiel:* Material und Services können bei Großereignissen oder spontanen Berichterstattungen schnell genutzt werden.
Ressourcen-Nutzung kann gemessen, überwacht und damit auch abgerechnet werden.	Messbarer Ressourceneinsatz	- Monitoring des cloudbasierten Prozesses und des Materials; - Identifizieren der Einsparungspotenziale durch messbare Kosten. *Beispiel*: Die Ressourcenmessbarkeit vermeidet lange Material- und Fehlersuchzeiten und ermöglicht eine Kostensteuerung entlang des Prozesses.
Die Verfügbarkeit über das Internet/ein Netzwerk ist gegeben.	Flexibilität	- Ortsunabhängigkeit: Die Cloud ist per Netzwerk/Internet erreichbar; - Hardwareunabhängigkeit durch Nutzung von Standard-Endgeräten mit Netzwerkzugriff. *Beispiel:* Die Postproduktion kann durch Kapazitäten an mehreren Orten parallel und auch über mobile Endgeräte erfolgen.
Die Ressourcen der Anbieter:in liegen (virtuell) gebündelt in einem Pool vor.	Kollaboratives und automatisiertes Arbeiten	- Ressourcenzugriff für dezentrales Arbeiten; - Automatisierung durch geringe Medienbrüche und Services in einem Cloudnetzwerk *Beispiel:* Es können Zeitverluste aufgrund langer Materialkopiervorgänge durch die Zentralisierung und Automatisierung vermieden werden.

Tabelle 2.4: Potenziale der Cloud, Quelle: Eigene Darstellung.

So ermöglicht die Cloud-Technologie unter anderem eine bedarfsgestützte Skalierung von Speicherkapazität und Serviceleistungen (s. Tab. 2.4); ebenso einen schnellen Aufbau temporärer Lösungen bei Anwendungsbeispielen wie Großereignissen oder spontanen Berichterstattungen (s. Tab. 2.4). Darüber hinaus werden die Identifizierung von Einsparungspotenzial wegen des messbaren Ressourcenverbrauchs, eine Orts- und Hardwareunabhängigkeit sowie kollaboratives und automatisiertes Arbeiten realisiert (s. Tab. 2.4).

Risiken der Cloud-Technologie

Das Cloud Computing bringt auch Risiken mit sich. Gerade in der Fernsehproduktion sind vorfallsfreie und sichere Herstellungsprozesse – ganz besonders bei Live-Produktionen – unabdingbar. An die technologischen Komponenten werden daher hohe Anforderungen gestellt. Einer KPMG-Studie zufolge sind das vor allem Anforderungen wie

- Konformität mit der Datenschutz-Grundverordnung,
- Transparenz bezüglich des Service-Level-Agreements (SLA),
- Verfügbarkeit der Services,
- Integrationsfähigkeit und
- Regelung bezüglich der Ausstiegsstrategie (vgl. KPMG AG Wirtschaftsprüfungsgesellschaft 2020, S. 9).

Die folgende Tabelle zeigt analog zu den allgemeinen Potenzialen der Cloud-Technologie allgemeine Risiken in der mittleren Spalte (s. Tab. 2.5). In der rechten Spalte werden diese allgemeinen Risiken auf die Fernsehproduktion bezogen.

Allgemeine Potenziale (vgl. Tab. 2.4)	Allgemeine Risiken (vgl. Hentschel/ Leyh 2018, S. 17; vgl. Keltsch 2016, S. 10-13, 19)	Risiken in der Fernsehproduktion (vgl. Tab. 2.5; vgl. Sunna 2021, S. 8; vgl. Hentschel/Leyh 2018, S. 17; vgl. Keltsch 2016, S. 10-13, 19)
Skalierbarkeit und Nutzerorientierung	Vendor Lock-in	- Anbieterseitige Skalierbarkeit und automatisierte Ressourcenbuchung begünstigt einen Vendor-Lock-in-Effekt; *Beispiel*: Die Hürden eines Anbieter:innenwechsels gerade bei Lastspitzen sind hoch.
Geschwindigkeit und Bedarfsorientierung	Verfügbarkeit	- Schnelle Material- und Serviceverfügbarkeit entlang des Fernsehproduktionsprozesses sind abhängig von der Netzwerkverbindung und vom Cloud-Provider; *Beispiel:* Material und Services können in Auslandsstudios von Entwicklungsländern nicht optimal genutzt werden, wenn der Internetausbau dort

		noch nicht optimal erfolgt ist. Latenzzeiten sind ein Problem bei Fernsteuerungen zum Beispiel in der Produktionsphase.
Messbarer Ressourceneinsatz	Kosten, Personenbezogene Daten	- Kosten sind messbar und kalkulierbar, aber auch bei Lastspitzen wegen „Pay-per-use" extrem hoch. - Sammeln und Auswerten der ressourcengekoppelten Daten bergen Risiken. Der Datenschutz muss beim Monitoring gewährleistet werden. *Beispiel*: Kosten können bei unvorhergesehenen Ereignissen (z. B. 1a-Lagen) wegen der Miete extrem unkontrolliert ansteigen, da dann auch die Nutzung steigt. Der Datenschutz kann auch den Informantinnen- und Informatenschutz betreffen – dann betrifft es die Geschäftsgrundlage der Redaktionen.
Flexibilität	Interoperabilität	- Einfache Nutzung über das Internet erhöht die Flexibilität und fördert Schatten-IT und Trend zu Multi-Cloud. - Interoperabilität zwischen unterschiedlichen Cloud-Bereitstellungsmodellen und -Anbietenden sowie anderen Anwendungsanbietenden muss gegeben sein. *Beispiel:* Die Anwendungen müssen zusammenpassen und kompatibel sein, damit gerade bei zeitkritischen Arbeiten, die Anwendung entlang des Produktionsprozesses fehlerfrei erfolgen kann.
Kollaboratives und automatisiertes Arbeiten	Datensicherheit, Abhängigkeit	- Gemeinsames Arbeiten und ortsunabhängige Zugriffe sind anfällig für Datenklau (Datensicherheit); - Ressourcen liegen oft nur bei den Cloud-Anbietenden im zentralen Pool vor, sodass die Daten physisch nicht kontrolliert werden können. *Beispiel:* Die Daten bilden die Grundlage der Contentherstellung. Durch die Zentralisierung der Daten wird die Abhängigkeit erhöht. Die klare Definition von SLA ist daher essenziell.

Tabelle 2.5: Risiken der Cloud, Quelle: Eigene Darstellung.

Demnach begünstigt die Cloud-Technologie unter anderem einen Vendor Lock-in, also den Effekt der technischen Abhängigkeit von Cloud-Anbietenden (vgl. Keltsch 2016, S. 10), den es im Idealfall allerdings zu vermeiden gilt (s. Tab. 2.5). Denn die physische Kontrolle der Services und Daten kann je nach Bereitstellungsmodell auch bei den Cloud-Anbietenden liegen, die dadurch eine bessere Verhandlungsposition erhalten. Neben Problemen bei der Verfügbarkeit von Material und Services sowie Latenzzeiten sind der Datenschutz und die Datensicherheit zu nennende Risikofaktoren (s. Tab. 2.5). Bei der Nutzung der Cloud-Anwendungen selbst ist vor allem auf die Interoperabilität und die Kostenstruktur zu achten (s. Tab. 2.5); die unkontrollierte Nutzung von Cloud-Anwendungen hin zu sogenannter Schatten-IT, beispielsweise bei Public Cloud-Anwendungen, ist dabei zu vermeiden (vgl. Hentschel/Leyh 2018, S. 17), da der Datenschutz und die Datensicherheit durch die IT-Administration der Organisation nicht überprüft wurde (s. Tab. 2.5). Auch hier können Nachteile für den Fernsehsender entstehen, dessen Daten oftmals Produktionsfaktoren darstellen.

Grundsätzlich sind die genannten Potenziale (s. Tab. 2.4) und Risiken (s. Tab. 2.5) für den Einsatz von Cloud-Technologie je nach konkretem Anwendungsfall abzuwägen. Die Risiken können mit gezielten Maßnahmen vermieden werden. Die optimale Ausschöpfung der Potenziale soll mittels Reifegradmodell gelingen.

Die Potenziale und Risiken variieren je nach Cloud-Angebot und -Anbieter:in. Eine zusammenfassende Prognose für die cloudbasierten Angebote im Bereich Fernsehproduktion gibt das nächste Kapitel.

2.2.4 Cloud-Angebote für die Fernsehproduktion

Im Rahmen einer betreuten Abschlussarbeit zum Thema „Ist die Innovation ‚Cloud' schon in der Fernsehproduktionspraxis angekommen? – Markt- und Branchenanalyse zum Thema Cloud-Einsatz im Fernsehproduktionsprozess" wurde eine **Markt- und Branchenanalyse nach Porter** durchgeführt (s. Tab. 2.6).

Ziel		Markt- und Branchenanalyse zum Thema Cloud-Einsatz im Fernsehproduktionsprozess;
Datenerhebung	Methode	Betreute Vorstudie: Sekundärmarktforschung;
	Zeitraum	April-August 2020;
Datenaufbereitung	Methode	Branchenstrukturanalyse nach Porter (sog. Five Forces);
Ergebnis		Ermittlung der Cloud-Angebote für die Fernsehproduktion, Einschätzung zur Wettbewerbsrivalität in der Branche, zur Verhandlungsmacht der Lieferanten und Lieferantinnen und der Kunden und Kundinnen sowie Bedrohung durch neue Wettbewerber:innen und Ersatzprodukte.

Tabelle 2.6: Schema für Markt- und Branchenanalyse zum Thema Cloud-Einsatz im Fernsehproduktionsprozess, Quelle: Eigene Darstellung in Anlehnung an Kielholz 2020 [betreute Abschlussarbeit].

Eine Prognose für den Cloud-Computing-Markt lässt sich mithilfe der Kernergebnisse dieser Arbeit schlussfolgern (vgl. Kielholz 2020 [betreute Abschlussarbeit], S. 42 f.):

- Wettbewerb:
  - Die festgestellte Wettbewerberanzahl des noch jungen Marktes lässt auf eine *vorhandene Wettbewerbsrivalität* schließen.
  - Der Wettbewerb wird durch einige anbieterseitige Key-Player dominiert. Dies deutet auf ein *Oligopol* hin.
- Marktangebot:
  - Spezifische Angebote entlang des Fernsehproduktionsprozesses bilden als *Nischenmarkt* nur einen geringen Teil des Gesamtmarktes für Cloud Computing ab. Die wiederum spezifischen Segmente des Nischenmarktes sind allerdings aufgrund des Einsatzes entlang des Herstellungsprozesses nur schwer miteinander vergleichbar.
  - Die Mehrzahl der Nischenangebote für die Fernsehproduktionsphasen „Preproduktion", „Produktion", „Postproduktion" und „Distribution" werden als *SaaS* angeboten. Diese Struktur deckt sich auch mit dem allgemeinen Marktangebot für Cloud Computing.
- Potenzial:
  - Es existiert nach aktueller Kenntnis keine Technologie, die die Potenziale von Cloud Computing ermöglicht. Vollständige *Ersatzprodukte* sind auf dem Markt daher nicht zu finden. Das Marktpotenzial ist aus diesem Grund insgesamt als sehr hoch einzustufen.
  - Es wird abgeleitet, dass auch in Zukunft die Cloud-Computing-Angebote, auch für die Fernsehproduktion, nachgefragt werden und der Markt *weiterwächst.*

Die Cloud-Angebote sind daher keine Modeerscheinung, sondern ernst zu nehmende Technologie-Produkte, die einen gefragten Absatzmarkt und bislang keine vollständigen Ersatzprodukte aufweisen. Das ist eine vielversprechende Ausgangslage für das Marktgeschehen.

2.2.5 Zusammenfassung

Seit den Anfängen in den 1960er-Jahren bis heute hat sich Cloud Computing zu einer Technologie weiterentwickelt, die Prozessinnovationen ermöglicht und weitestgehend als State-of the Art-Technologie in den Unternehmen angekommen zu sein scheint.

Diese **Definition** wurde für die vorliegende Dissertationsschrift abgeleitet: Cloud Computing ist ein Konzept mit einem zentralen, virtuellen Ressourcenpool, der durch die Nutzerin und den Nutzer automatisiert erweiterbar ist, über das Internet schnell und bedarfsgerecht Ressourcen zur Verfügung stellt, die mess-, überwach- und damit auch abrechenbar sind.

In der **Fernsehproduktionsbranche** wird die Cloud-Technologie entweder mit „All-in"-Konzepten oder teilweise für einzelne Funktionen oder Prozessschritte umgesetzt. Beim Cloud-Einsatz in den Phasen der Preproduktion, Produktion Postproduktion und Distribution ist allerdings in den Fernsehsendern eine anfängliche Skepsis zu verzeichnen.

Gegner:innen der Cloud-Technologie weisen besonders auf die **Risiken** bei Abhängigkeitsverhältnissen, Datensicherheit und Verfügbarkeit hin. Dem kann man die **Potenziale der Cloud-Technologie** entgegenhalten: Vor allem ermöglicht die Cloud-Technologie die effiziente Umsetzung von erhöhten Anforderungen in Richtung Contenterstellung und Absatzmenge. Die Skalierung von Speicherkapazität und Serviceleistungen, ein temporärer, orts- und hardwareunabhängiger Einsatz sowie kollaboratives und automatisiertes Arbeiten können realisiert werden.

Cloud-Angebote für Fernsehsender gibt es in einem kleinen, jungen Nischenmarkt, der hauptsächlich SaaS-Angebote umfasst. Der Markt kann seitens der Anbietenden insgesamt als Oligopol mit wenigen Key-Playern beschrieben werden.

Vor allem die Definition von Cloud Computing sowie die erarbeiteten Potenziale und Risiken der Cloud-Technologie sind so relevante Erkenntnisse für jeden cloudbasierten Anwendungsfall entlang des Fernsehproduktionsprozesses, dass diese in den folgenden Kapiteln (s. Kap. 2.3.4.3) grundlegend verwendet werden müssen. Das Kapitel 3.2 zeigt auf, welche Rolle diese Erkenntnisse im Teil 2 der Dissertationsschrift haben.

2.3 Der Fernsehproduktionsprozess und dessen cloudbasierte Optimierung

Der zweite Baustein der Situationsanalyse (s. Kap. 1.3 und 2.1) ist zusammen mit der Branche der Fernsehproduktion (s. Abb. 2.12) der Fernsehproduktionsprozess und dessen cloudbasierte Optimierung.

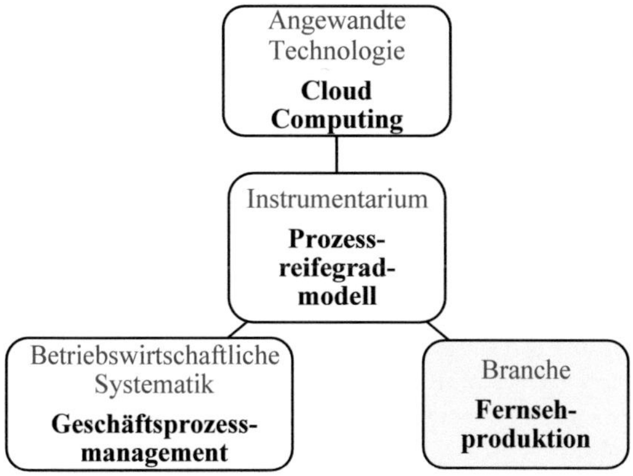

Abbildung 2.12: Verortung im interdisziplinären Spannungsfeld des Prozessreifegradmodells, Quelle: Eigene Darstellung.

Zunächst wird auf die Fernsehproduktion als **branchenspezifischer Bereich** der Medienproduktion sowie auf die Geschäftsmodelle und den Wertschöpfungsprozess eingegangen (s. Kap. 2.3.1 und 2.3.2). Der Fokus liegt auf dem **Fernsehproduktionsprozess** und dem zugrunde gelegten Prozessmodell nach Krömker/Klimsa (s. Kap. 2.3.3).

Danach wird für ein tiefer gehendes Verständnis im Kapitel 2.3.4 der IST- und der SOLL-Zustand des Fernsehproduktionsprozesses nach Methoden des SEs modelliert (s. Kap. 1.3) und der Cloud-Einsatz in diesem System analysiert. Das Ergebnis ist die Formulierung von **Kernanforderungen**, die im weiteren Verlauf des PLZs wieder Anwendung finden (s. Kap. 3.2).

2.3.1 Fernsehproduktion als Branchenspezifika der Medienproduktion

Zunächst wird das rahmengebende Forschungsfeld der **Medienproduktion** einführend skizziert. Dieses ist ein interdisziplinäres Forschungsfeld (Klimsa 2017, S. 18) und „befasst sich mit der Herstellung von Vermittlungssystemen von Information, wobei während des Produktionsprozesses einerseits die Vermittlungssysteme selbst, andererseits konkrete mediale Inhalte entstehen“ (Krömker/Klimsa 2005, S. 26). Als ein Vermittlungssystem bedient das „Fernsehen“ eine eigene Teilbranche und stellt einen Gegenstand des Forschungsfeldes Medienproduktion dar (vgl. Wirtz 2019, S. 423-538; Gläser 2014, S. 75; Krömker/Klimsa 2005, S. 26, 101-234).

<u>Spezifika der Fernsehproduktion</u>

Die Spezifika der **Fernsehproduktion** können theoretisch aus den Eigenschaften von Mediengütern abgeleitet werden. Bei Zydorek findet sich dazu eine geeignete Übersicht (vgl. Zydorek 2018, S. 49), die die Bereiche „Kosten“, „Produkt“ und „Nachfrage“ von Mediengütern konkretisiert:

Bereich Kosten (hoch, fix, ex ante)
• Medienprodukte haben relativ hohe Erstellungskosten
• Diese Kosten sind klassischerweise Fixkosten des Medienunternehmens
• Diese Kosten sind hohe first copy costs
• Die Kosten fallen insgesamt vor der Markteinführung an
Bereich Produkt (immateriell, Dienstleistung, Unikat, mit externen Produktionsfaktoren)
• Inhalte sind Dienstleistung, immateriell, intangibel
• Medienprodukte haben diffuse Qualitätsmerkmale
• Inhalte sind Unikate
• Der Wert der Inhalte ist oft stark aktualitätsabhängig, der Produktlebenszyklus ist kurz, Inhalte mit Verbrauchsgutcharakter veralten schnell
• So entsteht ein Neuheitszwang/Innovationsdruck
• Produkte sind schlecht testbar bzw. die Erfolgsprognose auf Basis von Produkttests ist unsicher
• Der externe Produktionsfaktor, den der Dienstleistungsnehmer (Rezipient) einbringt, ist knapp
• Externe Effekte/Netzeffekte erschweren Planbarkeit des Erfolges/die Erfolgsabschätzung
Bereich Nachfrage/Konsum (unsicher, schlecht prognostizierbar, voraussetzungsvoll)
• Die Qualitätsunsicherheit des Nachfragers ist hoch, da Inhalte Erfahrungs-/Vertrauensgüter sind, die ex ante schlecht beurteilbar sind (mangelnde Qualitätstransparenz für den Nachfrager)
• Es herrscht Unklarheit über Rezipientenpräferenzen
• Zeitliche/örtliche Synchronisationsnotwendigkeit zwischen (End)Produktion und Konsum nötig (Uno-actu-Prinzip)
• Die erwartbare Nachfragemenge ist schlecht oder gar nicht modellierbar
• Das wirtschaftliche Produzentenrisiko wird durch Abhängigkeit zwischen Rezipientenmarkt und Werbemarkt bei werbefinanzierten Contents verstärkt

Abbildung 2.13: Eigenschaften von Mediengütern, Quelle: Zydorek 2018, S. 49.

Spezifische Eigenschaften der Mediengüter wie „hohe first copy costs“, eine hohe Aktualitätsabhängigkeit, eine unsichere Erfolgsprognose sowie die erschwerte Planbarkeit (s. Abb. 2.13) sind u. a. auf die Fernsehproduktion übertragbar. Der Erfolg des Produktes ist nicht sicher vorhersagbar. Bereits einmal erzielter monetärer Erfolg mit einem fiktionalen sowie non fiktionalen Produkt, wie z. B. Serien und Nachrichten, ist bei weiteren Produktionen mit ähnlichem Content wegen des abnehmenden Informations- und Erfahrungswertes kaum wieder zu erreichen.

Die Qualität der Güter muss entlang des Fernsehproduktionsprozesses bis zur Fertigstellung den Ansprüchen der Redaktion, die die inhaltliche Hoheit innehat, genügen. Sie prägen die Anforderungen der Fernsehsender an die Produktionsfaktoren. Diese wie „z. B. ein unverwechselbarer Rechtekatalog, spezifische Produktionstechnologien, aber auch gattungs- und genrespezifische Kompetenzen der Mitarbeiterinnen und Mitarbeiter, die oft den Charakter von implizitem Wissen haben, stellen Vermögenswerte dar, mit denen Unternehmen einen deutlichen Wettbewerbsvorteil erlangen können“ (Gebesmair/Nölleke-Przybylski 2020, S. 592).

2.3.2 Wertschöpfung in der Fernsehproduktion

Geschäftsmodelle in der Fernsehproduktion

Im Rahmen der Fernsehproduktion lassen sich vor allem zwei **Geschäftsmodelle** unterscheiden: öffentlich-rechtliche und private Fernsehsender (vgl. Wirtz 2019, S. 478). Diese visualisierten Geschäftsmodelle sind bei Wirtz dargestellt (vgl. Wirtz 2019, S. 483, 485). Beide verfolgen sowohl monetäre als auch nicht monetäre Ziele mit unterschiedlicher Stärke (s. Tab. 2.7):

Monetäre Ziele	Nicht monetäre Ziele
Gewinn	Unabhängigkeit
Umsatz	Bedarfsdeckung
Kosten	Marktanteile
Eigenkapital	Wachstum
Fremdkapital	Durchlaufzeiten
	Auslastung
	Termineinhaltung

Tabelle 2.7: Ziele in der Medienproduktion, Quelle: Krömker/Klimsa 2005, S. 19.

„Während die privaten Unternehmen eine Gewinnmaximierung anstreben, besteht die Zielsetzung öffentlich-rechtlicher Sendeanstalten vornehmlich in einer Grundversorgung der Bevölkerung.“ (Wirtz 2019, S. 478).

Begriffe Fernsehproduktions-, Herstellungs- und Wertschöpfungsprozess

Der Fernsehproduktionsprozess beschreibt den Herstellungsprozess eines Fernsehsenders. Der **Fernsehproduktionsprozess** wird in diesem Kontext synonym zum Begriff des Wertschöpfungsprozesses verwendet, da er gleichbedeutend als „Vorgang der Transformation von Input (Vorleistung) in Output (Gesamtleistung) verstanden“ (Gläser 2014, S. 346) wird. „Methodisch gesehen geht es um die Gestaltung des Transformationsprozesses, der durch die Umwandlung von einzusetzenden Sachgütern und Dienstleistungen als Produktionsfaktoren in vermarktungsfähige Absatzproduktion gekennzeichnet ist“ (Gläser 2014, S. 426). In der von Krömker/Klimsa benannten Herstellung wird ein Produkt erzeugt, das „seinen spezifischen Wert u. a. erst durch das kreative Be- und Verarbeiten von Information, den so genannten Content“ (Krömker/Klimsa 2005, S. 18), gewinnt.

Nach Gläser kann weiter in einen **innerbetrieblichen und einen überbetrieblichen Wertschöpfungsprozess** unterschieden werden (vgl. Gläser 2014, S. 346). Der Fokus in dieser Ausarbeitung liegt auf dem innerbetrieblichen Wertschöpfungsprozess, da es bei der im Kapitel 1.1 beschriebenen Problemstellung vor allem darum geht, „Prozessabläufe effizient zu gestalten“ (ebd.). Die Beschreibung des Wertschöpfungsprozesses benötigt „die Zerlegung in einzelne Teilmodule bzw. Teilprozesse, die üblicherweise als ‚Geschäftsprozesse‘ bezeichnet werden“ (Gläser 2014, S. 346).

Auf diese **Geschäftsprozessebene** wird im folgenden Kapitel 2.3.3 eingegangen.

2.3.3 Fernsehproduktionsprozess

Eine nähere Betrachtung des Fernsehproduktionsprozesses (1), der Prozessmodelle (2) und der Beziehung von Technik und prozessualer Organisation (3) soll eine umfassende Sicht auf die Thematik ermöglichen.

1. Der Prozess

Um die Begrifflichkeit „Prozess" weiter zu erläutern, werden aus dem Geschäftsprozessmanagement und der Fernsehproduktion verschiedene Definitionen herangezogen. Vom Groben zum Detail im Sinne des SEs herleitend (s. Kap. 1.3) kann zunächst die Definition von Becker/Kahn herangezogen werden: „Ein Prozess ist die inhaltlich abgeschlossene, zeitliche und sachlogische Folge von Aktivitäten, die zur Bearbeitung eines betriebswirtschaftlich relevanten Objektes notwendig sind" (Becker/Kahn 2012, S. 6). Diese sachlogische Folge von Aktivitäten und die Abgeschlossenheit sind in der Betriebswirtschaftslehre verbreitete Eigenschaften von Prozessen. Schmidt richtet den Fokus in seiner Definition mehr auf die Transformation von Input zu Output: „Ein Prozess transformiert Input, häufig über mehrere Stufen, in Output" (Schmidt 2012, S. 1). Als Vertreter der medienspezifischen einschlägigen Literatur folgt Gläser diesem Transformationsverständnis und beschreibt, dass der **Produktionsprozess** im engeren Sinne als ein Transformationsprozess von Produktionsfaktoren verstanden wird (s. Kap. 2.4.1, vgl. Gläser 2014, S. 426). Dieses Verständnis wird auch der vorliegenden Dissertation zugrunde gelegt. Für die Erfassung und Modellierung der Prozesse werden auch in der Fernsehproduktion **Prozessmodelle** verwendet.

2. Prozessmodelle

In der einschlägigen Literatur zur Medienproduktion lässt sich mit Blick auf ein einheitliches Prozessmodell feststellen: „Die medialen Produktionsprozesse unterscheiden sich, haben aber alle eine gemeinsame Logik" (Gläser 2014, S. 444). Gläser und Wirtz nehmen bei der Darstellung der Prozesse Bezug auf das allgemein bekannte Wertkettenmodell (vgl. Gläser 2014, S. 354-356; Wirtz 2019, S. 80-82, 504), das auf Porter zurückgeht (vgl. Porter 1986, S. 62).

In der Teilbranche „Fernsehproduktion" gibt es kein einheitliches, etabliertes Prozessmodell, nach dem sich die Fernsehsender ausrichten. Bei Kloth werden verschiedene Prozessmodelle für die Fernsehproduktion verglichen und Unterschiede herausgestellt: „Ein wesentliches Unterscheidungsmerkmal besteht in der Frage, ob der Prozess in linearer, zyklischer oder vernetzter Form beschrieben wird" (Kloth 2010, S. 80). Folgende Übersicht zeigt unterschiedliche Prozessmodelle in der Fernsehproduktionsbranche, die bei Kloth dargestellt werden (s. Abb. 2.14):

	Modell	Charakteristisches Merkmal des Modells
Prozess	*Illgner*	Einfaches lineares Prozessmodell
	Lilli	Prozessmodellierung mit zahlreichen Zusatzinformationen
	Austerberry	Einfaches zyklisches Prozessmodell
	Heitmann / Kellerhals	Zyklisch, vernetztes Prozessmodell
	EBU	Umfassende Prozessmodellierung von Best-Practice-Workflows

Abbildung 2.14: Modelle in der Fernsehproduktionsbranche, Quelle: Kloth 2010, S. 79.

Neben der Darstellungsfrage nach **linearer, zyklischer oder vernetzter Anordnung** der Folge von Aktivitäten setzen Krömker/Klimsa in ihrem linearen Prozessmodell zusätzlich die **unterschiedliche Darstellung der Dimensionen** von Content und Technik um.

Die Elemente der Produktion sind nach Krömker/Klimsa: „**Content**", „**Technik**" und „**Organisation**" (CTO) (Klimsa/Krömker 2011, S. 5; Klimsa/Vogt 2007, S. 7-10; Krömker/Klimsa 2005, S. 19-21). „Da erst der gelenkte Einsatz von Produktionsfaktoren in einem Herstellungsprozess von Content und Technik zu einem Produkt führt, wird als drittes bestimmendes Element für die Medienproduktion die Organisation beschrieben" (Krömker/Klimsa 2005, S. 21). Demnach entsteht ein Produkt unter der Organisation von Content und Technik (vgl. Klimsa/Vogt 2007, S. 8). So ermöglichen sie die prozessuale Trennung und damit unterschiedliche Betrachtungsweisen und die Darstellung der Beziehung zwischen der Aufgabenebene sowie der maschinellen Unterstützung (s. Abb. 2.15).

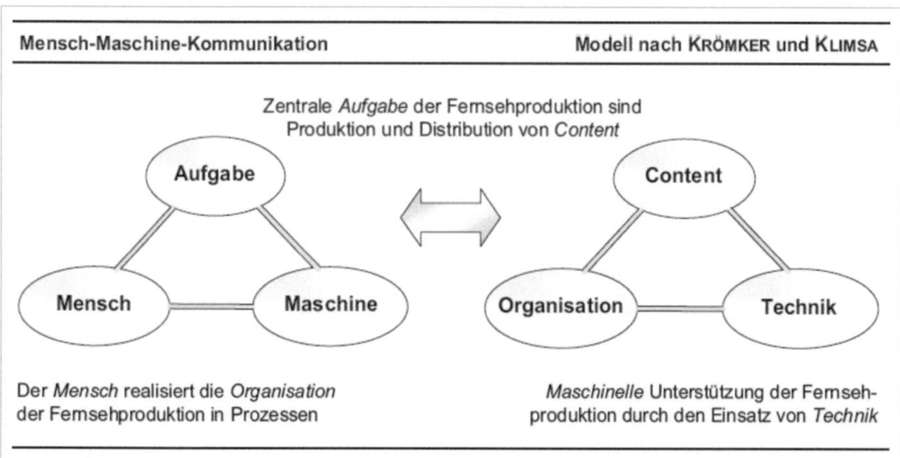

Abbildung 2.15: Elemente der Fernsehproduktion nach Krömker/Klimsa, Quelle: Kloth 2010, S. 21.

Zudem wird die gemeinsame Logik der Medienproduktionsprozesse nach Gläser in der Prozessdarstellung nach Krömker/Klimsa verdeutlicht, indem Teilbranchen wie Fernsehen, Musik und Print etc. nebeneinander aufgezeigt werden (s. Abb. 2.16).

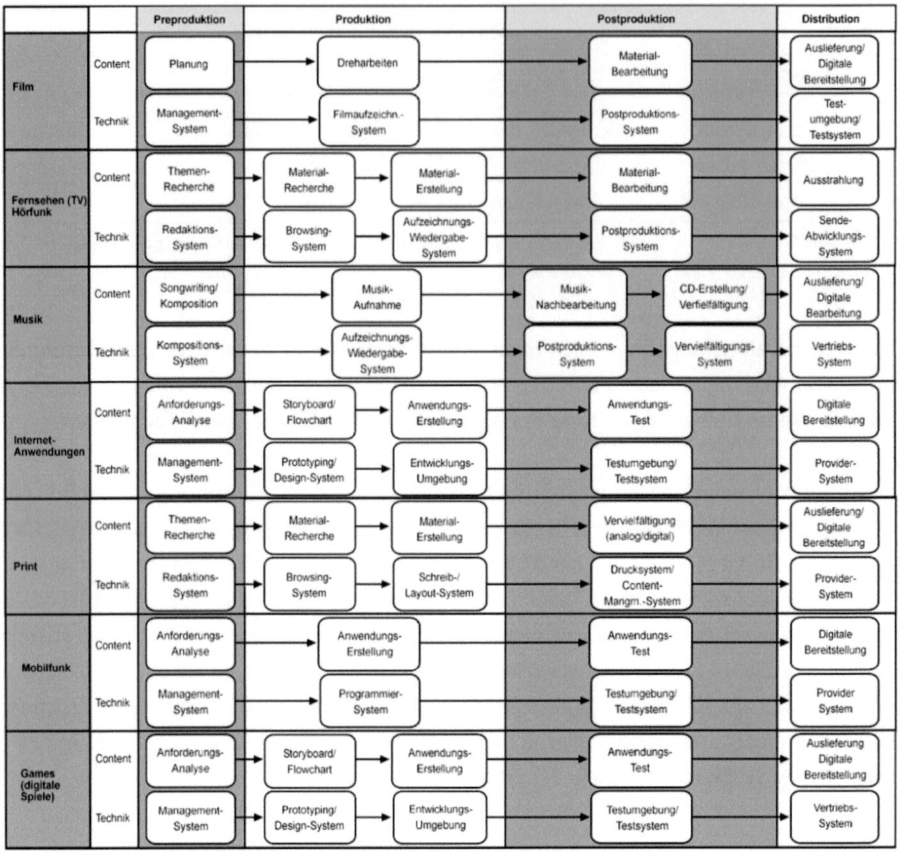

Abbildung 2.16: Produktionsprozesse der Medien: Fernsehen, Quelle: Klimsa/Krömker 2011, S. 6, Krömker/Klimsa 2005, S. 20.

Das **Modell nach Krömker und Klimsa** legt vier Phasen des Medienproduktionsprozesses für die Fernsehproduktion zugrunde:

- „Preproduktion“,
- „Produktion“,
- „Postproduktion“ und
- „Distribution“ (Krömker/Klimsa 2005, S. 19, s. Abb. 2.16).

Beginnend mit der **Preproduktion** wird über ein Redaktionssystem das Thema für das Produkt festgelegt. Anschließend erfolgen die Recherche, Erstellung und/oder Akquise des Materials im Rahmen der **Produktionsphase**. Dazu kann mit dem Browsing-System u. a. hauseigenes Material gesucht oder neues Studio/Set-Material mit dem Aufzeichnungssystem angefertigt werden (ebd.). Die darauffolgende **Postproduktion** umfasst die Bearbeitung des Materials. Das fertige Produkt wird schließlich in der **Distributionsphase** an die Zuschauer ausgestrahlt (ebd.), was über unterschiedliche lineare und non lineare Kanäle erfolgen kann.

In dieser Ausarbeitung werden die Prozessphasen des Modells und die CTO-Logik zugrunde gelegt. Der ausschlaggebende Grund für die Auswahl dieses Modells als Grundlage für die weitere Prozessbetrachtung ist, dass es sich bei Fernsehsendern um **soziotechnische Systeme** handelt (s. Kap. 1.3). Diese erfordern die Berücksichtigung der Rolle von Mensch und Maschine und damit eine Symbiose von Technik und Organisation. Das Modell nach Krömker/Klimsa ermöglicht durch die gesonderte Elementbetrachtung von Content, Organisation und Technik eine Modellierung des soziotechnischen Systems nach Methoden des Systems Engineering (s. Kap. 2.3.4). Technische und organisatorische Aspekte, die bei dieser Ausarbeitung eine Rolle spielen, lassen sich getrennt betrachten oder in Beziehung setzen.

3. Beziehung von Technik und prozessualer Organisation

Das Arbeitsmedium der Stunde, wie es bei Fernsehsendern die MAZ (Band mit Magentaufzeichnung) einmal war, ist nun das **File** – immateriell und damit nur durch Dokumentation, Tracking und Steuerung greifbar. „Die Digitalisierung hat diese technischen Systeme und ihre Funktionen in den letzten Jahren für fast alle Prozessschritte verändert“ (Krömker/Klimsa 2005, S. 21). Damit wurde eine filebasierte und digitale Arbeitsweise ermöglicht; die Medienbrüche verschwinden zunehmend. Daraus geht vor allem eine **Wirkungsrichtung von Technik auf die prozessuale Organisation** in einem Fernsehsender hervor.

Weitere Beispiele für diese Wirkungsrichtung sind:

- Das **Newsroom-Konzept**, welches neue Recherche-, Planungs- und Produktionsmöglichkeiten über beispielsweise Browsing-/Contentmanagement-Systeme und filebasierte Arbeitsabläufe sowie deren Vernetzung ermöglicht (s. dazu Gebesmair/Nölleke-Przybylski 2020, S. 605-607; Gläser 2014, S. 434-435; Kloth 2010, S. 66, 219, 237);
- **Ortsunabhängiges Arbeiten**, welches z. B. die Fernsteuerung von Produktionsequipment mithilfe von Virtualisierung der Broadcast-Technik und dem Einsatz von Cloud-Technologie zulässt (s. Kap. 2.2.2).

Zusammenfassend ist der Fernsehproduktionsprozess also als ein Geschäftsprozess zu verstehen, der in Herstellungsphasen unterteilt und kontinuierlich durch technische Innovationen geprägt wird. Als Ergebnis der engen Abhängigkeit zwischen Technik und Organisation lässt sich Folgendes beobachten:

- Das kreative Erstellen von Content im Zusammenwirken mit innovativer Technik führt zu vielfältigen Ausprägungen der Fernsehproduktionsprozesse.
- Die Notfall- und Havarieinfrastruktur steigert die Komplexität der Fernsehproduktionsprozesse.
- Die Verfügbarkeit von Anwendungen und der Zugriff auf das Material sind essenziell.

Auch **Cloud Computing** stellt eine disruptive technologische Entwicklung dar (s. Kap. 1.1), die den Fernsehproduktionsprozess und dessen prozessuale Organisation bisher schon beeinflusste und weiterhin beeinflussen wird. Die folgende Betrachtung des Fernsehproduktionsprozesses als soziotechnisches System soll **diese technischen Einflüsse untersuchen und das Optimierungspotenzial mit Cloud-Technologie verdeutlichen**. So kann die Entwicklung eines Reifegradmodells für die Ausschöpfung des Cloud-Potenzials auf dieser Basis zielorientiert durchgeführt werden.

2.3.4 Prozesszustandsanalyse und -optimierung

Da der Cloud-Einsatz in Fernsehproduktionsprozessen und deren Optimierung ein noch junges Forschungsfeld darstellt, soll ein umfassendes Verständnis für den Zustand von cloudbasierten Fernsehproduktionsprozessen erarbeitet und damit der **konkrete Einfluss der Technik auf die prozessuale Organisation** analysiert werden.

Eine hilfreiche Methode für die Untersuchung der Zustände eines Systems, wie es ein Fernsehsender als soziotechnischer Komplex darstellt, liefert das SE (s. Kap. 1.3). So wird der Fernsehproduktionsprozess im Sinne des SEs als Systemzustand konstruiert. Dafür wird in den folgenden Kapiteln 2.3.4.1 bis Kapitel 2.3.4.4 auf Grundlage des Prozessmodells nach Krömker/Klimsa der Fernsehproduktionsprozess (s. Kap. 2.3.3) modelliert und mit Blick auf den Cloud-Einsatz untersucht.

Die hier verwendeten methodischen Grundlagen des SEs wurden im Kapitel 1.3 eingeführt und erläutert. Im Folgenden wird auf das Systemdenken, die Systemmodellierung, die System-Aspekte, die Problem-, Eingriffs- und Lösungsfelder eines Systems und auf die Schwachstellen eines Systems Bezug genommen.

<u>Ziel der Zustandsanalyse</u>

Durch das **Systemdenken** (s. Kap. 1.3) werden Elemente, Umfeld und Beziehungen des Fernsehproduktionsprozesses dargestellt. Die Beziehungen ergeben sich beispielsweise durch Abhängigkeiten, Austausche und Wirkungen zwischen den einzelnen Elementen. Zunächst wird die **IST-Zustandsanalyse** (s. Kap. 2.3.4.1 und 2.4.4.1) und dann die **SOLL-Zustandsanalyse** (s. Kap. 2.3.4.3) durchgeführt:

- Dabei zeigt das IST-System den aktuellen Zustand des Systems auf, in diesem Fall den Fernsehproduktionsprozess ohne Cloud-Technologie (s. Tab. 2.7).
- Das SOLL-System bildet den Fernsehproduktionsprozess mit Cloud-Technologie ab und zeigt damit die gewünschte Idealbetrachtung (s. Tab. 2.7).

Ziele dieses Kapitels sind:

- Den IST-Zustand und dessen cloudrelevante, generische Schwachstellen und Problemfelder im Fernsehproduktionsprozess zu konkretisieren.
- Die Eingriffsfelder des Cloud-Einsatzes zu konkretisieren, um den technischen Einfluss von Cloud-Technologie auf die prozessuale Organisation zu untersuchen.
- Den SOLL-Zustand für ein grundlegendes Verständnis von cloudbasierten Fernsehproduktionsprozessen herzustellen.
- Die Kernanforderungen aus dem Zustandsvergleich als Rahmenkonzept für die Reifegradmodellentwicklung im Teil 2 abzuleiten.

Vorgehen im Rahmen der Zustandsanalyse

Das Vorgehen für die Zustandsanalyse wird in der folgenden Tabelle 2.8 aufgezeigt; es orientiert sich am Modellieren von Systemen aus dem SE (vgl. Haberfellner et al. 2015, S. 73 f., 133 f.; s. Kap. 1.3).

Arbeitsschritt		Ergebnis	Betrachtungsweise	Methode
1	Fernsehproduktionsprozess ohne Cloud-Technologie	IST-Zustandsanalyse ohne Cloud-Technologie	Systemdenken	IST-Systemmodellierung
2	Optimierungspotenzial im IST-Zustand des Fernsehproduktionsprozesses	Schwachstellen und Problemfelder	Problemfeld	Systemmodellierung mit Problemfeld als System-Aspekte und Beschreibung der Schwachstellen
3	Fernsehproduktionsprozess mit Cloud-Technologie	SOLL-Zustandsanalyse mit Cloud-Technologie	Eingriffsfeld/ Lösungsfeld	SOLL-Systemmodellierung
4	Vergleich von IST- und SOLL-Zustand	Diskrepanz von IST- und SOLL-Zustand und Kernanforderungen	Lösungsfeld	IST-/SOLL-System-Vergleich

Tabelle 2.8: Vorgehen Zustandsanalyse in der Situationsanalyse, Quelle: Eigene Darstellung in Anlehnung an Haberfellner et al. 2015, S. 73 f., 133 f.

Schritt 1: Fernsehproduktionsprozess ohne Cloud-Technologie

Im ersten Schritt wird die Funktionsweise des IST-Systems ohne Cloud-Technologie aufgezeigt. Dabei werden das CTO-Modell und der Austausch mit Expertinnen und Experten zum Fernsehproduktionsprozess zu Hilfe genommen. Das System in Abbildung 2.17 zeigt die einzelnen Phasen des Fernsehproduktionsprozesses, die nach dem CTO-Modell in die Ebenen „Content“, „Technik“ und „Organisation“ (s. Kap. 2.3.3) eingeteilt sind.

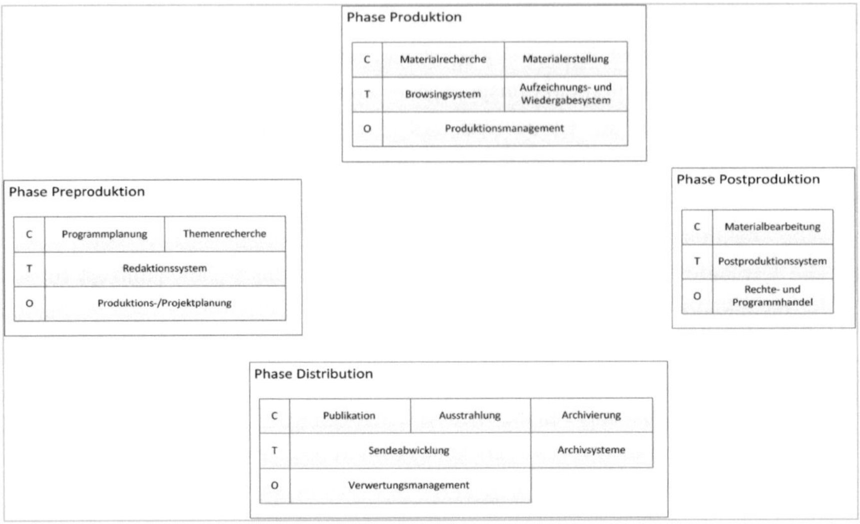

Abbildung 2.17: IST-System, Quelle: Eigene Darstellung.

Das System lässt für die Analyse sogenannte „System-Aspekte" zu (s. auch Kap. 1.3): „Jedes System, bestehend aus Elementen und Beziehungen, lässt sich unter verschiedenen Gesichtspunkten, gewissermaßen durch eine Art Filter, betrachten und beschreiben" (Haberfellner et al. 2015, S. 37 f.). Diese theoretische Betrachtung erfolgt in den Schritten zwei und drei der Analyse – allerdings auf der obersten Ebene des Systems.

<u>Schritt 2: Optimierungspotenzial im Fernsehproduktionsprozess</u>
Der zweite Schritt ermöglicht durch die System-Aspekt-Darstellung eine Fokussierung auf die unterschiedlichen **Problemfelder** (s. Kap. 1.3) und **Schwachstellen** des IST-Zustandes (s. Tab. 2.8).

<u>Schritt 3: Fernsehproduktionsprozess mit Cloud-Technologie</u>
Der dritte Schritt „SOLL-Modell mit Cloud-Technologie" kann durch den **cloudbasierten SOLL-Zustand dargestellt** werden und zeigt die **Eingriffsfelder** (s. Kap. 1.3) für Cloud-Technologie.

<u>Schritt 4: Vergleich von IST- und SOLL-Zustand</u>
Die Intention bei Schritt vier ist, das optimierte System mit dem SOLL-Zustand und das IST-System ohne Cloud-Technologie zu vergleichen, um ein Verständnis für die Erreichung des SOLL-Zustandes aufzubauen. Nach dem Systemvergleich kann abgeleitet werden, welche **Kernanforderungen** sich durch den Einsatz von Cloud-Technologie herausbilden (s. Kap. 2.3.4.4). Dies stellt ein Rahmenkonzept für Teil 2 im Kapitel 4 dar.

Nun schließt sich die Systemmodellierung mit dem ersten Schritt der IST-Zustandsanalyse an.

2.3.4.1 IST-Zustandsanalyse ohne Cloud-Technologie

Arbeitsschritt		Ergebnis	Betrachtungsweise	Methode
1	Fernsehproduktionsprozess ohne Cloud-Technologie	IST-Zustandsanalyse ohne Cloud-Technologie	Systemdenken	IST-Systemmodellierung

Tabelle 2.9: Vorgehen Systemmodellierung in der Situationsanalyse, Schritt 1, Quelle: Eigene Darstellung.

In diesem Kapitel steht der **Fernsehproduktionsprozess ohne Cloud-Technologie** (s. Tab. 2.9) im Fokus. Um das IST-System zu konstruieren und zu verstehen, wie die Elemente in diesem System über welche Beziehungen zusammenhängen, werden die **Prozesseigenschaften von Fernsehproduktionsprozessen** zu Hilfe genommen. Die folgende Beschreibung zeigt gleichzeitig die prozessualen Besonderheiten des Fernsehproduktionsprozesses auf.

<u>Prozesseigenschaften von Fernsehproduktionsprozessen</u>

Die Standardisierung der kreativen, oft individualisierten Produktionsprozesse findet auf einer geeigneten Abstraktionsebene statt, die die unterschiedlichen Ausprägungen der Prozesseigenschaften mit einschließt, jedoch die organisationseigene und personenabhängige Prozessgestaltung herausfiltert. Dafür werden die Prozesse logisch und aus ihrer Intention heraus in ihren jeweiligen Eigenschaften beschrieben. Zu den **Eigenschaften von Produktionsprozessen** definieren Krömker/Klimsa und Ebner:

- „Die Produktionsprozesse der verschiedenen Branchen lassen sich durch den kreativen Prozess des Erstellens von Content und dem systematischen Zusammenwirken der technischen Systeme charakterisieren“ (Krömker/Klimsa 2005, S. 18).
- „Jeder Prozess hat einen Anfangs- und Endzustand. Er wird durch eine Eingabe ausgelöst und führt eine Informationsverarbeitung durch. Gesteuert wird er durch Akteure und ist begleitet von einer Produktbearbeitung. Die Ausgabe eines Prozesses ist in vielen Fällen gleichzeitig die Eingabe für einen folgenden Prozess“ (Ebner 2009, S. 302).

Aus diesen Eigenschaften, aus Erfahrungswerten der Autorin und angelehnt an die Kategorisierungen von Produktionsformen aus der Literatur (vgl. Wirtz 2019, S. 506-511; Klimsa 2017, S. 59; Sjurts 2004, S. 19 f.; Syndow/Wirth 2004, S. 103-124) wird eine strukturierte Beschreibung der Prozesseigenschaften von Fernsehproduktionsprozessen hergeleitet, die als morphologisches Schema (vgl. Haberfellner et al. 2015, S. 386) in Tabelle 2.10 dargestellt ist. Diese Art der Darstellung ist geeignet, um eine hohe Variantenvielfalt mit vielen Parametern und deren unterschiedliche Ausprägungen zu systematisieren, die auch in der Umsetzung des Fernsehproduktionsprozesses zu finden ist.

<table>
<tr><th colspan="2">Parameter</th><th colspan="7">Ausprägungen</th></tr>
<tr><td>Warum?</td><td>Auslöser des Prozesses</td><td colspan="2">Unplanbares Sonderereignis</td><td colspan="2">Planbares Ereignis der Aktualität</td><td colspan="2">Planbares Ereignis der Nicht-Aktualität</td><td>Havarie-Ereignis</td></tr>
<tr><td>Was?</td><td>Prozess-Output (technisch); Programmform (Inhalt)</td><td colspan="2">Liveübertragung</td><td colspan="2">Aufgezeichneter Beitrag</td><td colspan="2">Lizenzmaterial (Beitrag, Film)</td><td>Werbung</td></tr>
<tr><td>Wer?</td><td>Produktionsform/Akteure des Prozesses</td><td>Eigenproduktion</td><td>Auftragsproduktion</td><td>Koproduktion</td><td>Einkauf</td><td>Übernahme</td><td>Nutzergenerierter Inhalt</td><td>Werbetreibende</td></tr>
<tr><td>Wie?</td><td>Produktionsprozessphasen nach Krömker/ Klimsa (2005)</td><td colspan="2">Preproduktion</td><td colspan="2">Produktion</td><td colspan="2">Postproduktion</td><td>Distribution</td></tr>
<tr><td>Womit?</td><td>Produktionskonzept</td><td colspan="2">Smart Production</td><td colspan="2">Remote Production</td><td colspan="2">Cloud Production</td><td>Klassische Produktion</td></tr>
</table>

Tabelle 2.10: Morphologisches Schema zu Eigenschaften des Fernsehproduktionsprozesses, Quelle: Eigene Darstellung in Anlehnung an Wirtz 2019, S. 506-511; Klimsa 2017, S. 59; Krömker/Klimsa 2005, S. 19; Sjurts 2004, S. 19 f.; Syndow/Wirth 2004, S. 103-124.

Der **Auslöser** des Fernsehproduktionsprozesses kann unterschiedlicher Natur sein: ein unplanbares Sonderereignis (wie Katastrophen oder Todesfälle), ein Ereignis aus Gründen der Aktualität, aus dem geplanten Regelbetrieb der Nicht-Aktualität (wie Dokumentationen, Shows) oder aufgrund eines Havariefalls (s. Tab. 2.10). Der **Prozess-Output** ist eine Liveübertragung, ein aufgezeichneter Beitrag, Lizenzmaterial (Beitrag, Film) oder Werbung (s. Tab. 2.10). Die **Produktionsformen** klassifizieren die verschiedenen Formen der Zusammenarbeit der unterschiedlichen Gewerke, d. h., dass hier ersichtlich wird, ob das Produkt selbst, in Zusammenarbeit generiert oder beauftragt wird. Es kann eine Eigen-, eine Auftrags- oder eine Koproduktion, ein Einkauf, eine Übernahme von Programm, eine Beitragsaufnahme von nutzergeneriertem Inhalt oder ein Werbebeitrag umgesetzt werden (s. Tab. 2.10). Die **Prozessphasen** für die Transformation des Materials in ein (Zwischen-)Produkt sind Preproduktion, Produktion, Postproduktion, Distribution. Auf der Ebene der Komplexität des Materials sind folgende Merkmale hervorzuheben:

- Das Produkt entsteht aus vielfältigen Materialien, die an unterschiedlichen Speicherorten, wie z. B. Archiven, und in unterschiedlichen Formaten vorliegen.
- Das Material gelangt über verschiedene Schnittstellen in Multiformatigkeit in das Netzwerk des Fernsehsenders.
- Das Material in Form des fertigen Produktes wird über verschiedene Kanäle in unterschiedlichen Formaten an den Zuschauer ausgespielt.

- Die beschreibenden Metadaten sind komplex und wachsen entlang des Fernsehproduktionsprozesses.

Das technische **Produktionskonzept** reicht von Smart Production über klassische Produktionstechnik bis Remote Production (s. Tab. 2.10). Relevante Konzepte dieser Produktionskonzepte sind:

- *Smart Production* steht „für eine schnelle, Personal und Kosten sparende Produktionsweise – oft unter Einsatz von ‚Smartphones' und mobilen Netzzugängen" (Schäfer 2015, S. 261).
- Das Ziel von *Remote Production* ist, „einen möglichst großen Teil des Personals und der Technik im angestammten Produktionshaus zu belassen und möglichst nur Ton-/Bildakquise und die nötigste journalistische Unterstützung vor Ort zu haben. Die Regie und die Einstellung der Kameras erfolgen ‚von zu Hause' aus. Als Extremfall werden sogar sämtliche verbleibenden technischen Geräte vor Ort – einschließlich der Kameraführung durch den Kameramann – über Netzwerkanbindungen ferngesteuert" (Schäfer 2015, S. 265).
- Unter *Cloud Production* wird ein Produktionskonzept verstanden, das bei der Preproduktion, der Produktion, der Postproduktion oder der Distribution als cloudbasierte IT-Lösungen verwandt wird. Dabei werden Material- oder Signalflüsse über ein Netzwerk umgesetzt und Funktionen virtualisiert.
- Bei der *klassischen Produktionstechnik* wird „mithilfe umfangreicher technischer Ressourcen in Produktionsstudios, Außengeländen oder im Falle der Nachrichtenproduktion am Ort des Geschehens das Bildmaterial des Beitrags erstellt" (Wirtz 2019, S. 503).

Der tatsächliche Produktionsprozess setzt sich aus den Kombinationsmöglichkeiten dieser Eigenschaften individuell zusammen. Er wird vor allem definiert durch

- die Eigenschaften „Prozessphasen", die statisch sind, entweder vollständig oder nur in Teilen durchlaufen werden und sich entlang der Wertschöpfung nicht wesentlich in der Reihenfolge ändern,
- das zu erzielende „Prozessergebnis" (Prozess-Output) und
- die Frage nach der „Produktionsform".

Die bedeutendste Entscheidung ist aus betriebswirtschaftlicher Sicht die Frage nach der Produktionsform und den Beteiligten, da hier auch eine Abwägung der Kosten- sowie Kapazitätsgestaltung stattfindet.

Diese skizzierten vielschichtigen Parameter und deren unterschiedliche Ausgestaltung machen eine **bedarfsgesteuerte Organisation des Fernsehproduktionsprozesses** je nach Ereignis und Form des Inhalts notwendig. Dies ist auch der Grund für eine erschwerte Standardisierung hin zu einem technischen Produktionsprozess. Daher wird im Folgenden die Standardisierung in Prozessmuster angestrebt.

Produktionsformen		Preproduktion	Produktion		Postproduktion	Distribution	
		Themen-recherche	Materialrecherche	Material-erstellung	Material-bearbeitung	Ausstrahlung	Archivierung
Eigenprod.	Live-Übertragung	x	x	x	(x)	x	x
	Aufgezeichneter Beitrag	x	x	x	x	x	x
	Lizenzmaterial (Film)	x	x	x	x	x	x
Auftragsproduktion	Live-Übertragung	x			(x)	x	x
	Aufgezeichneter Beitrag	x			(x)	x	x
	Lizenzmaterial (Film)	x			(x)	x	x
Koproduktion	Live-Übertragung	x	x	x	(x)	x	x
	Aufgezeichneter Beitrag	x	x	x	x	x	x
	Lizenzmaterial (Film)	x	x	x	x	x	x
Einkauf	Aufgezeichneter Beitrag	x			(x)	x	x
	Lizenzmaterial (Film)	x			(x)	x	x
Übernahme	Live-Übertragung					x	x
	Lizenzmaterial (Film)					x	x
Nutzergenerierter Inhalt	Aufgezeichneter Beitrag		x	x	x	x	x
Werbetreibende	Werbung				(x)	x	x
Funktionen der Prozessphase		*Themenfindung*	*Archivrecherche*	*Akquise*	*Archiv Service*	*Sendeplanung*	*Archivierung*
		Themenplanung	*Programmplanung*	*Ingest*	*Postproduktion*	*Sendungs-konfektionierung oder Studioproduktion*	*Abrechnung*
			Personaldisponierung			*Playout*	*Auswertung*
			Sachmitteldisponierung				

Abbildung 2.18: Matrix prozessdefinierender Eigenschaften der Fernsehproduktion zur Ermittlung von Prozessmustern, Quelle: Eigene Darstellung.IST-Zustandsanalyse ohne Cloud-Technologie

Prozessmuster als Wirkungsbeziehungen für das IST-System

Aus den beschriebenen Prozesseigenschaften als Parameter und deren Ausprägungen werden **Prozessmuster** abgeleitet. Diese Prozessmuster sind dann als Wirkungsbeziehungen zwischen den Elementen, den Prozessphasen und -schritten, zu verstehen. So soll eine allgemeingültige Analyse des Fernsehproduktionsprozesses ermöglicht werden.

Eine Kombination dieser Prozesseigenschaften hat ergeben, dass es sich meist um drei Prozessstandards handelt (s. Abb. 2.18):

- *Prozessmuster 1 (gelb):* Alle vier Produktionsphasen werden durchlaufen.
- *Prozessmuster 2 (pink):* Es werden vor allem die Preproduktion und die Distribution durchgeführt.
- *Prozessmuster 3 (blau):* Es findet nur die Distribution statt.

Die abgeleiteten Prozessmuster (s. Abb. 2.18) können in das IST-System in Anlehnung an Krömker/Klimsa (2005) für die IST-Zustandsanalyse eingezeichnet werden[3]. So ergeben sich die Wirkungsbeziehungen zwischen den einzelnen Produktionsphasen im Fernsehproduktionsprozess eines Fernsehsenders (s. Abb. 2.19), die das IST-System schließlich als Ausgangsbasis komplettieren.

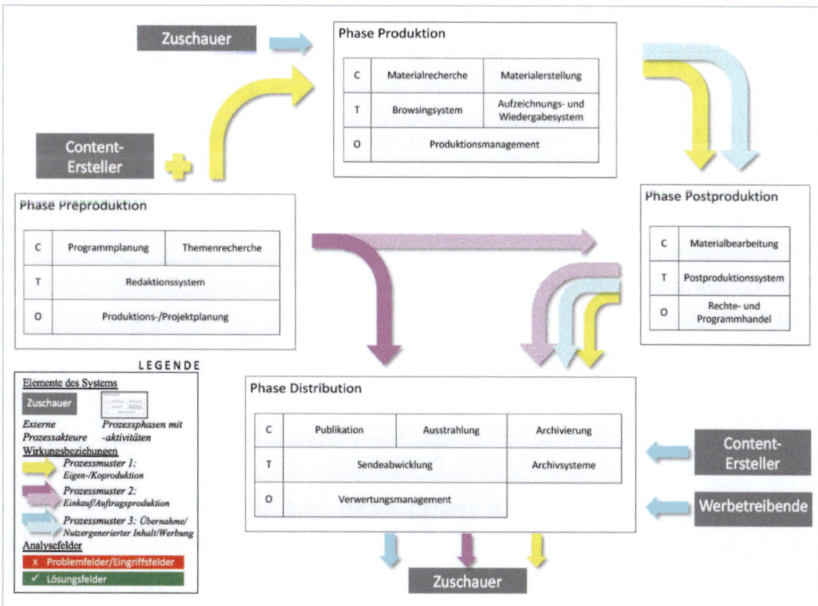

Abbildung 2.19: IST-System mit Prozessmuster, Quelle: Eigene Darstellung, in Anlehnung an Klimsa/Krömker 2011, S. 6, Krömker/Klimsa 2005, S. 20.

[3] Aus Gründen der besseren Lesbarkeit wird in den Abbildungen 2.19 bis 2.26 nur die männliche Form verwandt, die weibliche ist dabei jeweils mit eingeschlossen.

Beispiel für IST-System: Beitrag zur Europa-Wahl für die Sendung „heute journal" (vgl. ZDF 2018)

- Der Auslöser ist ein planbares Ereignis der Aktualität, nämlich die Europa-Wahl.
- Der Prozess-Output (technisch) bzw. Programmform (Inhalt) ist ein 3-minütiger aufgezeichneter Beitrag.
- Als Produktionsform wird eine Eigenproduktion gewählt, da die Umsetzung über einen Reporter aus einem Auslandsstudio (hier: Brüssel) geschieht.
- Es werden alle Produktionsprozessphasen nach Krömker/ Klimsa durchlaufen (s. gelber Pfeil in Abb. 2.19)
    - Die Programmplanung und die Themenrecherche finden in der „heute journal"-Redaktion statt.
    - Danach werden die Materialrecherche und -erstellung sowie die Materialbearbeitung durch den oder die Auslandsreporter:in in Brüssel federführend durchgeführt.
    - Im Rahmen der Sendung „heute journal" erfolgt die Einbettung und Distribution des aufgezeichneten Beitrags, der im Anschluss archiviert wird.
- Für die Beitragserstellung wurden klassische Produktionsmittel eingesetzt.

Das fertiggestellte IST-System wird nun auf ein Optimierungspotenzial hin analysiert. Dafür wird im Folgenden auf Schwachstellen als Ursachen für Prozessineffizienz und auf konkrete Problemfelder des IST-Systems (s. Kap. 1.3) abgestellt.

2.3.4.2 Cloudbasiertes Optimierungspotenzial im IST-Zustand

Arbeitsschritt		Ergebnis	Betrachtungsweise	Methode
2	Optimierungspotenzial im IST-Zustand des Fernsehproduktionsprozesses	Schwachstellen und Problemfelder	Problemfeld	Systemmodellierung mit Problemfeld als System-Aspekte und Beschreibung der Schwachstellen

Tabelle 2.11: Vorgehen Systemmodellierung in der Situationsanalyse, Schritt 2, Quelle: Eigene Darstellung.

Weiterer Untersuchungsschwerpunkt der Systemanalyse ist schließlich die Erhebung von Schwachstellen des IST-Zustandes (s. Tab. 2.11), im Sinne des SEs (s. Kap. 1.3; vgl. Haberfellner et al. 2015, S. 200-202), die durch eine cloudbasierte Optimierung beseitigt werden können. Sie lassen sich in Problemfelder des Systems zusammenfassen und zeigen die Eingriffsfelder für Cloud-Technologie auf. Am Ende der Betrachtung muss eine logische Verknüpfung zwischen den Schwachstellen und den Potenzialen von Cloud-Technologie erkennbar sein. So wird der technische Einfluss von Cloud-Technologie auf die prozessuale Organisation deutlich.

Schwachstellen des IST-Zustandes

Es gibt zwei Arten von Schwachstellen. Einerseits existieren **prozessexterne Schwachstellen**, deren Ursachen weitestgehend nicht mit dem Prozess an sich verknüpft sind, wie z. B. fehlende oder von der Organisation unpassend verteilte Verantwortlichkeiten und Entscheidungskompetenzen von Stellen entlang eines Prozesses. Diese können aufgrund der Organisationseigenschaften entstehen und werden hier nicht gesondert betrachtet. Andererseits gibt es **prozessimmanente Schwachstellen**, die unmittelbar den Fernsehproduktionsprozess betreffen. Dabei handelt es sich beispielsweise um Verzögerungen im Ablauf oder um unnötige Medienbrüche. Diese Auslöser werden auch in der einschlägigen Geschäftsprozessmanagement-Literatur für die Prozessoptimierung genannt:

- „Medienbrüche im Arbeitsablauf",
- „Bearbeiterwechsel während des Arbeitsablaufes",
- „Doppelarbeiten" und
- „Warte- oder Liegezeiten" (Gadatsch 2017, S. 34).

Im Rahmen einer Vorstudie wurden nur diejenigen **konkreten Schwachstellen und Problemfelder** im Fernsehproduktionsprozess explorativ ermittelt, bei denen die Cloud-Technologie auch zur Optimierung beitragen kann (s. Tab. 2.12; vgl. Bau 2019 [betreute Abschlussarbeit], S. 66-74). Damit hat die Vorstudie einen klar abgegrenzten Fokus auf die prozessimmanenten Schwachstellen und die Beschreibung in Problemfeldern, die auch ein Lösungspotenzial mit der Cloud-Technologie aufweisen. Dafür wurden Experteninterviews mit Vertreterinnen und Vertretern der Fernsehsender, der Wissenschaft und verschiedenen Herstellerinnen und Herstellern bzw. Anbietenden von Cloud-Services befragt, um den Bezug zwischen prozessimmanenter Schwachstelle und Cloud-Einsatz zu gewährleisten (s. Tab. 2.12).

Ziel		Explorative Erhebungen zu Optimierung mit Cloud Computing entlang des Fernsehproduktionsprozesses
Datenerhebung	Methode	Betreute Vorstudie: Leitfadengestützte Einzelinterviews mit Vertreterinnen und Vertretern aus einem Fernsehsender (*ZDF*), der Wissenschaft (*IRT, Hochschule der Medien*) und verschiedenen Herstellerinnen und Herstellern (*Imagine Communications Corp., Avid Technology Inc.*);
	Teilnehmendenprofile	• Erste Befragung, Fernsehsender: o Befragte:r 1 Preproduktion; o Befragte:r 2 Produktion; o Befragte:r 3 Postproduktion; o Befragte:r 4 Distribution; o Befragte:r 5 Gesamtproduktionsprozess; o Befragte:r 6 Gesamtproduktionsprozess; • Zweite Befragung, Wissenschaft und Hersteller: o Befragte:r 1; o Befragte:r 2; o Befragte:r 3;
	Zeitraum	April und Juni 2019;
	Ablauf	Persönliche und telefonische Befragung;
Datenaufbereitung	Methode	Qualitative Inhaltsanalyse;
Ergebnis		Schwachstellen und Problemfelder im Sinne des SEs, Möglichkeiten des Cloud-Einsatzes.

Tabelle 2.12: Schema für explorative Erhebungen zu Optimierung mit Cloud Computing entlang des Fernsehproduktionsprozesses, Quelle: Eigene Darstellung in Anlehnung an Bau [betreute Abschlussarbeit] 2019.

Vor allem die Ergebnisse zu den Schwachstellen sind im weiteren Vorgehen von zentraler Bedeutung. Die Kernaussage der Vorstudie zeigt, dass in der Praxis zu viel Zeit und zu viele Kosten beansprucht werden, um die ermittelten Schwachstellen auszubessern, und dadurch sowohl die Effizienz als auch die Qualität im Produktionsprozess leiden. Mithilfe dieser konkret ermittelten Schwachstellen im Fernsehproduktionsprozess können die **Problemfelder des IST-Zustandes** beschrieben werden (s. Abb. 2.25), die einer Optimierung mit Lösungspotenzial durch Cloud-Technologie bedürfen, um Produktionsfaktoren effizient einsetzen zu können.

Zur Vermittlung eines tieferen Verständnisses für die Schwachstellen und zur Kategorisierung werden die Problemfelder in fokussierten Sichten als sogenannte „System-Aspekte" im Sinne des SEs dargestellt (s. Abb. 2.20 und Tab. 2.13).

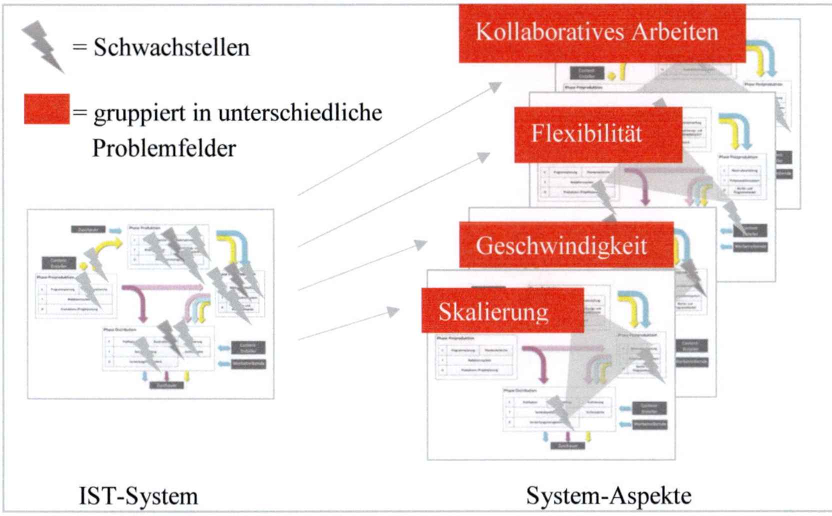

Abbildung 2.20: Zusammenhang zwischen Schwachstellen und Problemfelder im IST-System, Quelle: Eigene Darstellung.

Problemfelder als System-Aspekte

Im Folgenden werden die festgestellten Schwachstellen für die Fernsehproduktion beispielhaft zusammengefasst und die daraus abgeleiteten Problemfelder als Aspekte des IST-Systems in Tabelle 2.13 beschrieben.

<table>
<tr><th colspan="2">Problemfeld Skalierung</th></tr>
<tr><td colspan="2">

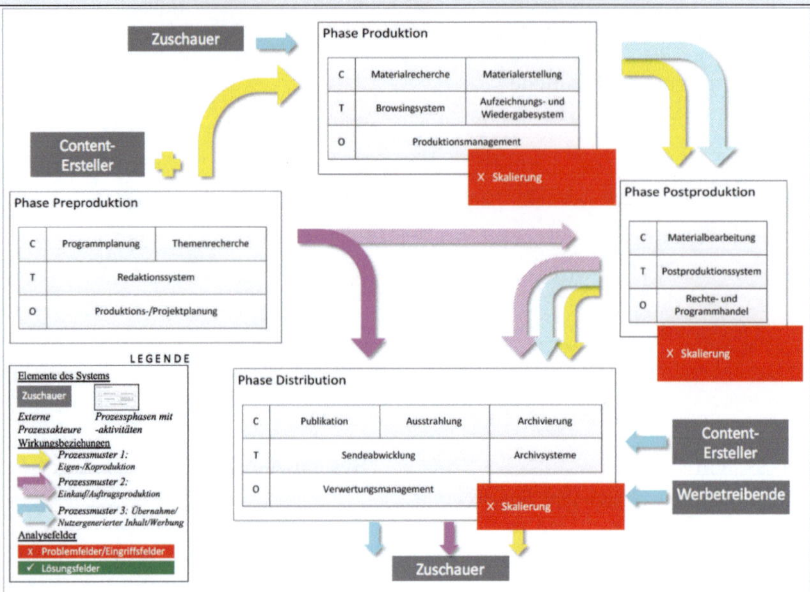

Abbildung 2.21: IST-System-Aspekt Skalierung, Quelle: Eigene Darstellung in Anlehung an Bau 2019 [betreute Abschlussarbeit], S. 65 und Klimsa/Krömker 2011, S. 6.

</td></tr>
<tr><td>Schwach-stellen</td><td>

- **Heterogene Datenmenge (Größe und Format):** Der Umgang mit Speicherung und Transfer von unterschiedlichen Datenvolumina (Spannweite: klein bis sehr groß) sowie vielfältigen Datenformaten auf verschiedenen Datenträgern ist herausfordernd.
- **Dynamisches Datenvolumen:** Das Volumen der Datenmenge steigt bei der Eigenproduktion von der Rohfassung bis zur Produktfinalisierung rasant an.
- **Schwankende Auslastung der Produktionsmittel und der Infrastruktur:** Lastspitzen sind regelmäßig möglich, aber nicht vorhersagbar – im Gegensatz zu einem geringen Datenvolumen bei Nacht.
- **Hohe Anforderungen an Datenspeicher und -transfer**: „Dies erfordert große Speicherkapazitäten und Übertragungsraten." (Bau 2019 [betreute Abschlussarbeit], S. 67).

Beispiel „heute journal"-Beitrag: Der Datentransfer des Beitrags misslingt wegen Überlastung durch Lastspitze (Liveübertragung Olympische Spiele).

</td></tr>
</table>

Problemfeld Geschwindigkeit

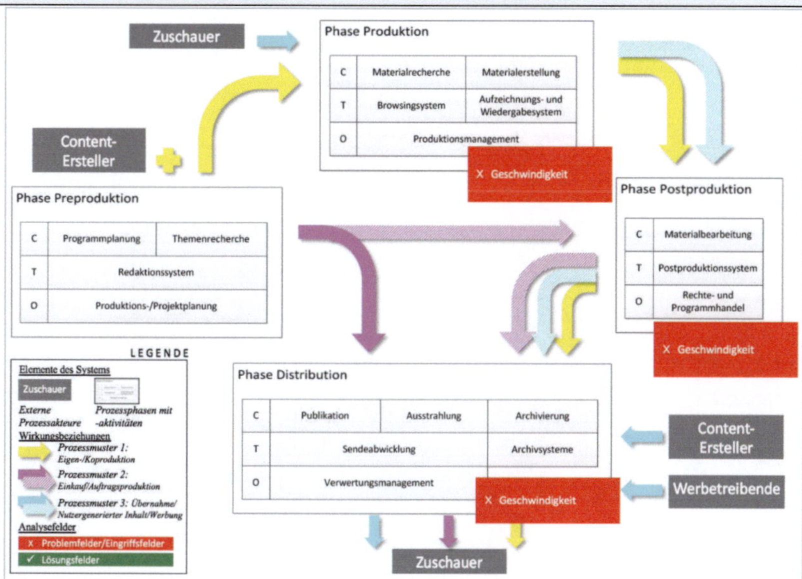

Abbildung 2.22: IST-System-Aspekt Geschwindigkeit, Quelle: Eigene Darstellung in Anlehung an Bau 2019 [betreute Abschlussarbeit], S. 65 und Klimsa/Krömker 2011, S. 6

Schwach-stellen	• **Fester, ggf. enger Zeitrahmen:** Die Festlegung des Sendedatums gibt die Geschwindigkeit des Herstellungsprozesses vor. • **Zeitverluste mangels Materialverfügbarkeit:** Zeitverluste sind wegen der verzögerten Verfügbarkeit des Materials bei der Materialrecherche oder bei der Anlieferung des Materials für die Materialerstellung zu beobachten. • **Zusätzlicher Zeitverlust wegen Kopierprozessen:** Kopierprozesse nehmen bei großen Dateien und Leitungsauslastung viel Zeit in Anspruch. • **Qualitätsverluste durch Zeitverluste:** „Grundsätzlich sind demnach Zeitverluste aufgrund von Transferprozessen zu erkennen, welche vor allem im Bereich der Aktualität zu Qualitätsverlusten aufgrund geringerer Bearbeitungszeit der Inhalte führen." (Bau 2019 [betreute Abschlussarbeit], S. 69). • **Echtzeit-Garantie bei Ereignissen:** Besonders bei Livesendungen muss eine Echtzeitübertragung zwingend garantiert sein. *Beispiel „heute journal"-Beitrag:* Aufgrund von langen Transferprozessen wird der Beitrag ohne Überarbeitung gesendet und die Qualitätseinbußen hingenommen.

Problemfeld Flexibilität

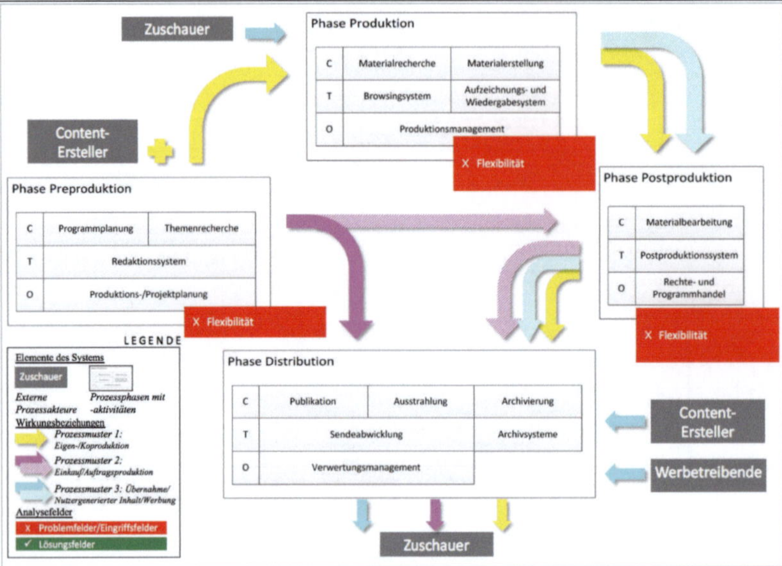

Abbildung 2.23: IST-System-Aspekt Flexibilität, Quelle: Eigene Darstellung in Anlehung an Bau 2019 [betreute Abschlussarbeit], S. 65 und Klimsa/Krömker 2011, S. 6.

Schwach-stellen	• **Mangelnde Zugriffsmöglichkeit:** Das Material und die Metadaten sind häufig unterwegs wegen mangelnden Netzwerkzugriffs nicht zugänglich. Redaktionen im Ausland „sind von Agenturen vor Ort abhängig, um passendes Material und Informationen zu erhalten“ (Bau 2019 [betreute Abschlussarbeit], S. 70). • **Kurzfristiger Bedarf an Produktionsmitteln und Infrastruktur:** Unplanbare (Katastrophen etc.) und planbare Ereignisse (Wahlen, sportliche Großereignisse etc.) erfordern eine flexible Einrichtung von temporären Arbeitsplätzen. „Mit unplanbaren Ereignissen gehen kurzfristige Anforderungsänderungen einher“ (Bau 2019 [betreute Abschlussarbeit], S. 71). • **Permanenter Bedarf an Produktionsmitteln und Infrastruktur:** Der dauerhafte Bedarf wegen des 24/7-Betriebes stellt hohe Anforderungen an Technik und Personal, sodass Schichten und Bereitschaften eingeplant werden müssen. Dies führt zu erhöhten Kosten. • **Zuverlässigkeit der Technik:** Die Hard- und Softwarenutzung entlang des Produktionsprozesses erfordern eine bedarfsgerechte, zuverlässige Verfügbarkeit, da die Arbeit andernfalls nicht erfolgen kann. *Beispiel „heute journal“-Beitrag:* Das Auslandsstudio kann nicht beliebig auf jedes Material zugreifen, da es nicht zentral verfügbar ist.

<table>
<tr><th colspan="2">Problemfeld Kollaboratives Arbeiten</th></tr>
<tr><td colspan="2">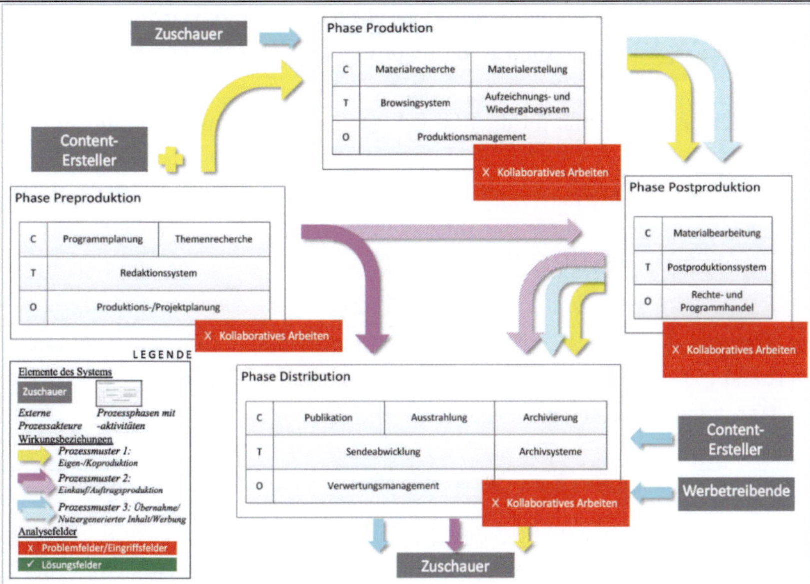

Abbildung 2.24: IST-System-Aspekt kollaboratives Arbeiten, Quelle: Eigene Darstellung in Anlehung an Bau 2019 [betreute Abschlussarbeit], S. 65 und Klimsa/Krömker 2011, S. 6.</td></tr>
<tr><td>Schwachstellen</td><td><ul>
<li>Absprachen über Produktionsphasen hinweg: „Alles in allem ist das kollaborative Arbeiten, insbesondere zwischen der Preproduktion mit den anderen Produktionsphasen entscheidend, um wichtige Informationen und Grundideen auszutauschen“ (Bau 2019 [betreute Abschlussarbeit], S. 74).</li>
<li>Zeitverluste wegen technischer Mängel: Wenn die Absprachen nicht kollaborativ erfolgen können oder die technische Unterstützung nicht funktioniert, kann es zu Zeitverlusten kommen.</li>
<li>Qualitätsverluste durch Zeitverluste: Dabei kann auch die Qualität sinken, wenn eine Absprache oder Abnahme aufgrund des Zeitdrucks nicht mehr erfolgen können.</li>
</ul>
Beispiel „heute journal“-Beitrag: Da die technische Verbindung des Reporters und der Reporterin im Auslandsstudio in Brüssel zum Arbeitsplatz der Bearbeitung in der Zentrale in Mainz von niedriger Qualität ist, kann ein hochwertiges kollaboratives Arbeiten nicht umgesetzt werden.</td></tr>
</table>

Tabelle 2.13: Problemfelder als IST-System-Aspekte mit Lösungspotenzial durch Cloud-Technologie in der Fernsehproduktion, Quelle: Eigene Darstellung aus Bau 2019 [betreute Abschlussarbeit], S. 66-74.

Es ergeben sich damit vier Problemfelder (s. Tab 2.13), die ein Optimierungspotenzial aufweisen:

- Skalierung,
- Flexibilität,
- Geschwindigkeit und
- Kollaboratives Arbeiten.

Damit werden diese Problemfelder zu Eingriffsfeldern im Sinne des SEs, da die technologische Lösung mit der Cloud-Technologie dort ansetzen kann. Sie zeigen also auf, welchen Einfluss die Cloud-Technologie konkret auf die prozessuale Organisation hat.

Diese Eingriffsfelder werden nun für die SOLL-Systemmodellierung übernommen.

2.3.4.3 SOLL-Zustandsanalyse mit Cloud-Technologie

Arbeitsschritt		Ergebnis	Betrach-tungsweise	Methode
3	Fernsehproduktionsprozess mit Cloud-Technologie	SOLL-Zustandsanalyse mit Cloud-Technologie	Eingriffsfeld/ Lösungsfeld	SOLL-Systemmodellierung

Tabelle 2.14: Vorgehen Systemmodellierung in der Situationsanalyse, Schritt 3, Quelle: Eigene Darstellung.

Der dritte Schritt „SOLL-Modell mit Cloud-Technologie" kann durch die SOLL-Systemmodellierung dargestellt werden (s. Abb. 2.25). Dafür werden die **Eingriffsfelder**, bei denen ein **Lösungsansatz durch die Cloud-Technologie** ansetzen kann, in Grün in das System eingezeichnet:

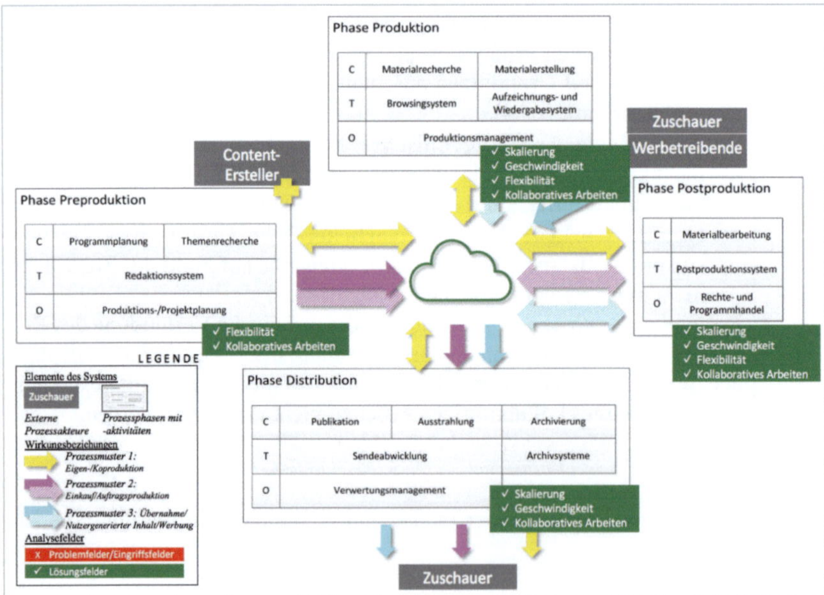

Abbildung 2.25: SOLL-System im Cloud-Kontext, Quelle: Eigene Darstellung, in Anlehnung an Bau 2019 [betreute Abschlussarbeit], S. 82 und Klimsa/Krömker 2011, S. 6.

Die Lösungsfelder nach dem Gedanken des SEs umfassen damit alle vier Produktionsphasen, da in allen vier Phasen die Cloud-Technologie die Schwachstellen beheben kann. Im Zielzustand, dem **SOLL-System,** wird also angenommen, dass der Cloud-Einsatz erfolgreich umgesetzt wird. Der SOLL-Zustand kann also mit Blick auf die behobenen Schwachstellen, die ausgeschöpften Cloud-Potenziale und die vermiedenen Risiken beschrieben werden:

- Das bedeutet, dass die **Schwachstellen** in den Eingriffsfeldern „Skalierung", „Geschwindigkeit", „Flexibilität" und „kollaboratives Arbeiten" aus Kapitel 2.3.4.2 in den einzelnen Produktionsphasen je nach Bedarf und Umsetzungsmöglichkeit optimal gelöst wurden.
- Die Eingriffsfelder stimmen mit den **Cloud-Potenzialen** aus 2.2.3 teilweise überein. Als weiteres Cloud-Potenzial wird aus Kapitel 2.2.3 das Monitoring als natives Cloud-Potenzial ergänzt, da es durch die Cloud-Technologie in diesem Umfang neu hinzukommt und nicht aus den gegebenen Schwachstellen abzuleiten ist.
- Zusätzlich wird bei der Anwendung der Cloud-Technologie auf die Vermeidung der **Risiken** aus Kapitel 2.2.3 geachtet.

Der SOLL-Zustand des Fernsehproduktionsprozesses mit Cloud-Technologie wird im Detail nach Eingriffsfeldern der cloudbasierten Lösung skizziert:

Skalierung

- Behobene Schwachstellen (s. Tab. 2.13 in Kap. 2.3.4.2):
    - Die Heterogenität des dynamischen Datenvolumens und der -formate entlang des Prozesses wird unterstützt.
    - Die schwankende Auslastung, z. B. durch Lastspitzen bei temporären Großereignissen, der Schwankung zwischen hohem Datenvolumen tagsüber und geringem Datenvolumen nachts, der Produktionsmittel und der Infrastruktur, darunter auch Speicher und Serviceleistungen, wird bedarfsgerecht unterstützt.
    - Die Datenspeicherung und der -transfer sind effizient organisiert.
- Ausgeschöpftes Potenzial (s. Tab. 2.4 in Kap. 2.2.3):
    - Eine bedarfsgerechte Skalierung wird umgesetzt.
    - Eine individuelle Präsentation bei zielgruppenspezifischer Konfiguration wird umgesetzt.
- Vermiedenes Risiko (s. Tab. 2.5 in Kap. 2.2.3):
    - Der Vendor Lock-in-Effekt wird dabei allerdings vermieden.
- **Beispiel „heute journal"-Beitrag:** Der Datentransfer des Beitrags gelingt auch trotz Lastspitze, wie z. B. während einer Liveübertragung der Olympischen Spiele.

Geschwindigkeit

- Behobene Schwachstellen (s. Tab. 2.13 in Kap. 2.3.4.2):
  - Der feste, ggf. enge Zeitrahmen kann immer termingerecht eingehalten werden.
  - Es liegt eine schnelle Materialverfügbarkeit vor.
  - Kopierprozesse werden termingerecht umgesetzt.
  - Qualitätsverluste entstehen nicht aufgrund von Zeitverlusten.
  - Bei Livesendungen wird eine Echtzeitübertragungen garantiert.
- Ausgeschöpftes Potenzial (s. Tab. 2.4 in Kap. 2.2.3):
  - Der schnelle Aufbau von temporären Lösungen ist umsetzbar.
- Vermiedenes Risiko (s. Tab. 2.5 in Kap. 2.2.3):
  - Es liegt eine geeignete Netzwerkverbindung mit ausreichender Bandbreite vor.
- **Beispiel „heute journal"-Beitrag:** Die Durchlaufzeit der Transferprozesse ist bedarfsgerecht, sodass der Beitrag mit Überarbeitung in gewünschter Qualität gesendet wird.

Flexibilität

- Behobene Schwachstellen (s. Tab. 2.13 in Kap. 2.3.4.2):
  - Es liegt ein dem Bedarf entsprechender Materialzugriff vor.
  - Eine zuverlässige Verfügbarkeit ist bei cloudbasierter Hard- und Softwarenutzung garantiert.
  - Temporäre Anforderungen sowie Anforderungen des 24/7-Betriebes an Produktionsmitteln und Infrastruktur sind umgesetzt.
- Ausgeschöpftes Potenzial (s. Tab. 2.4 in Kap. 2.2.3):
  - Entlang des Prozesses wird eine bedarfsgerechte Zeit- und Ortsunabhängigkeit umgesetzt.
  - Die Hardwareunabhängigkeit durch Nutzung von Standard-Endgeräten mit Netzwerkzugriff ist gegeben.
- Vermiedenes Risiko (s. Tab. 2.5 in Kap. 2.2.3):
  - Es wurden Vorkehrungen für die Vermeidung von sogenannter Schatten-IT umgesetzt, d. h. kein unkontrollierter Einsatz von nicht überprüften IT-Anwendungen (s. Tab. 2.5 in Kap. 2.2.3).
- **Beispiel „heute journal"-Beitrag:** Das Auslandsstudio kann jederzeit beliebig auf jede Art von Material zugreifen, da es zentral verfügbar ist.

Kollaboratives Arbeiten

- Behobene Schwachstellen (s. Tab. 2.13 in Kap. 2.3.4.2):
  - Die Produktionsphasen übergreifenden Absprachen können kollaborativ umgesetzt werden.
  - Zeitverluste wegen technischer Mängel werden minimiert.
  - Der Qualitätsanspruch kann umgesetzt und die gewünschte Qualität des Produktes kann termingerecht erzielt werden.
- Ausgeschöpftes Potenzial (s. Tab. 2.4 in Kap. 2.2.3):
  - Der Ressourcenzugriff ist für dezentrales Arbeiten sichergestellt.
  - Die Prozessautomatisierung ist wegen geringer Medienbrüche oder geeigneter Services in einem Cloudnetzwerk umsetzbar.
- Vermiedenes Risiko (s. Tab. 2.5 in Kap. 2.2.3):
  - Die Sicherheitskonzepte sind angepasst, um die Datensicherheit zu erhalten.
  - Die vertragliche Kontrolle mit Cloud-Anbietenden zur physischen Verwaltung der Daten ist gegeben.
  - Es gibt eine klare Definition eines Service-Level-Agreements (SLA).
- **Beispiel „heute journal"-Beitrag:** Die technische Verbindung des Reporters und der Reporterin im Auslandsstudio in Brüssel zum Arbeitsplatz der Bearbeitung in der Zentrale in Mainz ist von hoher Qualität, sodass eine hochwertige kollaborative Arbeit umgesetzt wird.

Monitoring

- Ausgeschöpftes Potenzial (s. Tab. 2.4 in Kap. 2.2.3):
  - Das Monitoring des cloudbasierten Prozesses und des Materials wird umgesetzt.
  - Lange Material- und Fehlersuchzeiten können vermieden werden.
  - Einsparungspotenziale und eine optimale Auslastung werden erzielt.
- Vermiedenes Risiko (s. Tab. 2.5 in Kap. 2.2.3):
  - Eine Kostensteuerung erfolgt.
  - Der Datenschutz wird eingehalten.
- **Beispiel „heute journal"-Beitrag:** Das Rohmaterial für den Beitrag wird durch geringe Materialsuchzeiten schnell und zielsicher gefunden.

Die obigen Ausführungen beschreiben den Idealzustand bzw. Soll-Zustand, in dem die Cloud-Technologie ausgewählte generische Schwachstellen der Fernsehproduktion behebt. Die generischen Schwachstellen, die die Cloud-Technologie beheben kann, lassen sich in die fünf Eingriffsfelder „Skalierung", „Geschwindigkeit", „Flexibilität", „Kollaboratives Arbeiten" und „Monitoring" einteilen. Diese fünf Felder bilden die Ausgangsbasis für die Ableitung der Reife von Fernsehproduktionsprozessen.

2.3.4.4 Kernanforderungen aus dem IST- und SOLL-Vergleich

Arbeitsschritt		Ergebnis	Betrachtungsweise	Methode
4	Vergleich von IST- und SOLL-Zustand	Diskrepanz von IST- und SOLL-Zustand und Kernanforderungen	Lösungsfeld	IST-/SOLL-System-Vergleich

Tabelle 2.15: Vorgehen Systemmodellierung in der Situationsanalyse, Schritt 4, Quelle: Eigene Darstellung

In diesem letzten Schritt wird das Ziel der Zustandsanalyse erreicht, indem IST und SOLL miteinander verglichen werden sowie die Diskrepanz herausgestellt wird. Die Kernanforderungen an cloudbasierte Fernsehproduktionsprozesse können nun beschrieben werden.

Zunächst werden der IST-Zustand ohne Cloud-Technologie (vgl. Kap. 2.3.3.2) und der SOLL-Zustand mit Cloud-Technologie (s. Kap. 2.3.3.3) miteinander verglichen.

IST-/SOLL-System-Vergleich

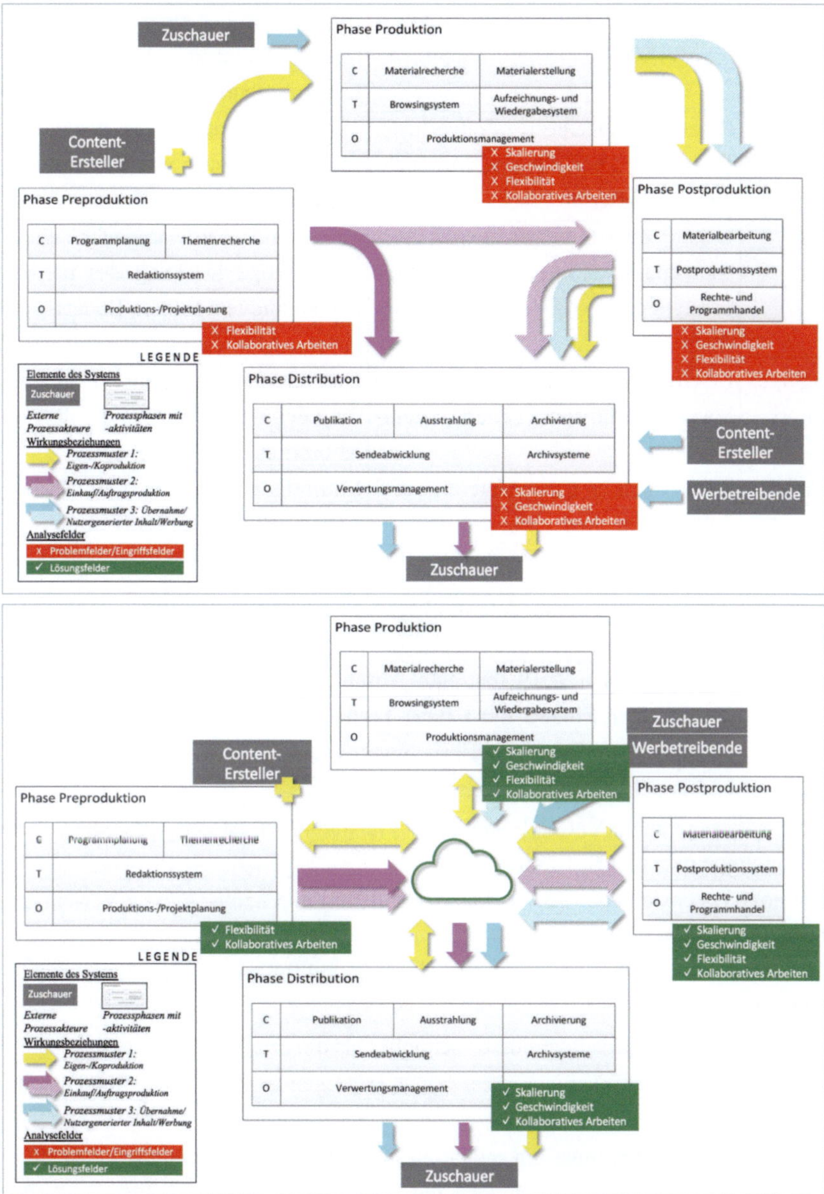

Abbildung 2.26: IST-/SOLL-System-Vergleich, Quelle: Kap. 2.3.4.1 und Kap. 2.3.4.3.

Aus Abbildung 2.26 ergibt sich eine deutliche Diskrepanz, die in folgender Tabelle mit Blick auf IST- und SOLL-Zustand formuliert ist:

Sichtweise	IST-Zustand	SOLL-Zustand
Skalierung	Ineffizienter Datenspeicher und -transfer, Probleme bei Lastspitzen	Effizienter Datenspeicher und -transfer, Umsetzung bedarfsgerechter Skalierbarkeit
Geschwindigkeit	Prozessimmanente Zeitverluste, Wartezeiten bei Nutzung von Technik und Material	Termingerechte Prozessgestaltung, schnelle Nutzung von Technik und Material
Flexibilität	Lokale Zugriffsmöglichkeiten, ressourcenaufwendige Deckung des permanenten und temporären Bedarfs	Orts- und hardwareunabhängige, zuverlässige Deckung des permanenten und temporären Bedarfs
Kollaboratives Arbeiten	Erschwerter Informationsaustausch mangels technischer Lösung, Qualitätsverluste	Qualitätssteigerung und Minimierung des Zeitaufwandes durch Kollaboration
Monitoring	Zeitverluste wegen Material- und Fehlersuchzeiten	Minimierte Material- und Fehlersuchzeiten, Kostensteuerung

Tabelle 2.16: Diskrepanzdarstellung des IST-/SOLL-Zustandes, Quelle: Eigene Darstellung.

Aus dem visuellen Vergleich (s. Abb. 2.26) und der formulierten Diskrepanz (s. Tab. 2.16) sowie auf Grundlage der Vorstudie mit explorativen Expertinnen- und Experteninterviews aus der TV-Branche (vgl. Bau 2019 [betreute Abschlussarbeit], S. 88-90) lassen sich **Kernanforderungen an den Einsatz der Cloud-Technologie** formulieren:

- Die zeitliche und ortsunabhängige Erreichbarkeit der Cloud-Ressourcen muss aufgrund des 24/7-Betriebs jederzeit gesichert sein.
- Eine bedarfsgerechte Material- und Serviceverfügbarkeit ist gefordert. Die Cloud-Technologie darf nicht ausfallen.
- Die hohe Datensicherheit sowie Havarie- und Notfallkonzepte müssen gewährleistet sein.
- Die Transferzeiten von Material in Produktion und Postproduktion muss in Echtzeit ablaufen.
- Die Materialkopierprozesse müssen schneller als die Laufzeit des Materials sein.
- Der Cloud-Speicher muss skalierbar sein z. B. wegen großen Datenvolumens oder bei Lastspitzen.
- Der zentrale Speicher muss ein dezentrales Zusammenarbeiten ermöglichen.

Dabei lässt sich vor allem der Wunsch nach zeit- und ortsunabhängiger Zusammenarbeit und nach schnellen, hoch performanten und (ausfall-)sicheren Prozessen ablesen.

Damit ist das Ziel der Systemmodellierung erreicht. Die Kernanforderungen bilden eine **wichtige Grundlage für die Zielformulierung** des zu erstellenden Reifegradmodells (s. Kap. 4.1.1.2), da sie die Anforderungen an die technische Unterstützung und damit einen inhaltlichen Rahmen bilden.

Im Folgenden schließt sich eine Zusammenfassung zum Forschungsstand des Fernsehproduktionsprozesses und dessen Optimierung an.

2.3.5 Zusammenfassung

Die Fernsehproduktion ist als **Branchenspezifikum** der Medienproduktion ein besonderes Forschungsfeld. Diese Besonderheit lässt sich vor allem durch die spezielle Beschaffenheit der Kosten (z. B. first copy costs), die Produkteigenschaften (z. B. immaterielle Unikate) und die Nachfrage erklären, die schwer prognostizierbar ist.

Im Rahmen der Fernsehproduktion finden vorwiegend öffentlich-rechtliche und private **Geschäftsmodelle** Anwendung. Die genannten Modelle streben ihrem Geschäftsmodell entsprechend jeweils entweder stärker gewichtet monetäre (wie Gewinn, Umsatz, Eigenkapital etc.) oder nicht monetäre Ziele (wie Unabhängigkeit, Bedarfsdeckung, Marktanteile etc.) an.

Unter **Fernsehproduktionsprozess** wird der technische Herstellungsprozess eines Fernsehsenders synonym zum Begriff des Wertschöpfungsprozesses verstanden, der den innerbetrieblichen Transformationsprozess von Input zu Output durch das kreative Be- und Verarbeiten von Information meint. Als grundlegendes Prozessmodell wird das Modell nach Krömker und Klimsa mit den vier Phasen des Medienproduktionsprozesses für die Fernsehproduktion verwendet, da es die unterschiedliche Darstellung der Dimensionen von Content, Technik und Organisation ermöglicht und dabei die gemeinsame Logik der Medienproduktionsprozesse aufrechterhält. Die vier Phasen sind Preproduktion, Produktion, Postproduktion und Distribution. Der Fernsehproduktionsprozess zeichnet sich vor allem durch den ungewissen Produktionserfolg, eine hohe Abhängigkeit von Content, Technik und prozessualer Organisation, die bedarfsgesteuerte Organisation des Fernsehproduktionsprozesses sowie komplexes Material aus.

Im Rahmen des **CTO-Modells** hat das Element „Technik" einen bedeutenden Einfluss auf die „Organisation", da dieses kontinuierlich durch technische Innovationen geprägt wird. So hat auch Cloud Computing als disruptive Technologie (s. Kap. 1.1) einen Einfluss auf den Fernsehproduktionsprozess und dessen prozessuale Organisation. Um unter anderem diesen Einfluss zu analysieren, wird die CTO-Darstellung für die Zustandsanalyse des Fernsehproduktionsprozesses als soziotechnisches System modelliert.

Dafür wird der **IST-Zustand der Fernsehproduktionsprozesse** analysiert, Schwachstellen, Problemfelder, Eingriffsfelder und Lösungsfelder herausgearbeitet und der SOLL-Zustand dargelegt. Insgesamt wird deutlich, dass besonders in den Bereichen Skalierung, Geschwindigkeit, Flexibilität, kollaboratives Arbeiten und Monitoring durch cloudbasierte

Technologie der Fernsehproduktionsprozess optimiert werden kann. Der SOLL-Zustand wird erzielt, wenn die Schwachstellen behoben, die Cloud-Potenziale ausgeschöpft und bedarfsgerechte Reaktionen im Prozess fehlerfrei, risikoarm, effektiv und effizient ermöglicht werden.

Die **Kernanforderungen** an den SOLL-Zustand werden aus einem Vergleich von IST und SOLL abgeleitet. Diese Erarbeitung liefert relevante Erkenntnisse für jeden cloudbasierten Anwendungsfall entlang des Fernsehproduktionsprozesses. Denn diese Kernanforderungen bilden ein grundlegendes Verständnis von cloudbasierten Fernsehproduktionsprozessen im SOLL-Zustand.

Das Kapitel 3.2 zeigt auf, welche Rolle diese Erkenntnisse im Teil 2 der Dissertationsschrift haben.

2.4 Geschäftsprozessmanagement und Prozessreifegradmodelle

Den ersten theoretischen Baustein der interdisziplinären Situationsanalyse (s. Kap. 1.3 und 2.1) bildet das Geschäftsprozessmanagement (s. Abb. 2.27).

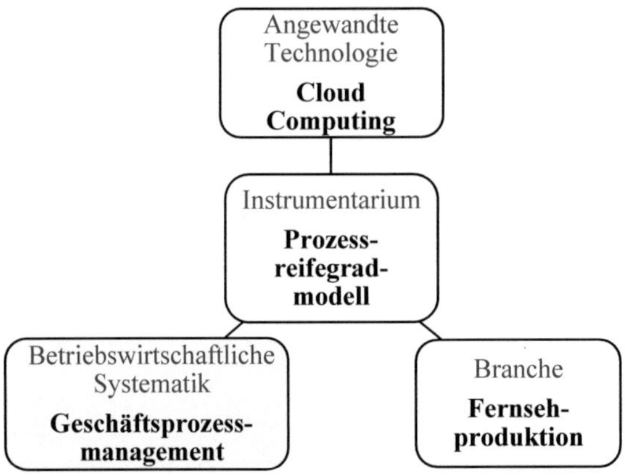

Abbildung 2.27: Verortung im interdisziplinären Spannungsfeld des Prozessreifegradmodells, Quelle: Eigene Darstellung.

In diesem Kapitel werden die Begrifflichkeiten, der Nutzen und die Instrumente sowie die Aufgaben des Geschäftsprozessmanagements als rahmengebendes Gerüst eingeführt (s. Kap. 2.4.1). Danach wird auf das operative Prozesscontrolling als eine Aufgabe des Geschäftsprozessmanagements eingegangen (s. Kap. 2.4.2). Im Kapitel 2.4.3 geht es schließlich um das Reifegradmodell als Instrumentarium, das in dieser Ausarbeitung den Gegenstand bildet. Zuletzt wird in diesem Kapitel noch auf die Nutzung und Eignung von Prozessreifegradmodellen und Reifegradmodellen zur Cloud-Integration in einschlägiger Literatur eingegangen (s. Kap. 2.4.4).

2.4.1 Geschäftsprozessmanagement

<u>Begrifflichkeit „Geschäftsprozessmanagement“</u>

Eine wissenschaftliche Systematik in der Betriebswirtschaftslehre für die prozessorientierte Organisationsgestaltung bietet das Geschäftsprozessmanagement (vgl. Bach et al. 2012, S. 133 f.). Die Begriffe „Geschäftsprozessmanagement“ und „Prozessmanagement“, in engl. „Business Process Management“ (BPM), werden in der Literatur häufig synonym verwendet (vgl. Schmelzer/Sesselmann 2020, S. 11; Gadatsch 2017, S. 2; Allweyer 2005, S. 12).

Bei Gadatsch werden folgende **Begrifflichkeiten** differenziert (s. Abb. 2.28):

Prozessmanagement	
Begriffe	**Aufgabenfelder**
• **Betriebswirtschaftlich/fachlich:** • Geschäftsprozessmanagement (GPM) • Business Process Management (BPM; neudeutscher Begriff) • Ablauf-/prozessorientierte Organisation (historischer, deutscher Begriff)	• **Betriebswirtschaftlich/ fachlich:** • Prozessführung, -organisation, -controlling und -optimierung in Organisationen
• **Technisch:** • Business Process Management (BPM; neudeutscher Begriff) • Workflowmanagement (WFM; internatiornaler Begriff)	• **Technisch:** • Workflowmodellierung und computergestütze Ausführung von Arbeitsabläufen

Abbildung 2.28: Begriffsdifferenzierung Geschäftsprozessmanagement, Business Process Management und Workflowmanagement, Quelle: Eigene Darstellung in Anlehnung an Gadatsch 2017, S. 2.; vgl. auch Schmelzer/Sesselmann 2020, S. 11, 15; Becker/Mathas/Winkelmann 2009, S. 4.

In dieser Ausarbeitung wird das Geschäftsprozessmanagement in der ursprünglichen, **betriebswirtschaftlichen Auslegung** verstanden (vgl. Becker et al. 2009b, S. 3 f.). „Business processes were originally investigated by organisation management domains, particularly from quality management and performance management perspectives“[4] (Van Looy 2014, S.). So legen es auch Schmelzer und Sesselmann in ihrem Standardwerk zugrunde. Demnach ist „Geschäftsprozessmanagement (GPM) [...] ein integriertes System aus Führung, Organisation und Controlling zur zielgerichteten Steuerung und Optimierung von Geschäftsprozessen“ (Schmelzer/Sesselmann 2020, S. 12).

Hammer fasst sieben axiomatische Grundsätze zu Geschäftsprozessmanagement zusammen. Diese Grundsätze veranschaulichen in einfachen Worten, was eine erfolgreiche Umsetzung des Geschäftsprozessmanagements im Kern ausmacht (Hammer 2015, S. 11-12):

- „All work is process work.“
- „Any process is better than no process.“
- „A good process is better than a bad process.“
- „One process version is better than many.“
- „Even a good process must be performed effectively.“
- „Even a good process can be made better.“
- „Every good process eventually becomes a bad process.“ [5]

Diese Grundsätze werden neben der Definition nach Schmelzer/Sesselmann als prozessuale Grundhaltung in dieser Ausarbeitung für die Umsetzung von Geschäftsprozessmanagement ausgelegt.

Geschäftsprozessmanagement ist nichts Neuartiges

Das Geschäftsprozessmanagement ist **kein neues Forschungsfeld** (vgl. Gericke et al. 2013, S. 3; Becker/Kahn 2012, S. 5; Bach et al. 2012, S. 133). „Ursprünglich kommend aus der Ablauforganisation haben sich Anfang der 1990er-Jahre insbesondere Business Process Re-Engineering-Ansätze etabliert, die sich seit den 2000er-Jahren zu ganzheitlichen und kontinuierlichen Prozessmanagement-Ansätzen weiterentwickelt haben. Treiber dieser Entwicklung ist zum einen die immer weiter fortschreitende Automatisierung von Prozessen durch Systeme und Technologien, wie Standardsoftware, Workflow-Systeme oder dem Cloud Computing“ (Gericke et al. 2013, S. 3f.). Eine regelrechte „Prozessmanagement-Welle“ (Seidlmeier 2015, S. 4) hat also in den 1990er-Jahren die Abhandlung

---

[4] Übersetzung: Geschäftsprozesse wurden ursprünglich von Bereichen des Organisationsmanagements untersucht, insbesondere aus der Perspektive des Qualitätsmanagements und des Performance-Managements.

[5] Übersetzung: Alle Arbeit ist Prozessarbeit. Jeder Prozess ist besser als kein Prozess. Ein guter Prozess ist besser als ein schlechter Prozess. Eine Prozessversion ist besser als viele. Auch ein guter Prozess muss effektiv durchgeführt werden. Auch ein guter Prozess kann noch besser gemacht werden. Jeder gute Prozess wird eventuell zu einem schlechten Prozess.

zu „Reengineering the Corporation“ von Hammer und Champy (1994) ausgelöst und den Weg für ein bis heute andauerndes Trendthema geebnet. Geschäftsprozessmanagement ist nicht nur in der Wissenschaft (vgl. Abhandlung in Kap. „Entwicklung und aktuelle Bedeutung der Organisationslehre“ bei Hilmer 2016, S. 15-22), sondern auch in der Praxis ein bedeutsames Thema geworden. „The importance of business processes is already widely accepted in both information technology (IT) environments and business environments“[6] (Van Looy 2014, S. 2). Abbildung 2.29 zeigt in der Studie von *BearingPoint GmbH/BPM&O GmbH* eindrücklich die anhaltende Wichtigkeit des Geschäftsprozessmanagements über die Jahre 2012 bis 2017 mit steigender Tendenz.

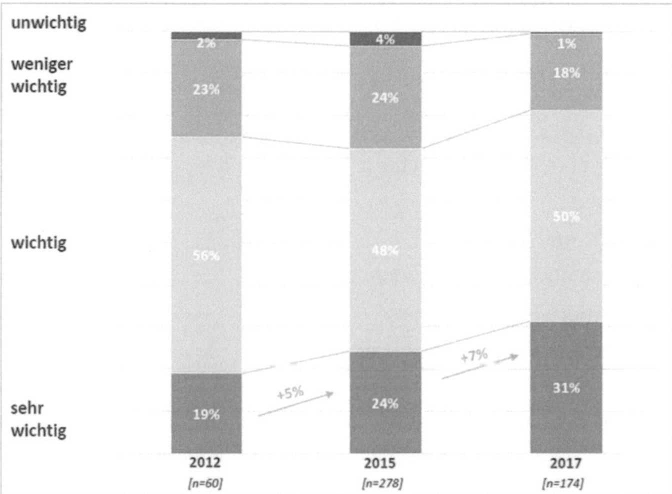

Abbildung 2.29: Bedeutung und Trenddarstellung von Geschäftsprozessmanagement, Quelle: BearingPoint GmbH/BPM&O GmbH 2017, S. 11.

<u>Geschäftsprozessmanagement in der Fernsehproduktion</u>

Das Geschäftsprozessmanagement im Bereich Fernsehproduktion wird von verschiedenen Disziplinen aufgegriffen:

- In der Medienmanagement-Literatur wird zur Neugestaltung der Prozesse auf das Business-Process-Re-Engineering verwiesen (vgl. Gläser 2014, S. 356-358, 763 f.).
- Die *European Broadcast Union (EBU)* stellt neben einigen Anleitungen zur Prozessmodellierung mit der Notationssprache BPMN (vgl. EBU TR 041) ein Framework, die „The EBU Business Capability Map“ (vgl. EBU BPN 126), zur Verfügung: „It provides the following artefacts that can be adopted as-is or adapted / integrated, where desired, into an organisation’s existing capability model. 1. An

[6] Übersetzung: Die Bedeutung von Geschäftsprozessen ist sowohl im Umfeld der Informationstechnologie (IT) als auch im Geschäftsumfeld bereits weitgehend akzeptiert.

overarching public service media business capability framework. 2. A core model of public service Media Enterprise capabilities (Level 1) and descriptions. 3. A business concepts model and descriptions. 4. Guides to adaptation and use“[7] (EBU BPN 126, S. 22).

- Das *Institut für Rundfunktechnik (IRT)* sieht eine stufenweise Optimierung der Prozesse vor (z. B. Ebner 2009, S. 2).
- Die *Arbeitsgemeinschaft der öffentlich-rechtlichen Rundfunkanstalten der Bundesrepublik Deutschland (ARD)* fokussiert in den letzten Jahren auf die Konzepte wie „Process Owner“ und „Enterprise Architecture Management“ (EAM) mit dem Ziel, ganzheitliches Prozessdenken in den Fernsehsendern zu etablieren (vgl. Schindler/Ewert 2018, S. 4; s. auch zum Thema Process-Owner: Gläser 2014, S. 830).

Nutzen von Geschäftsprozessmanagement

Das Geschäftsprozessmanagement kann „mit dem Dokumentieren, Gestalten und Verbessern von Geschäftsprozessen und deren IT-technischer Unterstützung“ (Becker et al. 2009b, S. 3) dazu beitragen, dass

- die Prozesszeit reduziert und
- dabei die Kosten entlang des Prozesses gesenkt werden,
- gleichzeitig die Qualität des Prozesses und
- damit die Zuschauerzufriedenheit gesteigert werden.

Diese genannten quantitativen **Nutzenziele** wurden aus zahlreichen Studien des letzten Jahrzehnts abgeleitet und bei Schmelzer/Sesselmann zusammengefasst (vgl. Schmelzer/Sesselmann 2020, S. 803-810). Die European Association of Business Process Management bekräftigt diesen zusammengefassten Nutzen und fügt den Aspekt der Flexibilität hinzu: „Auf diese Weise können Unternehmen immer schneller und flexibler gute Ergebnisse erreichen“ (EABPM.org 2021).

[7] Übersetzung: Es stellt die folgenden Artefakte zur Verfügung, die unverändert übernommen oder, falls gewünscht, in das bestehende Fähigkeitsmodell einer Organisation angepasst/integriert werden können. 1. Ein übergreifender Rahmen für die Geschäftsfähigkeit der öffentlich-rechtlichen Medien. 2. Ein Kernmodell der Public Service Media Enterprise Capabilities (Level 1) und Beschreibungen. 3. Ein Modell von Geschäftskonzepten und Beschreibungen. 4. Leitfäden zur Anpassung und Nutzung.

Aufgaben und Instrumente des Geschäftsprozessmanagements

Um die beschriebenen Nutzenziele zu erreichen, stellt das Geschäftsprozessmanagement verschiedene Instrumente zur Verfügung. Diese Instrumente sind in folgender Abbildung den Aufgaben des Geschäftsprozessmanagements, wie

- Prozessführung,
- -organisation,
- -controlling und
- -optimierung,

zugeordnet (s. Abb. 2.30).

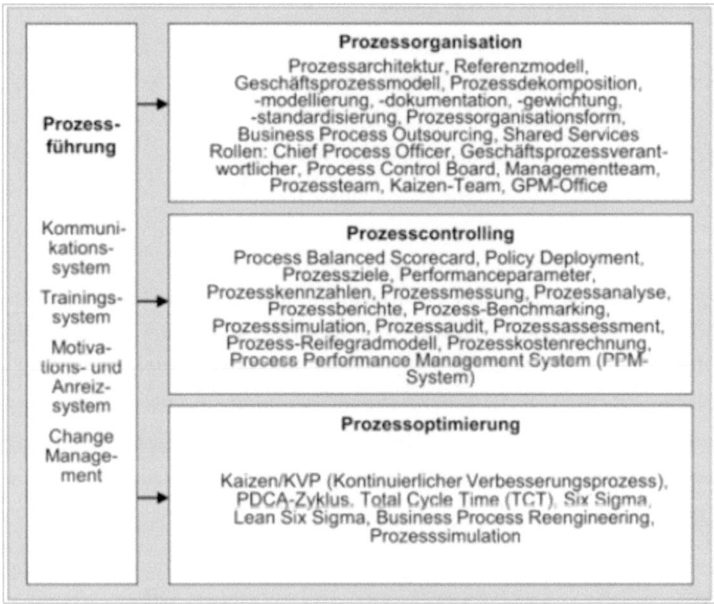

Abbildung 2.30: Instrumente des Geschäftsprozessmanagements nach Schmelzer und Sesselmann, Quelle: Schmelzer/Sesselmann 2020, S. 23.

Von besonderer Bedeutung in dieser Ausarbeitung ist die Aufgabe **„Prozesscontrolling"** und dessen Instrumente (s. Abb. 2.30). Das Prozesscontrolling bildet die Ausgangsbasis für die stetige Optimierung der Geschäftsprozessleistung. Dabei „stellt die permanente Überprüfung der Leistung ein wesentliches Instrument dar. Diese Überprüfung wird üblicherweise in sogenannten **Reifegradbewertungen** bzw. Prozess-Assessments vollzogen" (Wolf et al. 2013, S. 215 f.; s. Abb. 2.29).

Bevor auf die Definition und Anwendung eines solchen Instruments (s. Kap. 2.4.3) eingegangen wird, ist zunächst das **operative Prozesscontrolling** als rahmengebende Aufgabe des Geschäftsprozessmanagements im folgenden Kapitel zu konkretisieren.

2.4.2 Operatives Prozesscontrolling

„Prozessmanagement ist ohne Prozesscontrolling undenkbar"
(Gadatsch 2017, S. 59).

Als Anwendungsrahmen für die Instrumente Prozess-Assessments und Prozessreifegradmodelle umfasst das sogenannte **operative Prozesscontrolling** (vgl. Schmelzer/Sesselmann 2020, S. 356) die Aufgaben der Prozessmessung und Prozesskontrolle (vgl. Schmelzer/Sesselmann 2020, S. 15, 359, 399 f.; Gericke et al. 2013, S. 30).

Transparenz durch Prozessmessung mit Kennzahlen
Das **Prozesscontrolling** hat im Allgemeinen zum Ziel, „Transparenz über Leistungsstand und Leistungsentwicklung der Geschäftsprozesse herzustellen" (Schmelzer 2011, S. 72). Die Leistung eines Geschäftsprozesses im Hinblick auf seine Effektivitäts- und Effizienzziele wird als Prozessperformance bezeichnet (vgl. Schmelzer/Sesselmann 2020, S. 356). „**Key Performance Indicators (KPIs)** sind Kennzahlen zur Messung der Prozessleistung" (Bach et al 2012, S. 238).

Neben der Prozessperformance können nach Schmelzer/Sesselmann u. a. Potenzialkennzahlen, Struktur- und Ablaufkennzahlen sowie weitere Bewertungskriterien wie Leistungsmengen oder Prozesswirtschaftlichkeit als **Prozesskennzahlen** eingeplant werden (vgl. Schmelzer/Sesselmann 2020, S. 389-391). Prozessparameter bilden die „Bezugsgrundlage für die Festlegung der Prozessziele" (ebd., S. 365, S. Abb. 2.31); in deren direkter Beziehung stehen wiederum die Prozesskennzahlen (vgl. ebd., S. 362, s. Abb. 2.31).

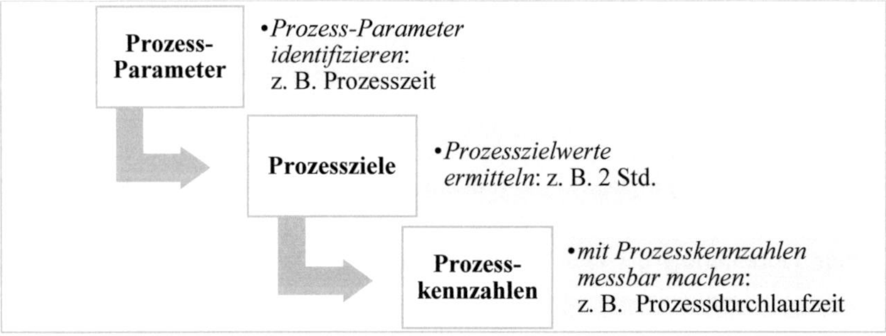

Abbildung 2.31: Zusammenhang von Parametern, Zielen und Kennzahlen im Prozesscontrolling, Quelle: Eigene Darstellung in Anlehnung an Schmelzer/Sesselmann, S. 362, 365, 389, 392.

„Im Idealfall messen die Prozesskennzahlen die relevanten Leistungsparameter eines Prozesses, wobei auch deren gegenseitige Beeinflussung zu berücksichtigen ist (multidimensionale Leistungsmessung)“ (Bach et al. 2012, S. 238). Beispielsweise setzt sich die **Prozessperformance** aus folgenden Parametern zusammen:

- Prozesseffektivität, hier der „Zuschauer“zufriedenheit anstelle der „Kunden“zufriedenheit, und
- Prozesseffizienz, aus
    - „kurze Prozesszeiten
    - \+ hohe Termintreue
    - \+ hohe Prozessqualität
    - \+ niedrige Prozesskosten“ (Schmelzer/Sesselmann 2020, S. 356).

Neben Effektivitäts- und Effizienzzielen können auch weitere betriebswirtschaftliche Ziele für Geschäftsprozesse angesetzt werden, wie z. B. die Flexibilität: „Kriterien für die Analyse und Bewertung eines Prozesses basieren auf **Formalzielen** wie Qualität, Flexibilität, Zeit und Kosten“ (Schmidt 2012, S. 5).

Prozessperformance in der Fernsehproduktion

Im Fernsehproduktionsprozess sind die KPIs für die Messung der Prozessperformance anwendbar. Diese können aus unterschiedlichen Disziplinen wie dem generischen Geschäftsmanagement und dem spezifischen Mediencontrolling gebildet werden (s. Tab. 2.17).

Disziplin	Ausgewählte Indikatoren für bzw. Aussagen zur Prozessperformance	Informationsquelle
Betriebswirtschaftliches Geschäftsprozessmanagement	• „Kriterien für die Analyse und Bewertung eines Prozesses basieren auf Formalzielen“; • „Kriterienkatalog zum Workflow-Potenzial“, „Prozessleistungsziele“, „Prozesskostenziele“, „Relevante Kennzahlen für die Ablauforganisationsgestaltung“;	• Schmidt 2012, S. 5; • Becker/Luczak 2003, S. 107, 127, 129, 194;
Geschäftsprozessmanagement in der Fernsehproduktion	• „Für eine Bewertung und Optimierung der modellierten Prozesse sind Kriterien für operative und fachliche Ziele zu definieren“;	• Ebner 2009, S. 306;

Disziplin	Ausgewählte Indikatoren für bzw. Aussagen zur Prozessperformance	Informationsquelle
Prozesscontrolling	• Prozesskennzahlen für die Prozessperformance aus Prozesseffektivität und -effizienz; • Leistungsparameter und Key Performance Indicators (KPIs);	• Vgl. Schmelzer/Sesselmann 2020, S. 356, 392; • Vgl. Bach et al 2012, S. 238-239;
Mediencontrolling	• Messgrößen aus dem Balanced-Scorecard-Ansatz: „Klassische quantitative Kennziffern für die Bewertung von Geschäftsprozessen", „qualitative nicht finanzielle Messgrößen", wie Steigerung der internen Kundenorientierung und Synergien-Bildung; • Prozessoptimierungskennzahlen, journalistischer Qualitätsanspruch vs. wirtschaftliche Optimierung;	• Gläser 2020, S. 408; • Kovarova-Simecek/Aubram 2020, S. 672.

Tabelle 2.17: Indikatoren zur Prozessperformance in der Fernsehproduktion, Quelle: Eigene Darstellung.

Neben der Prozesseffektivität und -effizienz können weitere klassische KPIs wie

- „Durchlaufzeiten",
- „Termintreue",
- „First Pass Yield" oder
- „Personalstunden" (Bach et al 2012, S. 239)

für den Geschäftsprozess in der Fernsehproduktion analog angewandt werden. Dabei stellt die Durchlaufzeit beispielsweise die Zeitspanne vom Start bis zum Ende des Prozesses in der Fernsehproduktion dar (ebd.). Die Termintreue ist der Wert, der beschreibt, ob Zwischenprodukte im Prozess zeitlich von der Vorgabe abweichen (ebd.). Der KPI „First Pass Yield" misst, ob die Prozesse mit einem Durchlauf ohne Nacharbeit durchgeführt werden (ebd.). Die Personalstunden sind selbsterklärend.

Das „Hauptinstrument des operativen Controllings ist die Durchführung von Soll-Ist-Vergleichen und die Entwicklung von Vorschlägen zur Erreichung der kurz- und mittelfristigen Ziele" (Gläser 2014, S. 951). Neben Kennzahlensystemen sind **Reifegradmodelle** nützliche Instrumente, die als Vergleichsmodelle den IST-Zustand bewerten und eine Soll-Planung im Hinblick auf hohe Prozesseffektivität und -effizienz ermöglichen. Sie liefern damit zusätzlich konkrete Optimierungsansätze im Prozess.

Messung und Kontrolle mit Reifegradmodellen
Nach Schmelzer/Sesselmann ist die Anwendung von Reifegradmodellen für die Messung und Kontrolle aussagefähiger als „die Erfassung und Verfolgung einzelner Prozessstrukturkennzahlen“ (Schmelzer/Sesselmann 2020, S. 390). Auch Wolf et al. weisen darauf hin, dass die Prozessperformance üblicherweise mit Reifegradbewertungen bzw. Prozess-Assessments gemessen wird (vgl. Wolf et al. 2013, S. 215 f.).

Im Folgenden wird daher auf das Instrument zur Messung der Prozessperformance weiter eingegangen.

2.4.3 Reifegradmodelle

„Reifegradmodelle entstammen dem Qualitätsmanagement und der Softwareentwicklung“ (Röglinger/Kamprath 2012, S. 512). Reifegradmodelle sind, wie bereits ausgeführt, **Vergleichsmodelle**, die zur Bewertung unterschiedlicher Ebenen eingesetzt werden können (vgl. Schmelzer/Sesselmann 2020, S. 475 f.):

- Geschäftsprozesse,
- Geschäftsprozessmanagement oder
- Reife der Organisation.

Bestandteile von Reifegradmodellen
Ein **Reifegradmodell** beinhaltet nach Becker et al. „eine Folge von Reifegraden für eine Klasse von Objekten und beschreibt dadurch einen antizipierten, gewünschten oder typischen Entwicklungspfad dieser Objekte in aufeinander folgenden, diskreten Rangstufen, beginnend in einem Anfangsstadium bis hin zur vollkommenen Reife“ (Becker et al. 2009a, S. 249). Der **konzeptionelle Aufbau** eines Reifegradmodells wird nach dieser Definition wie folgt abgebildet (s. Tab. 2.18):

	Reifegrade 1-n = Rangstufen 1-n				
	1	2	3	4	n
Klassen 1-n = Bewertungskriterien 1-n	Zunahme der Reife ... Entwicklungspfad der Objekte vom Anfangsstadium bis zur vollkommenen Reife = Ausprägung der Objekte je Rangstufe				
Klasse 1					
Klasse n					

Tabelle 2.18: Aufbau von Reifegradmodellen, Quelle: Eigene Darstellung.

Zu den grundlegenden Bestandteilen von Reifegradmodellen gehören neben den Reifegradstufen und den Bewertungskriterien auch noch zur Anwendung bereitgestellte **Bewertungsinstrumente**, wie z. B. Fragebögen und Checklisten (vgl. de Bruin et al. 2005, S. 5;

vgl. Becker et al. 2009a, S. 249 f.). Zusammenfassend lässt sich die Gesamtstruktur dann in folgender Komposition beschreiben (s. Abb. 2.32): „The first part explains design structure of the model while the second part explains the hierarchical relationships between components“[8] (Lasrado et al. 2015, S. 3).

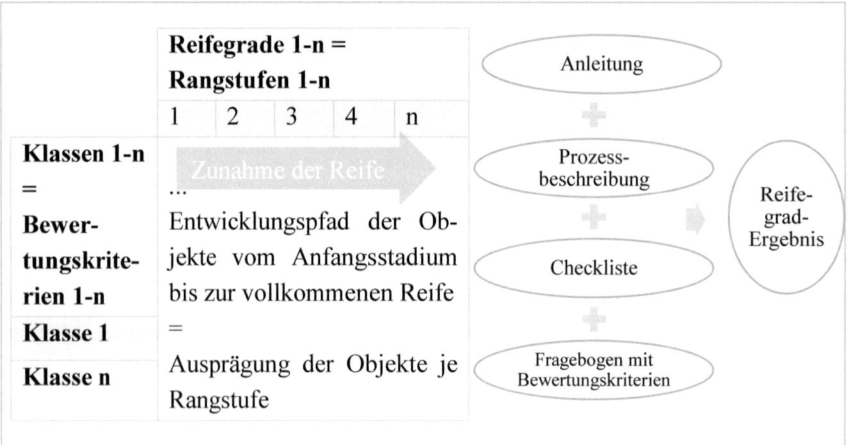

Abbildung 2.32: Gesamtstruktur von Reifegradmodellen, Quelle: Eigene Darstellung in Anlehnung an Lasrado et al. 2015., S. 3.

Prozessreifegradmodelle

Prozessreifegradmodelle sind damit eine **Untergruppe der Reifegradmodelle**. Das bekannteste Prozessreifegradmodell ist das Capability Maturity Model Integration (CMMI) (vgl. Harmon 2015, S. 65). „To our knowledge, CMMI is the best known maturity model that is applicable to different types of business processes, and can now be genuinely called a BPMM for generic business processes. It still inspires the creation of many other BPMMs, which follow the overall increased need for process improvements in order to excel”[9] (Van Looy 2014, S. 13).

Der **Nutzen von Prozessreifegradmodellen** liegt vor allem darin, dass sie „zur Bewertung des Implementierungsfortschritts der prozessorientierten Ausrichtung eines Unternehmens sowie zum Aufzeigen von Stärken und Schwächen“ (Bach et al. 2012, S. 238) eingesetzt

[8] Übersetzung: Der erste Teil erklärt die Designstruktur des Modells, während der zweite Teil die hierarchischen Beziehungen zwischen den Komponenten erläutert.

[9] Übersetzung: Unseres Wissens nach ist CMMI das bekannteste Reifegradmodell, das auf verschiedene Arten von Geschäftsprozessen anwendbar ist, und daher kann es wirklich als BPMM für generische Geschäftsprozesse bezeichnet werden. Es inspiriert nach wie vor die Erstellung vieler anderer BPMMs, die dem insgesamt gestiegenen Bedarf an Prozessverbesserungen folgen, um die Geschäftsprozesse zu optimieren.

werden können. Wolf et al. gehen noch einen Schritt weiter und fügen den Nutzen der Optimierung hinzu: „Reifegradmodelle sind geeignet, um den aktuellen Status eines Prozesses, dessen Schwachstellen und Schritte zur Optimierung zu bestimmen“ (Wolf et al. 2013, S. 215 f.). Prozessreifegradmodelle ermöglichen damit eine objektive Analyse des IST-Standes der Prozesse durch vorgegebene Bewertungskriterien und der Einordnung in die Reifegrade (s. Abb. 2.33). Die Planung, Steuerung und Weiterentwicklung von Prozessen wird umgesetzt, indem Zielgrade und Optimierungsmaßnahmen abgeleitet werden.

Abbildung 2.33: Beispielhafte Anwendung des spezifischen Prozessreifegradmodells, Quelle: Eigene Darstellung.

Mit dem neuen Prozessreifegradmodell soll im Ergebnis beispielsweise gemessen werden, ob ein Prozess mit „Reifegrad 1“ zum Beispiel „cloud-fähig“ ist. „Cloud-optimiert“ (höchster Reifegrad) bedeutet zum Beispiel, dass der Prozess eine optimale Reife erreicht hat und damit das optimale Cloud-Potenzial ausgeschöpft wird. Nach Schmelzer/Sesselmann können Prozess-Assessments und Prozessreifegradmodelle **periodisch (z. B. halbjährlich oder jährlich) für die Messung und Kontrolle im Prozesscontrolling** eingesetzt werden (vgl. Schmelzer/Sesselmann 2020, S. 473).

Vor- und Nachteile von Prozessreifegradmodellen

Vorteile	Nachteile
Assessment mit geringem Aufwand schnell umsetzbar;	Kein Ersatz für Planung, Messung und Kontrolle der Prozessperformance mit Leistungsparametern;
Unmittelbare Ableitung von Optimierungsansätzen;	Keine Aussage darüber, inwieweit die Zielwerte erreicht wurden;
Messung von Fortschritten möglich.	Bei hohem Reifegradniveau verlieren die Assessments an Bedeutung.

Tabelle 2.19: Übersicht zu einigen Vor- und Nachteilen von Prozessreifegradmodellen, Quelle: Eigene Darstellung in Anlehnung an Schmelzer/Sesselmann 2001, S. 334.

Schmelzer/Sesselmann schätzen, dass es in der Praxis mittlerweile über 200 unterschiedliche Prozessreifegradmodelle für spezifische Branchen und Unternehmensstrukturen sowie Problemstellungen gibt, wie z. B. IT-Entwicklungsprozesse (vgl. Schmelzer/Sesselmann 2020, S. 476).
Im nächsten Schritt wird sich einem Stand der gelebten Praxis genähert, indem die Nutzung von Reifegradmodellen in aktuellen, generischen Studien beschrieben wird.

Allgemeine Nutzung von Reifegradmodellen
Harmon fasst die aktuelle Praxiserfahrung zusammen und prognostiziert für die künftige **Nutzung von Reifegradmodellen**: „Maturity modeling isn't the right approach for everyone, but many companies have found these assessments can serve as a way to rally their organization and focus everyone's attention on a specific process management improvement effort. Others use assessments to establish milestones and then re-evaluate in subsequent years to determine their improvement and maintain their focus. It's a tool that many companies have found very useful and we will undoubtedly witness more work in this domain in the near future"[10] (Harmon 2015, S. 66). Harmon skizziert damit einen breiten, bedarfsgerechten Einsatz von Reifegradmodellen.

[10] Übersetzung: Die Reifegradmodellierung ist nicht für jeden der richtige Ansatz, aber viele Unternehmen haben festgestellt, dass diese Bewertungen dazu dienen können, ihre Organisation zu konzentrieren und die Aufmerksamkeit aller auf eine bestimmte Prozessmanagement-Verbesserung zu lenken. Andere nutzen Assessments, um Meilensteine festzulegen und in den Folgejahren erneut zu evaluieren, um ihre Verbesserungen zu ermitteln und ihren Fokus beizubehalten. Es ist ein Instrument, das viele Unternehmen als sehr nützlich empfunden haben, und wir werden zweifellos in naher Zukunft mehr Arbeit in diesem Bereich erleben.

Um einen **zahlenbasierten Eindruck zur Nutzung** in der Praxis zu erhalten, wird auf die Studie von *BearingPoint GmbH/BPM&O GmbH* kurz eingegangen. Laut dieser Studie nutzten 2017 fast die Hälfte der Befragten in ihren Unternehmen Reifegradmodelle (s. Abb. 2.34).

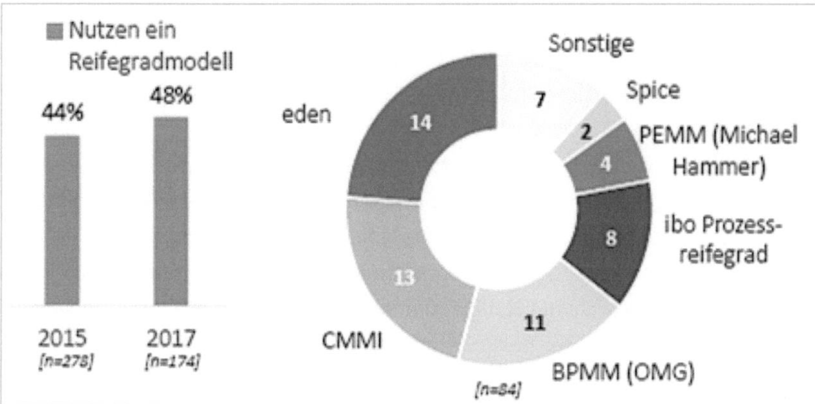

Abbildung 2.34: Reifegradmodellanwendung in Organisationen, Quelle: BearingPoint GmbH/BPM&O GmbH, S. 16.

Am häufigsten werden laut dieser Studie das Reifegradmodell „eden“, „CMMI“ und „Business Process Maturity Model (BPMM) von Object Management Group (OMG)“ genutzt (s. Abb. 2.34).

2.4.4 Eignung existierender Reifegradmodelle

Im Folgenden wird die Nutzung und Eignung bestehender Reifegradmodelle zur Lösung der Problemstellung geprüft.

Nutzung und Eignung von Prozessreifegradmodellen in der Fernsehproduktion

Die Nutzung von existierenden **Prozessreifegradmodellen** in der Fernsehproduktionspraxis wird in den Standardwerken der Literatur zum **Medienmanagement, -produktion und -controlling** nur implizit thematisiert:

- Im Standardwerk zum Medienmanagement wird nur auf das Excellence Modell der European Foundation of Quality Management (EFQM) als Reifegradmodell für die Einordnung von Unternehmen verwiesen (vgl. Gläser 2014, S. 761-764).
- Ferner steht in der Medienproduktionsliteratur aktuell eher die Beschreibung und Modellierung der Produktionsprozesse im Vordergrund (vgl. Klimsa 2017, S. 36-64; Krömker/Klimsa 2005, S. 20). Spezielle Optimierungsinstrumente für Produktionsprozesse werden nicht explizit genannt.

- Im Mediencontrolling wird das Produktionscontrolling beschrieben und die Kennzahlennutzung sowie die Balanced Scorecard als Instrumente vorgestellt (vgl. Gläser 2020, S. 408; Kovarova-Simecek/Aubram 2020, S. 655-672); ein Prozessreifegradmodell wird jedoch nicht erwähnt.
- In den praxisnahen Veröffentlichungen in der Fachzeitschrift für Fernsehen, Film und elektronische Medien (FKT) und über die Publikationen der European Broadcast Union (EBU) wird nach Recherche und Kenntnisstand (Stand: März 2021) die spezifische Thematik zu Reifegradmodellen für die Prozessoptimierung nicht erwähnt:
    - In der Fachzeitschrift FKT wird hauptsächlich das Thema Produktionsprozesse angeführt und deren Modellierung und Optimierung konkret thematisiert (vgl. Ebner 2009; Kloth 2011; Schönauer 2017).
    - Die EBU stellt zwar ein Reifegradmodell zum Thema Cybersecurity bereit und streift das Thema Reifegradmodell, aber dies hat mit der vorliegenden thematischen Schwerpunktsetzung keine weiteren Gemeinsamkeiten.

Neben der impliziten Nennung von Prozessreifegradmodellen in der spezifischen Literatur wird die Nutzung von Reifegradmodellen in der Fernsehproduktionspraxis nicht explizit erforscht. Zum Stand der aktuellen Nutzung in der Fernsehproduktionspraxis wird im weiteren Vorgehen der Ausarbeitung dieser **Kenntnisstand in einer repräsentativen Stichprobe durch eine Befragung überprüft**, indem im Rahmen der Zielformulierung erhoben wird, inwieweit Prozessreifegradmodelle in einer Stichprobe zur Anwendung kommen (s. dazu Kap. 4.1.1.1).

Nach sorgfältiger Literaturrecherche und dem aktuellen Kenntnisstand zur Nutzung wird abgeleitet, dass die gängigen Prozessreifegradmodelle (s. Abb. 2.34) für den vorgesehenen Einsatz und zur Lösung der Problemstellung (s. Kap. 1.1) und des Forschungszieles (s. Kap. 1.2) **nicht geeignet** sind. Denn diese bereits existierenden Prozessreifegradmodelle weisen

- weder eine hinreichende Spezialisierung in Bezug auf Cloud-Technologie
- noch die essenzielle Eignung hinsichtlich der Besonderheiten der Fernsehproduktionsprozesse auf.

<u>Nutzung und Eignung von Reifegradmodellen zur Cloud-Integration</u>

Bei der Literaturrecherche wurden neben den Prozessreifegradmodellen noch **andere Umsetzungen von Reifegradmodellen** ausgemacht, die sich mit der Integration von Cloud-Technologie beschäftigten (vgl. Open Alliance for Cloud Adoption, Inc. 2021; Moonasar/Naicker 2020; Amazon Web Services, Inc. 2017). Diese unterstützen die Cloud-Integration IT-seitig, bewerten allerdings nicht den Fernsehproduktionsprozess selbst, wie für die Lösung der Problemstellung im Kapitel 1.1 erforderlich wäre und können damit auch keine gezielte Prozessoptimierung erreichen. Sie erscheinen daher nicht adäquat, um das Forschungsziel (s. Kap. 1.2) zu erreichen.

Daher werden sie lediglich als Inspirationsquellen berücksichtigt (ab Kap. 4), da deren Komponenten und Kriterien bei der Konkretisierung des zu entwickelnden Modells als nützlich erachtet werden.

Da für die Lösung der Problemstellung kein geeignetes Prozessreifegradmodell ausgemacht werden konnte, wird eine **Forschungslücke** dahin gehend geschlussfolgert (s. Kap. 3).

2.4.5 Zusammenfassung

Das **Geschäftsprozessmanagement** wird als integriertes System aus Führung, Organisation und Controlling zur zielgerichteten Steuerung und Optimierung von Geschäftsprozessen verstanden. Obwohl die Systematik kein neues Forschungsfeld ist, wird sie in der Fernsehproduktionspraxis bisher eher zögerlich umgesetzt, wobei die Modellierung von Geschäftsprozessen und das Konzept des Prozess-Owners vermehrt Anwendung finden. Mithilfe von Geschäftsprozessmanagement kann eine Optimierung der Zeit, der Kosten, der Qualität, der Flexibilität und der Kunden- und Kundinnenzufriedenheit erreicht werden. Neben der Prozessmessung mit Prozesskennzahlen hat sich im **operativen Prozesscontrolling** die Reifegradbewertung bzw. Prozess-Assessments als nützlich erwiesen, um Hinweise zu Optimierungsstrategien für die Prozesse zu ermitteln. Dabei werden die Erhöhung von Prozesseffektivität und Prozesseffizienz als Optimierungsziele verfolgt, indem z. B. Kosten- und Zeitfaktoren minimiert und die Qualität maximiert werden sollen.

Für diese Ausarbeitung wird die **Definition von Reifegradmodellen** aus Kap. 2.4.3 zugrunde gelegt. Demnach bilden Reifegradmodelle als Vergleichsmodelle ursprünglich aus dem Qualitätsmanagement und der Softwareentwicklung einen vorgegeben Entwicklungspfad hin zu einer definierten Reife ab. Sie ermöglichen eine Einordnung entlang dieses Entwicklungspfades, den sogenannten Reifegrad. In der Anwendung können dann Zielreifegrade für die Weiterentwicklung abgeleitet werden. Eine Untergruppe der Reifegrade sind Prozessreifegradmodelle, deren Bewertungsobjekt Prozesse sind. Sie bestehen konzeptionell aus Bewertungskriterien und Reifegraden, die die Rangstufen des Entwicklungspfades darstellen. Als Instrumente liegen Anleitungen, Prozessbeschreibungen, Checklisten und Fragebögen zugrunde. Ein Prozessreifegradmodell wird periodisch für die Messung, Kontrolle und Optimierung von Prozessperformance im operativen Prozesscontrolling eingesetzt.

Nach Untersuchung entsprechender Literatur ergeben sich keine Anhaltspunkte, dass für die spezifischen Problemstellungen zur Ausschöpfung von Cloud-Potenzialen in den Fernsehproduktionsprozessen (s. Kap. 1.1) bereits Prozessreifegradmodelle existieren oder sogar schon Anwendung finden (s. Kap. 2.4.4).

Die Dissertationsschrift baut daher auf der **Forschungslücke** „Reifegradmodell für cloudbasierte Fernsehproduktionsprozesse“ auf.

An welcher Stelle die Erkenntnisse aus diesem Fachgebiet, wie z. B. die klassischen Indikatoren zur Bewertung der Prozessperformance aus dem operativen Prozesscontrolling oder die existierenden Reifegradmodelle zur Cloud-Integration als Inspirationsquelle eingesetzt werden, zeigt Kapitel 3.2.

3 Forschungslücke

Als Zwischenfazit dieser Arbeit wird nun die **Forschungslücke** nach Teil 1 der Ausarbeitung thematisiert (s. Abb. 3.1).

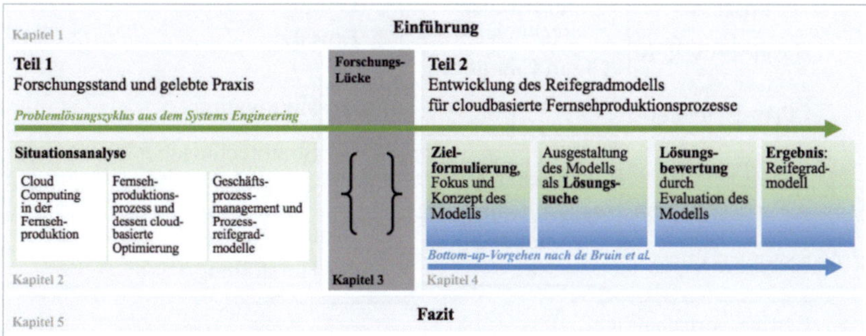

Abbildung 3.1: Inhalte des Kapitels und Verortung im methodischen Vorgehen, Quelle: Eigene Darstellung in Anlehnung an Abb. 1.6.

Dazu wird die Forschungslücke formuliert (s. Kap. 3.1) und das Forschungsinteresse sowie die Forschungsfragen abgeleitet. Mit Verweis auf die Reifegradmodellentwicklung im Teil 2 der Dissertationsschrift (s. Abb. 3.1) wird die **Ausgangssituation** als Ergebnis der Situationsanalyse zusammengefasst (s. Kap. 3.2). Kapitel 3.3 zeigt dann das **methodische Vorgehen zur Schließung der Forschungslücke** auf, welches sich am generischen Vorgehensmodell für Reifegradmodellentwicklung von de Bruin et al. (2005) orientiert (s. Abb. 3.1).

3.1 Forschungslücke, -interesse und -fragen

Forschungslücke

Die vorangegangenen Kapitel der Situationsanalyse im **Teil 1** haben gezeigt, dass die Optimierung von Prozessen im besonders spezifischen Fernsehproduktionskontext in der einschlägigen Literatur und der Praxis nicht ausreichend thematisiert wird. Die Abbildung 3.2 zeigt die drei Fachgebiete, die zwar eine hohe thematische Nähe haben, sich jedoch nicht mit der Ausschöpfung von Potenzialen der Cloud-Technologie und der Bewertung sowie Weiterentwicklung von Prozessen beschäftigen.

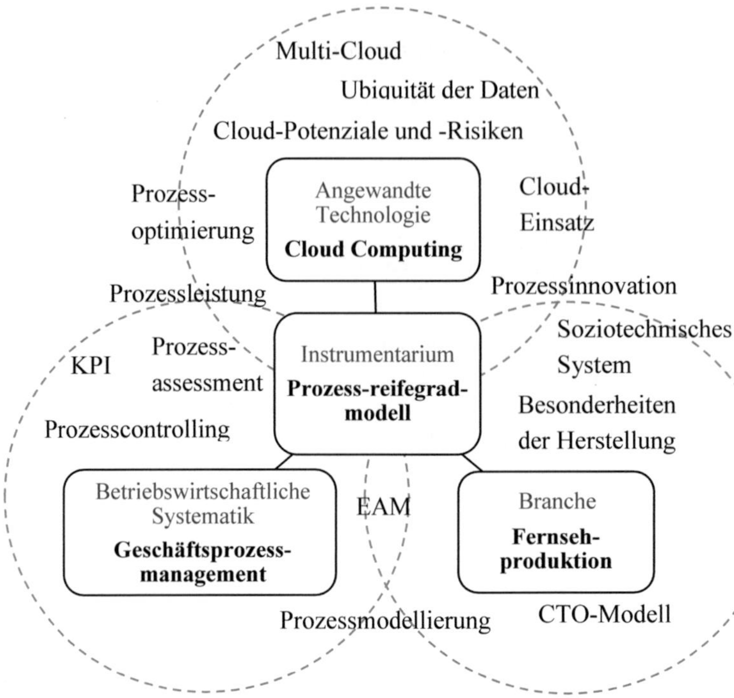

Abbildung 3.2: Darstellung der Forschungslücke, Quelle: Eigene Darstellung.

Denn es gibt in der Fernsehbranche keine speziellen Instrumentarien für die nachhaltige Integration von Cloud-Technologie in die Arbeitsabläufe und demzufolge auch nicht für die Evaluation der Integration. Mithin ist die Nutzung von Reifegradmodellen in der Fernsehproduktionspraxis noch nicht explizit erforscht (s. Kap. 2.4.4).

Die bereits existierenden Prozessreifegradmodelle weisen

- weder eine hinreichende Spezialisierung mit Blick auf die Cloud-Technologie;
- noch eine Eignung hinsichtlich der Besonderheiten der Fernsehproduktionsprozesse auf (s. Kap. 2.4.4).

Die bereits existierenden Reifegradmodelle für eine Cloud-Integration bewerten nicht den Fernsehproduktionsprozess (s. Kap. 2.4.4) und werden nur als Inspirationsquelle zur Synthese der Kriterien im Kapitel 4.2.1.1 berücksichtigt, da deren Komponenten und Kriterien bei der Konkretisierung des zu entwickelnden Modells als nützlich einzuordnen sind. Dies stellt eine **Forschungslücke** dar (s. Abb. 3.2).

Die Zielsetzung dieser Dissertationsschrift im Kapitel 1.2 kann nach der Situationsanalyse der Fachgebiete dahin gehend für den **Teil 2** konkretisiert werden.

Ziel ist es, die Forschungslücke zu schließen, indem ein solches auf die Fernsehproduktion **spezialisiertes Prozessreifegradmodell** zur Ausschöpfung des Cloud-Potenzials **erstellt werden** soll. Um den Zustand der cloudbasierten Fernsehproduktionsprozesse (s. Kap. 2.3.4.3) bewerten und optimieren zu können, wird ein Reifegradmodell im Teil 2 entwickelt und dokumentiert (s. Kap. 4). Die Ziele der Modellentwicklung werden im Kapitel 4.1.1.2 genauer formuliert.

Dabei werden unterschiedliche Quellen aus dem Cloud- und Geschäftsprozessmanagementkontext in der Modellierung des Reifegradmodells im Kapitel 4 berücksichtigt und geeignete Kriterien abgeleitet.

Forschungsinteresse

Das Interesse an einem solchen Instrumentarium ist vielseitig. **Seitens der Praxis** liegt das Interesse besonders darin, Cloud-Technologie im Medienkontext zu definieren und den Einsatz in Fernsehsendern abzustecken (s. Tab. 3.1). Des Weiteren geht es immer auch um Einsparungspotenziale, die durch die Anwendung des Prozessreifegradmodells erreicht werden können, aber auch um eine grundlegende Prozessbewertung und -optimierung. Besonders im Bereich der öffentlich-rechtlichen Fernsehsender stellt sich die Frage nach der Bewertung und Weiterentwicklung von Prozessen sowie generell von innerbetrieblicher Effizienz: Wie können prozessorientierte Kennzahlen zur Erfolgskontrolle im öffentlich-rechtlichen Rundfunk angewandt werden? Auch auf diese Frage kann der Einsatz des Prozessreifegradmodells eine Antwort liefern.

Interesse der Praxis	Interesse der Forschung
• Definition Cloud Computing im Fernsehproduktionskontext: Einsatzgebiete; • Erhöhung der Effizienz von Produktionsprozessen; • Optimierungstool mit Fokus auf die Prozessoptimierung (Fernsehproduktion), um die Diskrepanz zwischen Zukunftsmodell und Ist-Zustand zu schließen; • Handlungsempfehlung zur Sicherung einer zukunftsfähigen Existenz und Integrationsfehler vermeiden.	• Definition von Reife unter Berücksichtigung der Spezifika von Fernsehproduktionsprozessen; • Operationalisieren von Bewertungskriterien für die Prozesse eines Fernsehsenders zur Ergänzung des Forschungsstandes; • Anwendung von theoretischen Modellen zur Entwicklung von Reifegradmodellen.

Tabelle 3.1: Interesse der Praxis und Forschung, Quelle: Eigene Darstellung.

Zudem haben verschiedene Stakeholder aus der Praxis ein Interesse daran, ein Bewertungsmodell für Prozesse anzuwenden:

- Prozessmanager:in, um die Optimierungsstrategien und spezifische Empfehlungen für Vorgehensweisen abzuleiten,

- Entscheidungsträger:in, die bei der Auswahl zwischen Alternativen im Bereich „Prozessoptimierung“ eine Unterstützung suchen,
- IT-Planer:in, um die Integrationstauglichkeit der Prozesse zu überprüfen, und
- Controller:in, die die Prozesse und deren Ressourcen bewerten sowie steuern.

Seitens der Wissenschaft liegt das Interesse in der Beantwortung der Frage nach dem Einfluss der Cloud-Technologie auf einen Fernsehsender als Organisation mit seinen Prozessen. Vor allem ist dabei von Interesse, wie Reife von cloudbasierten Fernsehproduktionsprozessen definiert wird, die die Spezifika der Fernsehproduktionsprozesse berücksichtigt (s. Tab. 3.1). Der Fokus der Arbeit liegt darin, dieses Forschungsfeld durch weitere Untersuchungen zu ergänzen und durch Operationalisierung von Bewertungskriterien im Rahmen der Modellentwicklung aus der Theorie heraus eine praktische Hilfestellung leisten zu können (s. Tab. 3.1). Dabei ist das Interesse der Forschung hoch, theoretische Modelle zur Entwicklung von Reifegradmodellen anzuwenden.

Schlussfolgernd wird also beabsichtigt, ein Instrumentarium für die Anwendung in der Praxis zu entwickeln, das das Forschungsinteresse aus Wissenschaft und Praxis berücksichtigt. Für eine wissenschaftliche Herangehensweise werden Forschungsfragen formuliert.

<u>Forschungsfragen</u>
Die Forschungsfragen können aus der dargelegten Forschungslücke und dem Forschungsinteresse (s. Kap. 1.2) abgeleitet werden. Aus dem Stand der Forschung haben sich wesentliche Antworten auf die Frage „Welche typischen Schwachstellen weisen Prozesse aktuell im Bereich der Fernsehproduktion auf?“ bereits ergeben. Diese Frage wurde im Kapitel 2.3.4.2 erarbeitet und hinreichend beantwortet. Ebenso gibt der Stand der Forschung bereits ausreichend Antwort auf die Frage nach den Potenzialen, die durch die neue Technik und IT-Dienstleistungen im Umfeld von „Cloud“ für crossmediale Fernsehproduktion entstehen. Die Potenziale konnten im Kapitel 2.2.3 sowie im Kapitel 2.3.4.3 bereits dargestellt werden. Unklar bleibt aber, wie der Weg zum Erreichen des Reifezustands definiert und unterstützt werden kann. Für die vorliegende Dissertationsschrift lautet die übergreifende Forschungsfrage daher:
Wie muss ein Prozessreifegradmodell gestaltet sein, das Fernsehsender zielgerichtet unterstützt, die Potenziale der Cloud-Technologie zur Optimierung von Prozessen voll auszuschöpfen?

Untergeordnete Forschungsfragen lauten:
F1: Wie können die Nutzenden eines Reifegradmodells als **Zielgruppe** beschrieben werden?

F2: Welche **Bewertungskriterien** beurteilen die Ausschöpfung des cloudbasierten Innovationspotenzials zutreffend?
F3: Wie kann ein Reifegradmodell für die Ausschöpfung der Potenziale der Cloud-Technologie in der Fernsehproduktion **dargestellt** werden?
F4: Wie kann ein Reifgradmodell in der Praxis zum **Einsatz** kommen?

Die Forschungsfragen F1-F4 werden im Rahmen der Dissertationsschrift bearbeitet und beantwortet. Zur Beantwortung dieser Forschungsfragen wird ein methodisches Vorgehen angewandt, das im nächsten Kapitel beschrieben wird.

3.2 Ausgangssituation der Reifegradmodellentwicklung

Aus der interdisziplinären Betrachtung der Fachgebiete „Cloud Computing in der Fernsehproduktion“, „Fernsehproduktionsprozess und dessen cloudbasierte Optimierung“ und „Geschäftsprozessmanagement und Prozessreifegradmodelle“ in der Situationsanalyse (s. Kap. 2 Teil 1) kann ein **umfassendes Rahmenkonzept für das Schließen der Forschungslücke** (s. Kap. 4 Teil 2) dargelegt werden.

Die Ausgangssituation, als Ergebnis der Situationsanalyse rund um das Feld der cloudbasierten Fernsehproduktionsprozesse, kann wie folgt dargestellt werden:

- Cloud Computing in der Fernsehproduktion:
    - Die Definition von Cloud Computing anhand der Merkmale des National Institute of Standards and Technology (NIST) verdeutlicht die Bedeutung des Begriffs und legt damit ein einheitliches generisches Verständnis für die Reifegradmodellerstellung zugrunde.
    - Die Potenziale und Risiken der Cloud-Technologie sind wesentlich für die Erstellung des Modells und werden bei der Synthese der Kriterien in der Lösungssuche (s. Kap. 4.2.1.1) berücksichtigt.
- Fernsehproduktionsprozess und dessen Optimierung:
    - Der Fernsehproduktionsprozess orientiert sich am Prozessmodell nach Krömker/Klimsa (2005) und lässt dadurch eine Betrachtung der Determinanten Content, Technik und Organisation zu (s. Kap. 2.3.3). Diese Trennung entlang des Fernsehproduktionsprozesses ist ausschlaggebend für die Komponentenbildung in der Lösungssuche i Kapitel 4.2.1.1.
    - Die Prozesszustandsanalyse und -optimierung ergibt sowohl Eingriffsfelder wie Skalierung, Geschwindigkeit oder Flexibilität, bei denen die Cloud-Technologie ansetzen kann (s. Kap. 2.3.4.2), als auch Kernanforderungen an einen SOLL-Zustand cloudbasierter Fernsehproduktionsprozesse (s. Kap. 2.3.4.4). Beides fließt bei der Lösungssuche u. a. bei der Kriterien-Synthese ein.

    - Die Kernanforderungen an cloudbasierte Fernsehproduktionsprozesse werden dann explizit in der Zielformulierung der Reifegradmodellentwicklung (s. Kap. 4.1.1.2) eingearbeitet.
    - Die zehn Kernvoraussetzungen für die Cloud-Fähigkeit des Prozesses werden ebenso anhand der Kernanforderungen abgeleitet (s. Kap. 4.4).
- Geschäftsprozessmanagement und Prozessreifegradmodelle
    - Die Definition des Geschäftsprozessmanagements (s. Kap. 2.4.1) und der Reifegradmodelle (s. Kap. 2.4.3) wird für Teil 2 der Dissertation als Ausgangsbasis für die Entwicklung eines solchen Modells zugrunde gelegt.
    - Die klassischen Indikatoren zur Bewertung der Prozessperformance aus dem operativen Prozesscontrolling (s. Kap. 2.4.2), wie beispielsweise die Durchlaufzeit, fließen bei der Lösungssuche – konkret bei der Synthese der Bewertungskriterien (s. Kap. 4.2.1.1) – für das neue Prozessreifegradmodell mit ein.
    - Auch die existierenden Reifegradmodelle zur Cloud-Integration werden als Inspirationsquelle bei der Entwicklung berücksichtigt (s. Kap. 4.2.1.1).

Wie konkret die Schließung der Forschungslücke methodisch umgesetzt wird, zeigt folgendes Kapitel.

3.3 Methode zum Schließen der Forschungslücke

Dem methodischen Vorgehen zur Reifegradmodellentwicklung liegen **verschiedene Vorgehensmodelle** zugrunde, die bei der wissenschaftlichen Entwicklung des Prozessreifegradmodells die notwendige Struktur und Orientierung ermöglichen.

<u>Verzahnung von mehreren Vorgehensmodellen</u>
Die Grundkonzepte des SEs wurden im Kapitel 1.3 erläutert, da bereits in der Einführung und im Forschungsstand auf diese Konzepte zurückgegriffen wurde. Die übergeordnete Arbeitslogik ist am Vorgehensmodell des PLZs aus dem Bereich des **SEs** (s. Kap. 1.3) mit den Phasen

- „Anstoß“,
- „Situationsanalyse“,
- „Zielformulierung“,
- „Lösungssuche“,
- „Lösungsbewertung“ sowie
- „Ergebnis“ (Haberfellner et al. 2015, S. 55, 72-79, 193-298)

angelehnt.

Innerhalb des PLZs als Vorgehensmodell des SEs (s. Abb. 3.3) wird ab der Phase der Zielformulierung im Teil 2 ein **spezifisches methodisches Vorgehensmodell für die Reifegradmodellentwicklung** ergänzt und angewandt.

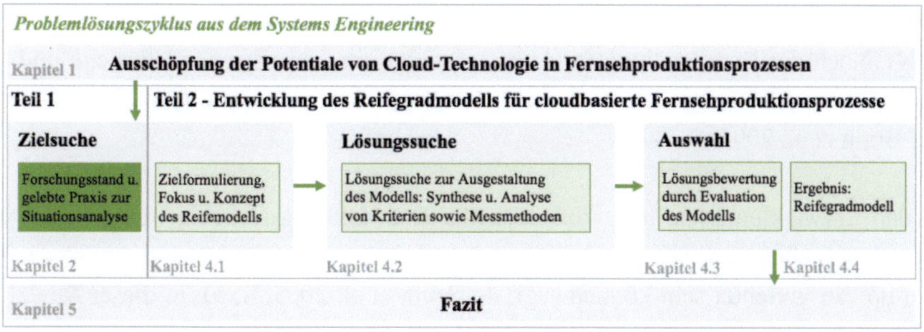

Abbildung 3.3: Inhalte des Kapitels und Verortung im methodischen Vorgehen, Quelle: Eigene Darstellung in Anlehnung an Abb. 1.6.

Spezifische Vorgehensmodelle für die Reifegradmodellentwicklung

Das Vorgehen für die Reifegradmodellentwicklung lässt sich aus der Theorie ableiten. Aus den Disziplinen der Betriebswirtschaft und der Wirtschaftsinformatik haben sich verschiedene Vorgehensmodelle zur Erstellung von Reifegradmodellen herausgebildet. Bei Mettler werden exemplarisch **drei Vorgehensmodelle** miteinander verglichen (vgl. Mettler 2011, S. 88-95):

- Das Modell nach de Bruin et al. (2005),
- das Modell nach Becker/Knackstedt/Pöppelbuß (2009) und
- das Modell nach Mettler selbst.

Sie unterscheiden sich mit Blick auf die ersten und die abschließenden Entwicklungsschritte sowie die Entwicklungsrichtung (bottom-up/top-down). So schlagen Becker/Knackstedt/Pöppelbuß und Mettler vor, mit der Problemdefinition zu starten und bei Becker/Knackstedt/Pöppelbuß danach mit einer Analyse bestehender Modelle fortzufahren. Dagegen wird bei de **Bruin et al.** direkt mit der Definition des Scopes begonnen (s. Abb. 3.4).

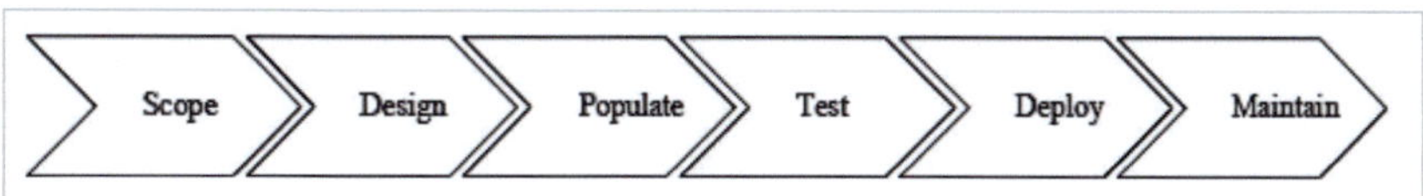

Abbildung 3.4: Vorgehensmodell für Reifegradmodelle, Quelle: de Bruin et al. 2005, S. 3.

Abschließend wird auch hier das Modell mit einer ausgeprägten Evaluationsphase über zwei Schritte ausreichend etabliert (vgl. de Bruin et al. 2005, S. 3, 9-11). Aufgrund der flexiblen Anpassungsmöglichkeiten an Prozessspezifika wird sich am Vorgehen von de Bruin et al. orientiert. Das Modell hat verschiedene **Entwicklungsschritte**: In der ersten

Phase (s. Abb. 3.4) werden der Bewertungsrahmen sowie die Beteiligten bei der Modellentwicklung festgelegt. Bei „Design“ (s. Abb. 3.4) geht es um die Zielgruppe, Methode und Treiber der Anwendung. Bei der dritten Phase geht es darum, „to identify what needs to be measured in the maturity assessment and how this can be measured”[11] (de Bruin et al. 2005, S. 6). Es folgt u. a. ein Test zu Validität, Reliabilität und Generalisierbarkeit (s. Abb. 3.4). Nach der Bereitstellung (s. Abb. 3.4) folgt eine ständige Modellpflege und -anpassung an aktuelle Entwicklungen und geänderte, neue Anforderungen („Maintain“) (vgl. de Bruin et al. 2005, S. 9-10).

Neben den Entwicklungsschritten wird auch die **Entwicklungsrichtung** festgelegt. De Bruin et al. sprechen von zwei Entwicklungsrichtungen, die entweder „top-down“ oder „bottom-up“ ausgerichtet sein können (vgl. de Bruin et al. 2005, S. 5). In dieser Modellentwicklung wird **„bottom-up“** vorgegangen. Das bedeutet: „With a bottom-up approach the requirements and measures are determined first and then definitions are written to reflect these“[12] (de Bruin et al. 2005, S. 5).

Demnach wird die Reifegrad-Definition an das Ende der dritten Phase verlagert (s. Kap. 4.2.2). Die Bewertungskriterien des Modells und deren Anforderungen an die Reifegrade bieten damit erst die Basis, um die Reifegrade für das Modell zu definieren. Denn: „the focus moves first to how this can be measured and then builds definitions on this basis“[13] (de Bruin et al. 2005, S. 5).

Bottom-up-Vorgehen im Teil 2

Im Folgenden werden diese einzelnen Entwicklungsschritte und die Entwicklungsrichtung logisch mit den Phasen des PLZs verzahnt, um das weitere konkrete **Vorgehen für die Reifegradmodellentwicklung im Teil 2** zu beschreiben:

[11] Übersetzung: zu identifizieren, was in der Reifegradbewertung gemessen werden muss und wie dies gemessen werden kann.

[12] Übersetzung: Bei einem Bottom-up-Ansatz werden zunächst die Anforderungen und Maßnahmen ermittelt und dann Definitionen geschrieben, die diese widerspiegeln.

[13] Übersetzung: Der Fokus richtet sich zunächst darauf, wie dies gemessen werden kann und entwickelt/baut dann auf dieser Basis Definitionen auf.

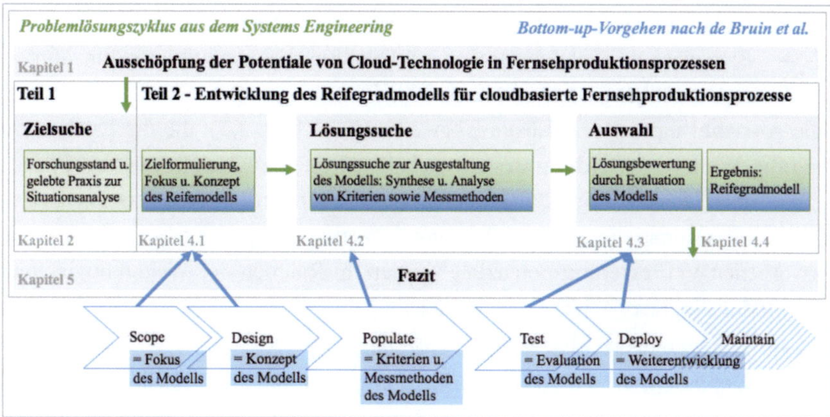

Abbildung 3.5: Bottom-up-Vorgehen für die Reifegradmodellentwicklung, Quelle: Eigene Darstellung in Anlehnung an Kap. 1.3. und de Bruin et al. 2005, S. 3.

1. Im Schritt der **Zielformulierung** (s. Abb. 3.5) werden die Ziele der Reifegradmodellentwicklung bestimmt und priorisiert (s. Kap. 4.1.1) und Arbeitsschritte des Bottom-up-Vorgehensmodells nach de Bruin et al. gestartet: Dabei werden die Bildung des **Fokus** sowie des **Konzepts** für das Reifegradmodell aus der Phase „Scope" und „Design" (vgl. de Bruin et al. 2005) adaptiert (s. Abb. 3.5). Das umfasst die Erarbeitung des Modellfokus und die Definition der Beteiligten bei der Entwicklung (s. Kap. 4.1.2). Außerdem wird die Darstellung der Treiber als Motivation zur Reifegradmodellentwicklung, die Methode, der Einsatz und die Zielgruppe des Modells beschrieben sowie der Befragtenkreis benannt, der bei den Erhebungen in der Modellentwicklung Berücksichtigung findet (s. Kap. 4.1.3). Folgende methodische Werkzeuge werden eingesetzt:
    - *Werkzeuge des SEs:* Zielkatalog (s. Kap. 1.3 und 4.1.1);
    - *Empirische Erhebungsmethoden:* Telefonische/schriftliche, strukturierte Einzelinterviews mit Expertinnen und Experten mittels Fragebogen (s. Kap. 4.1.1.1).
2. Die Phase der **Lösungssuche** (s. Abb. 3.5) beschäftigt sich mit der Ausgestaltung des Modells (s. Kap. 4.2). Dabei wird die Ausgestaltung von **Kriterien** und **Messmethoden** des Reifegradmodells aus der Phase „Populate" (vgl. de Bruin et al. 2005) adaptiert (s. Abb. 3.5). Zunächst werden Kriterien in der Synthese gesammelt und strukturiert (s. Kap. 4.2.1.1). Danach werden diese anhand verschiedener Kriterien im Rahmen einer empirischen Erhebung analysiert (s. Kap. 4.2.1.2). Es schließt sich die Definition der Messmethoden des Reifegradmodells auf der Basis der erworbenen Kriterien an (s. Kap. 4.2.1.3). Folgende methodische Werkzeuge werden eingesetzt:

    - *Werkzeuge des SEs:* Synthese und Analyse (s. Kap. 1.3 und 4.2.1);
    - *Empirische Erhebungsmethoden:* Telefonische, strukturierte Einzelinterviews mit Fragebogen (s. Kap. 4.2.1.2).
3. Die **Auswahl** umfasst die **Lösungsbewertung** (s. Abb. 3.5), die die **Evaluation** und die **Weiterentwicklung** des entwickelten Reifegradmodells aus den Phasen „Test“ und „Deploy“ (vgl. de Bruin et al. 2005) adaptiert (s. Abb. 3.5). Die Evaluation wird summativ (s. Kap. 4.3.1.1) und formativ (s. Kap. 4.3.1.2) umgesetzt. Die erworbenen Verbesserungspotenziale werden im Rahmen der Weiterentwicklung des Modells (s. Kap. 4.3.2) eingearbeitet.
    - Werkzeuge des SEs: Keine Werkzeuge;
    - *Empirische Erhebungsmethoden:* Leitfadengestützte Einzelinterviews und Fallstudien zur Anwendung des Reifegradmodells mit Fragebogen (s. Kap. 4.3.1).
4. Das **Ergebnis** ist das Reifegradmodell in der letzten Phase des PLZs (s. Kap. 4.4).

Dieses gewählte methodische Vorgehen basiert damit auf einer Verzahnung des PLZs mit dem Bottom-up-Vorgehensmodell von de Bruin et al.. Mithilfe dieses methodischen Vorgehens wird schrittweise ein Prozessreifegradmodell erarbeitet und dabei werden die Anforderungen berücksichtigt, auf die die Expertinnen und Experten aus der Fernsehproduktion hinweisen (s. Kap. 4 Teil 2).

Die nächste Phase des PLZs, die sogenannte Zielformulierung, wird die Zielsetzung weiter konkretisieren und das Bottom-up-Vorgehen des Reifegradmodells mit Erarbeitung von Fokus und Konzept des Reifegradmodells initiieren.

4 Teil 2: Entwicklung des Reifegradmodells für cloudbasierte Fernsehproduktionsprozesse

Das zu entwickelnde **Prozessreifegradmodell für cloudbasierte Fernsehproduktion** soll sowohl die Forschungslücke füllen als auch die notwendige Spezialisierung der Fernsehproduktionsprozesse und der Cloud-Technologie berücksichtigen.

4.1 Zielformulierung, Fokus und Konzept des Modells

Die grundsätzliche Logik des PLZs aus dem SE zeigt Kapitel 1.3 und die Verzahnung mit dem Bottom-up-Vorgehen von de Bruin et al. (2005) zeigt Kapitel 3.3. Aus der Situationsanalyse (s. Kap. 2), aus der der theoretische Stand der Erkenntnisse und die Kernanforderungen aus dem Vergleich des IST- und SOLL-Zustandes im Kapitel 2.3.4.4 abgeleitet wurden, werden nun die **Zielformulierung, der Fokus und das Konzept des Reifegradmodells** entwickelt (s. Abb. 4.1).

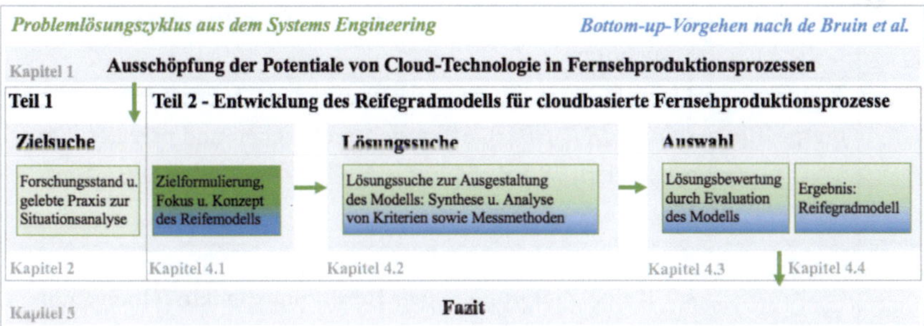

Abbildung 4.1: Inhalte des Kapitels und Verortung im methodischen Vorgehen, Quelle: Eigene Darstellung in Anlehnung an Abb. 1.6.

Die **Zielformulierung** im Sinne des SEs (s. Kap. 1.3, s. Abb. 4.1) enthält die Ausformung derjenigen Absichten, die nach Durchlauf des PLZs erreicht werden sollen (vgl. Haberfellner et al. 2015, S. 74-76). Im Rahmen der Zielformulierung werden die benötigten Inhalte durch eine qualitative Erhebung erarbeitet. Daraus werden die Ziele als **Forschungsziel** definiert und in Form eines **„Zielkatalogs"** aus dem SE eingeordnet (Haberfellner et al. 2015, S. 221 f.; Züst 2004, S. 93-108).

Neben methodischen Ansätzen aus dem SE werden die Schritte des ausgewählten **Bottom-up-Vorgehen von de Bruin et al.** (s. Kap. 3.3) für die konkrete Erarbeitung des Reifegradmodells berücksichtigt. Dazu werden in diesem Kapitel

- im Arbeitsschritt **„Fokus"** der Modellfokus und die Beteiligten bei der Erstellung (s. Kap. 4.1.2) und

- im Arbeitsschritt **„Konzept“** die Treiber, die Methode, der Einsatz, die Zielgruppe und die Befragten (s. Kapitel 4.1.3)

thematisiert.

4.1.1 Zielformulierung

4.1.1.1 Erhebung für Zielformulierung

Im Rahmen der Zielformulierung wird für die Abfrage der Einschätzungen und Anforderungen der späteren Nutzer:innen des Reifegradmodells, also der Zielgruppe, eine Erhebung durchgeführt (s. Tab. 4.1), um die gewonnenen Erkenntnisse in die Entwicklung des Modells einbeziehen zu können. Für die Datenerhebung wird ein qualitativer Ansatz gewählt und daher mittels telefonischer bzw. schriftlicher, strukturierter Einzelinterviews mit Fragebogen umgesetzt (s. Tab. 4.1).

Ziel		Zielformulierung für die Entwicklung des Reifegradmodells;
Datenerhebung	Methode	Telefonische/schriftliche, strukturierte Einzelinterviews mit Fragebogen;
	Teilnehmerprofile	11 Teilnehmer:innen aus Wissenschaft, Verbänden (*Hochschule, IRT, EBU*), öffentlich-rechtlichen und privaten Fernsehsendern (*SWR, ZDF, ORF, CBC, ProSiebenSat.1 Tech Solutions*): • Keine Zielgruppe: 1; • Keine Zielgruppe, aber Berührungspunkte (Hochschule, F&E, Strategie-Arbeit): 3; • Entscheider:in: 3; • Entscheider:in und IT-Planer:in: 1; • IT-Planer:in: 1; • IT-Planer:in und Controller:in: 1; • Prozessmanager:in: 1;
	Zeitraum	20.04.2020 – 13.05.2020;
	Ablauf	• Anfrage und Zusendung des Fragebogens per Mail; • Schriftliches Ausfüllen ohne (n = 9) oder mit telefonischer Begleitung auf Nachfrage (n= 2; per Videoanruf);
Datenaufbereitung	Methode	• Priorisierung mit Muss-, Soll- und Kann-Zielen im Zielkatalog; • Geschlossene Fragen: Häufigkeit, Mittelwert, Spannweite; • Offene Fragen: Vergleichende Auswertung;

Ergebnis	Ermittlung von Erfahrungen mit Reifegradmodellen, Zielen für das Reifegradmodell und deren Priorisierung, generelle Einstellung zu Modellen.

Tabelle 4.1: Schema für Erhebungen zu Zielformulierung für die Entwicklung des Reifegradmodells, Quelle: Eigene Darstellung in Anlehnung an Anhang 1 und 2.

Die Teilnehmer:innen der Erhebung sind erfahrene Vertreter:innen (Durchschnittsalter: 52 Jahre) aus unterschiedlichen Bereichen der TV-Branche, d. h. aus wissenschaftlichen Instituten, aus einem europäischen Dachverband und aus öffentlich-rechtlichen sowie privaten Fernsehsendern (s. Tab. 4.1).

Da aufgrund der analysierten Forschungslücke ausgewiesene Expertinnen und Experten schwer auszumachen sind, soll durch geschlossene Fragen im Fragebogen konkret durch das Thema geführt und so der gewünschte Input gezielt erzeugt werden (s. Tab. 4.1). Einige offene Fragen wurden auch ergänzt, um explorativ Daten zu Erfahrungen zu erhalten (s. Anhang 1). Der Fragebogen zur Erhebung umfasst im Wesentlichen

- die Ermittlung von Erfahrungen mit Reifegradmodellen,
- die Priorisierung der Ziele für das Reifegradmodell in Form des Zielkatalogs im Sinne des SEs (s. Kap. 1.3)
- sowie die generelle Abfrage zur Einstellung und Akzeptanz gegenüber Modellen (s. Anhang 1; s. Tab. 4.1).

Die Kernergebnisse zu diesen Punkten des Fragebogens werden im Folgenden beschrieben.

<u>Erfahrungen mit Reifegradmodellen</u>

Die Kernergebnisse zu **Kenntnis und Nutzung von Reifegradmodellen** sind (s. Anhang 1 und Anhang 2): Vier Befragte kennen oder nutzen kein Reifegradmodell in ihrem Arbeitsumfeld. Die restlichen sieben der Befragten haben Erfahrungen mit Reifegradmodellen gemacht. Die Befragten kennen insgesamt folgende Modelle:

- <u>C</u>apability <u>M</u>aturity <u>M</u>odel <u>I</u>ntegration (CMMI),
- <u>S</u>oftware <u>P</u>rocess <u>I</u>mprovement and <u>C</u>apability D<u>e</u>termination (SPICE oder ISO/IEC 15504-5), Reifegrad-Assessments im Rahmen von ISO/IEC 20000,
- Reifegrad-Assessments im Rahmen von <u>I</u>nformation <u>T</u>echnology <u>I</u>nfrastructure <u>L</u>ibrary (ITIL) und <u>C</u>ontrol <u>Ob</u>jectives for <u>I</u>nformation and Related <u>T</u>echnology (COBIT),
- <u>B</u>usiness <u>I</u>ntelligence <u>M</u>aturity <u>M</u>odel (BIMM),
- DevOps Maturity Model nach Jez Humble und David Farley, Solinea DevOps Maturity Model und Continuous Delivery Maturity Model.

Davon nutzen einige der Befragten ITIL, COBIT und BIMM auch in ihrem Arbeitsumfeld. Wie im Kapitel 2.4.4 in der Situationsanalyse zu Reifegradmodellen bereits aufgefallen ist, stammen fast alle genannten Modelle aus dem IT-Bereich zu Softwareentwicklung, IT-Governance oder Geschäftsanalytik. Zwar werden diese Reifegradmodelle für die IT-Prozesse in den IT-Bereichen der Fernsehbranche verwandt, für die Bewertung von Produktionsprozessen sind sie allerdings nicht geeignet, da sie fernsehspezifische Besonderheiten nicht berücksichtigen. Ebenso weisen sie keine hinreichende Spezialisierung in Bezug auf Cloud-Technologie auf. Daher wird weiterhin angenommen, dass es kein spezifisches Modell für die Fernsehproduktion zur Prozessbewertung und Cloud-Potenzial-Ausschöpfung gibt.

Einstellung und Akzeptanz gegenüber Modellen

Insgesamt ist die **Akzeptanz der Befragten** gegenüber Modellen als hoch einzustufen. Ein Modelleinsatz würde nach Einschätzung der Befragten ein optimiertes Vorgehen ermöglichen und Unsicherheit vermeiden (s. Tab. 4.2). Die Erhebung zeigt, dass ein Modelleinsatz aber von Entscheiderinnen und Entscheidern unterstützt werden muss (s. Tab. 4.2).

Nr.	Aussagen zur Modellakzeptanz	Auswertung
1	„Durch vorgegebenes methodisches Vorgehen kann man Unsicherheit und Chaos gut begegnen."	Trifft zu
2	„Modelle und Methoden ermöglichen ein optimiertes Vorgehen."	Trifft zu
3	„Der Modelleinsatz sollte von oberster Stelle unterstützt werden."	Trifft zu
4	„Das Thema betrifft nicht meinen Arbeitsplatz."	Trifft nicht zu
5	„Unser Unternehmen unterstützt methodisches Vorgehen und die Anwendung von Modellen jeglicher Art."	Trifft eher zu
6	„Reifegradmodelle sind nur sinnvoll, wenn sie von Experten benutzt werden."	Trifft eher zu
7	„Solche Modelle werden intern nicht wirklich benutzt und in Zukunft auch keine Anwendung finden."	Trifft eher nicht zu
8	„Manchmal geht es ohne Methodenschnickschnack schneller."	Trifft eher nicht zu
9	„Modelle sind nie wirklich praxisnah."	Trifft eher nicht zu
10	„Ich habe meine eigene Methodik im Laufe der Zeit entwickelt."	Teilsteils
11	„Der Modelleinsatz ist ohne professionelle, externe Beratung zu komplex."	Teilsteils

Tabelle 4.2: Aussagen zur Modellakzeptanz aus der Erhebung für die Zielformulierung, Quelle: In Anlehnung an Anhang 2.

Bei den Aussagen Nr. 1, Nr. 2, Nr. 3, Nr. 9, Nr. 11, die die Vorteile des methodischen Vorgehens, die Unterstützung aus der Hierarchie und die externe Beratung thematisieren (s. Tab. 4.2), haben die Befragten insgesamt eine einheitliche Sicht (s. Anhang 2). Bei den Aussagen Nr. 5, Nr. 6, Nr. 8, Nr. 4, Nr. 10, Nr. 7, bei denen es um die eigene Anwendung von Modellen und Methoden am Arbeitsplatz und die Unterstützung aus dem Unternehmen geht (s. Tab. 4.2), ist eine große Spannweite an unterschiedlichen Angaben entlang der Likert-Skala zu verzeichnen (s. Anhang 2). Diese Aussagen zur Methodennutzung sowie zur Haltung am Arbeitsplatz betreffen die subjektive Realität des und der Einzelnen und bilden somit das Spannungsfeld zwischen Wissenschaft und Praxis ab, was als Erklärung für die Spannweite der Bewertungen herangezogen wird.

Mit dieser Wissensbasis werden die Ziele in Form des Forschungsziels und des Zielkatalogs konkretisiert.

4.1.1.2 Ziele des Reifegradmodells

Übergeordnetes Forschungsziel und Ziele der Modellentwicklung

Das **Forschungsziel** ist, Fernsehsendern ein spezifisches Bewertungsmodell für ihre Produktionsprozesse zur Verfügung zu stellen, damit eine Prozessbewertung und -optimierung hin zu einer optimalen Nutzung der Cloud-Technologie erzielt werden kann. Diese Ausarbeitung dokumentiert dazu mithilfe des PLZs die Modellerarbeitung eines solchen **spezifischen Prozessreifegradmodells**. Dieses übergeordnete Forschungsziel soll im Folgenden durch einen Zielkatalog als Zielvorstellung für den PLZ weiter konkretisiert werden.

Die **Ziele bei der Modellentwicklung** werden durch einen Zielkatalog, einer Methode aus dem SE, erschlossen und abgebildet. Aus dem Forschungsziel, den -fragen (s. Kap. 1.2 und 3.1), den Definitionen der Situationsanalyse und den Erkenntnissen zu Aufbau und Einsatz der Reifegradmodelle (s. Kap. 2.4.3) lassen sich Ziele im Sinne des Zielkatalogs definieren.

Zusammenhang Kernanforderungen und Zielkatalog

Bisher wurden im Kapitel 2.3.4.4 die **Kernanforderungen an cloudbasierte Fernsehproduktionsprozesse** formuliert. Sie bilden die Grundlage für die Definierung der Zielrichtung in Form eines Zielkatalogs (s. Kap. 2.3.4.4):

- Die zeitliche und ortsunabhängige Erreichbarkeit der Cloud-Ressourcen muss aufgrund des 24/7-Betriebs jederzeit gesichert sein.
- Eine bedarfsgerechte Material- und Serviceverfügbarkeit ist gefordert. Die Cloud-Technologie darf nicht ausfallen.

- Die hohe Datensicherheit sowie Havarie- und Notfallkonzepte müssen gewährleistet sein.
- Die Transferzeiten von Material in Produktion und Postproduktion müssen in Echtzeit ablaufen.
- Die Materialkopierprozesse müssen schneller als die Laufzeit des Materials sein.
- Der Cloud-Speicher muss skalierbar sein z. B. wegen des großen Datenvolumens oder bei Lastspitzen.
- Der zentrale Speicher muss ein dezentrales Zusammenarbeiten ermöglichen.

Neben der inhaltlichen Ebene für die Optimierung der Prozesse geht es bei der Reifegradmodellentwicklung in den nächsten Kapiteln vor allem um die **Ziele und Anforderungen der Erstellung des Instrumentariums**. Damit steht nicht die Prozessebene, auf die diese Kernanforderungen abzielen, sondern die Erstellung eines Bewertungstools für die Optimierung von Prozessen im Vordergrund. Die Kernanforderungen können damit nicht eins zu eins in den Zielkatalog aufgenommen werden. Der Zielkatalog muss inhaltlich hauptsächlich auf die Modellentwicklung abzielen.

Zielkatalog

Die Ziele rund um den Aufbau, den Einsatz und die Testung des Modells werden in einem Zielkatalog formuliert (s. Tab. 4.3). Der Zielkatalog als „gegliederte Zusammenstellung" (Haberfellner et al. 2015, S. 221) aller Absichten an die Modellentwicklung umfasst verschiedene Zielklassen „**Design**", „**Einsatz**" und „**Evaluation**". Die Zielklassen orientieren sich an verschiedenen Evaluationskriterien (vgl. Döring/Bortz 2016, S. 983-987):

- zur Bewertung des inhaltlichen Konzepts (hier: Design),
- der Durchführung zum Einsatz des Modells (hier: Einsatz) und
- der Bewertungsdurchführung des Modells selbst (hier: Evaluation).

So können die Ziele auch in der Phase der Lösungsbewertung die Grundlage einer **zielorientierten Evaluation** bilden (vgl. Döring/Bortz 2016, S. 985 ff.).

Um die Einschätzungen der Zielgruppe an das Design, den Einsatz und die Evaluation im Rahmen der Modellentwicklung abzufragen, wird der Zielkatalog in der Erhebung zur Zielformulierung mit rnTeilnehmern aus der TV-Branche (s. Tab. 4.1) einbezogen und eine **Priorisierung mit „MUSS-", „SOLL-" und „WUNSCH-Zielen"** abgefragt (Haberfellner et al. 2015, S. 75 f., 222, 228 f.; Züst 2004, S. 98-100). Eine Priorisierung der Ziele findet durch die Bewertung der Befragten mit Angabe von MUSS-, SOLL- oder WUNSCH-Zielen statt (vgl. Haberfellner et al. 2015, S. 75 f., 222, 228 f.):

- MUSS-Ziel: Ein Ziel muss bedingungslos erreicht werden.
- SOLL-Ziel: Die Zielerreichung ist bedeutungsvoll, aber nicht unumgänglich.
- WUNSCH-Ziel: Eine Umsetzung des Ziels wird erbeten.

Die Auswertung dieser Priorisierung zeigt ausnahmslos bei allen Zielen eine große Spannweite der Angaben durch die Befragten (s. Anhang 2). Dies könnte auf die unterschiedliche Interessenslage der verschiedenen Teilnehmer der Erhebung zurückzuführen sein, die bewusst von Bereichen der Wissenschaft bis in die Praxis der TV-Branche ausgewählt sind.

Zusätzlich kann in der Erhebung optional eine **Bedingung für das angegebene Ziel** angegeben werden. In mehreren Fällen findet dieses Bedingungsfeld auch als Kommentarfeld Anwendung. Diese Angaben und die zusätzlichen Angaben bei der anschließenden Abfrage zur Nennung weiterer Ziele werden in die Aufbereitung des finalen Zielkatalogs einbezogen (s. Anhang 2).

Das Ergebnis des finalen **Zielkatalogs** mit durch die Befragung erhaltenen Priorisierung der Ziele (s. Spalte „Ausgewertete Priorität"), den Bedingungen je Ziel (s. Spalte „Erfasste Bedingung") und weiteren Zielnennungen (angegeben mit „neu" in Spalte „Zieleigenschaft") zeigt folgende Tabelle (s. Tab. 4.3):

Zielkatalog für die Entwicklung eines Reifegradmodells für cloudbasierte Fernsehproduktionsprozesse

Zielklasse	Zieleigenschaft (teilweise angepasst)	Erfasste Bedingung	Ausgewertete Priorität
Design	Das Reifegradmodell ist durch aufeinander aufbauende Reifegradstufen charakterisiert	Dabei soll ein Stufenmodell für die Cloudeignung entstehen.	MUSS-Ziel
	Die Potenziale und Risiken von Cloud-Computing werden berücksichtigt.	Potenziale wie Virtualisierung, Flexibilität und Risiken sowie Verfügbarkeit wegen Ausfallzeiten müssen berücksichtigt werden. Diese müssen aber nicht explizit benannt werden im Sinne von Überzeugungsgründen für Cloud Computing, sondern eher als Ausschöpfungsziel aufgehen.	MUSS-Ziel
	Der Nutzen, die Erwartungshaltung, die sich aus der Verwendung ergeben kann, ist beschrieben. (neu)	Keine	MUSS-Ziel

Ziel-klasse	Zieleigenschaft (teilweise angepasst)	Erfasste Bedingung	Ausgewertete Priorität
	Die Besonderheiten der Fernsehproduktion werden berücksichtigt. (angepasst)	Besonders die technischen Aspekte der Fernsehproduktion sollen berücksichtigt werden.	SOLL-Ziel
	Die Besonderheiten der behördenähnlichen Vorgaben des öffentlich-rechtlichen Verwaltungswesens werden berücksichtigt. (angepasst)	Besonders die Governance/Prozessvorgaben für Beschaffungsprozesse, Einkauf sowie Vorgaben zum Projektablauf sollen berücksichtigt werden.	SOLL-Ziel
	Die Bewertungskriterien können zur Beschreibung des Reifegrades passend angewandt werden.	Keine	SOLL-Ziel
	Die Inhalte der Reifegrade bieten eine ausreichend detaillierte Beschreibung des Reifegradzustandes bei entsprechendem Kriterium.	Eine klare Einsortierung soll erfolgen.	SOLL-Ziel
	Es werden passende, praxistaugliche Optimierungsmaßnahmen angeboten. Es besteht ein Zusammenhang bei der Nutzung von Methodeneinsatz (Optimierungsmaßnahmen) und Implementierungsvorgehen (Cloud-Technologie).	Der Zusammenhang kann durch konkrete Zieldefinition umgesetzt werden. Neben der Zieldefinition müssen die Voraussetzungen vor Ansetzen der Optimierungsmaßnahmen umgesetzt sein (Bsp. SDI zu IP).	SOLL-Ziel
	Es wird die IT-Compliance berücksichtigt (z. B. EBU R143, Umsetzungsplan kritische Infrastruktur).	Keine	SOLL-Ziel
	Die Kenngrößen, die das Reifegradmodell zur Feststellung des Reifegrads verwendet, sind transparent, definiert und ermittelbar. (neu)	Keine	SOLL-Ziel

Ziel-klasse	Zieleigenschaft (teilweise angepasst)	Erfasste Bedingung	Ausgewertete Priorität
	Das Modell gibt den Raum, sich auf relevante Themen zu fokussieren bzw. berücksichtigt Unterschiede von Rahmenbedingungen. (neu)	Keine	SOLL-Ziel
	Das Modell wird um ein Innovationskriterium ergänzt. (neu)	Keine	SOLL-Ziel
Einsatz	Das Reifegradmodell ist zielgruppenorientiert und benutzerfreundlich in der Anwendung.	Es muss eine genaue Zielgruppenbeschreibung und zielgruppenfreundliche Darstellung erfolgen: Anwendung kann in Projektarbeit und im Management erfolgen. Entsprechende Extrahierung und Darstellung erwünscht wie geeignete Übersicht, Grafiken, Management-Summary etc..	MUSS-Ziel
	Der Output des Modells ist wie erwartet.	Erwartungshaltung muss konkretisiert vorliegen.	MUSS-Ziel
	Die Intensität und Art der Nutzung liegt im zumutbaren Bereich. Die Nutzung ist effektiv und effizient.	Keine	MUSS-Ziel
	Die Kosten bei der Nutzung des Reifegradmodells sind wie erwartet (z. B. nicht nur Geld, sondern auch ggf. investierte Zeit, in der man etwas anderes hätte machen können).	Die Nutzung muss mit "Bordmitteln" gestemmt werden. Der Nutzen daraus muss beschrieben werden.	MUSS-Ziel
	Die technische Realisierbarkeit ist gegeben: Die Methoden können in der Praxis angewandt werden.	Keine	MUSS-Ziel

Zielklasse	Zieleigenschaft (teilweise angepasst)	Erfasste Bedingung	Ausgewertete Priorität
	Der Personalaufwand für die Anwendung ist wie angegeben.	Personalaufwand selbst soll dabei konkretisiert werden.	SOLL-Ziel
	Die Anforderungen an den Prozess können aus dem Reifegradmodell abgelesen werden. Es kann als Operationalisierungshilfe genutzt werden.	Dabei soll besonders auf die Passgenauigkeit an die unterschiedlichen Prozesslandschaften geachtet werden, damit die Anforderungen hilfreich sind.	SOLL-Ziel
	Die Nutzungsbarrieren sind durch eine hilfreiche und zielführende Anleitung und eine hohe Benutzerfreundlichkeit minimiert.	Keine	SOLL-Ziel
	Es findet eine möglichst objektive Analyse und eine Ermittlung des Standes der Prozesse statt. Dieser kann zu einem Reifegrad des Modells zugeordnet werden. (angepasst)	Keine	SOLL-Ziel
	Indem Zielgrade für den aktuellen Prozessreifegrad abgeleitet werden, können eine Steuerung und Weiterentwicklung von Prozessen erfolgen.	Das Modell soll Vorschläge für Zielgrade auf unterschiedlichen Ebenen prozessual, technisch, wirtschaftlich etc. geben.	SOLL-Ziel
	Das Modell ist Techniker-/Nicht-Techniker kompatibel. (neu)	Keine	SOLL-Ziel
	Das Modell ist verständlich für verschiedene Hierarchieebenen. (neu)	Keine	SOLL-Ziel
	Der Bedarf in der Zielgruppe für die Nutzung des Modells ist hoch.	Keine	WUNSCH-Ziel
	Die Zusammensetzung der tatsächlich erreichten Zielgruppen	Keine	WUNSCH-Ziel

Ziel-klasse	Zieleigenschaft (teilweise angepasst)	Erfasste Bedingung	Ausgewertete Priorität
	entspricht der ursprünglich angenommenen.		
	Das Modell wird durch Standardsoftware (z. B. MS Office) umgesetzt. (neu)	Keine	SOLL-Ziel
	Es ermöglicht die Identifikation von neuen Anwendungsfeldern für Cloud Computing (als Zusatznutzen). (neu)	Keine	WUNSCH-Ziel
Evaluation	Das Model verhält sich objektiv. Es enthält keine Gewichtung durch Einzelpersonen oder Hersteller (Gütekriterium Objektivität).	Keine	MUSS-Ziel
	Das Modell hat sowohl für kleine, regionale Sender als auch für große private und öffentlich-rechtliche Sender Gültigkeit (Gütekriterium Validität).	Die ist abhängig von den Zielen sowie den Voraussetzungen des Modells.	SOLL-Ziel
	Das Modell ist ausreichend evaluiert. Feedback wurde erfragt und eingearbeitet und erneut evaluiert (iteratives Verfahren).	Das Modell sollte am Ende nicht fertig sein, sondern kontinuierlich weiterentwickelt werden.	SOLL-Ziel
	Das Reifegradmodell misst den Ausschöpfungsgrad der Potenziale von Cloud Computing bei Fernsehproduktionsprozessen. Das Model bewertet das, was es bewerten soll (Fernsehproduktionsprozesse) – die Messgenauigkeit ist gegeben (Gütekriterium Reliabilität).	Dabei wird keine absolute Messung erwartet. Es ist kein Instrument zum Benchmarking verschiedener Unternehmen oder Teams untereinander, sondern eher Self Assessment zur Weiterentwicklung; Bei Cloud Computing werden alle Bereitstellungsmodelle einbezogen. Die Fernsehproduktionsprozesse werden dabei als	SOLL-Ziel

Ziel-klasse	Zieleigenschaft (teilweise angepasst)	Erfasste Bedingung	Ausgewer-tete Priori-tät
		Produktionsprozesse für linear, online etc. verstanden.	
	Der erwartete Nutzen, den das Reifegradmodell versprochen hat, wird bei einer korrekten Anwendung erreicht. Das Modell wird als nützlich beschrieben.	Keine	SOLL-Ziel
	Die Zufriedenheit der Zielgruppe liegt über 2,5 (Schulnote).	Keine	SOLL-Ziel

Tabelle 4.3: Zielkatalog nach Auswertung der Erhebung, Quelle: in Anlehnung an Anhang 2.

Anhand dieser Zielbeschreibung ergeben sich aus den MUSS- und SOLL-Zielen (s. Tab. 4.3) **formale und inhaltliche Anforderungen** an das Reifegradmodell, die im Folgenden beschrieben werden:

a. Formale Anforderungen:
Funktion

- Es *muss* durch aufeinander aufbauende Reifegradstufen charakterisiert sein.
- Durch die Analyse und Ermittlung des Standes der Prozesse *soll* eine Zuordnung zu einem Reifegrad des Modells erfolgen.
- Die Kriterien und Inhalte der Reifegrade *sollen* eine ausreichende Beschreibung erhalten. Die Kriterien, die das Reifegradmodell zur Feststellung des Reifegrads verwendet, *sollen* transparent, definiert und ermittelbar sein.
- Das Modell *soll* den Raum geben, sich auf relevante Themen zu fokussieren bzw. berücksichtigt Unterschiede von Rahmenbedingungen.

Praxisorientierung

- Es *muss* eine technische Realisierbarkeit gegeben sein, d. h., das Modell muss in der Praxis angewandt werden können.
- Der Nutzen des Reifegradmodells *muss* dafür beschrieben sein.
- Das Prozessreifegradmodell *muss* zielgruppenorientiert und benutzerfreundlich in der Anwendung sein. Die Darstellung *muss* auch für ein Management Summary geeignet sein. Es *soll* für verschiedene Hierarchieebenen und mit unterschiedlichem Technik-Know-how verständlich sein.

Gültigkeit

- Darüber hinaus *soll* es ausreichend iterativ evaluiert sein, d. h. das Feedback wurde erfragt und eingearbeitet und erneut evaluiert. Die empfohlenen Methoden *müssen* in der Praxis anwendbar und das Gütekriterium Objektivität *muss* erfüllt sein.
- Das Modell *soll* sowohl für kleine, regionale Sender als auch für große, private und öffentlich-rechtliche Sender Gültigkeit haben und das Gütekriterium Validität damit erfüllen.

Messgenauigkeit

- Es *muss* eine Erwartungshaltung zum Output des Modells vorliegen, z. B. mittels Nutzenbeschreibung.
- Das Prozessreifegradmodell *soll* den Ausschöpfungsgrad der Potenziale von Cloud-Technologie bei Fernsehproduktionsprozessen messen. Das Model *soll* dabei das Gütekriterium Reliabilität erfüllen (Messgenauigkeit).

Intuitive und effiziente Anwendbarkeit

- Die Zufriedenheit der Zielgruppe *soll* über 2,5 (Schulnote) liegen. Das Modell *soll* als nützlich beschrieben werden. Die Nutzung *muss* effektiv und effizient sein. Der Aufwand an Zeit, Kosten und Personal *soll* wie erwartet sein und *muss* mit Bordmitteln umgesetzt werden. Dies *soll* durch die Anwendung von Standardsoftware ermöglicht werden.
- Nutzungsbarrieren *sollen* durch eine hilfreiche und zielführende Anleitung und eine hohe Benutzerfreundlichkeit minimiert werden.

Operationalisierung von Maßnahmen

- Es *soll* eine Steuerung und Weiterentwicklung von Prozessen erfolgen, indem Zielgrade für den aktuellen Prozessreifegrad abgeleitet werden können. Das Prozessreifegradmodell soll als Operationalisierungshilfe genutzt werden.
- Es *sollen* passende, praxistaugliche Optimierungsmaßnahmen angeboten werden. Zudem *soll* ein Zusammenhang zwischen Methoden zur Optimierung und Vorgehen zur Implementierung der Cloud-Technologie bestehen, indem Zielgrade definiert werden können.

b. Inhaltliche Anforderungen:

Sicherheit und Datenschutz

- Die Risiken von Cloud-Technologie *müssen* berücksichtigt werden; ebenso die innerbetriebliche IT-Compliance, d. h. ein Regelwerk eines Fernsehsenders zu ethischen, vertraglichen und gesetzlichen IT-Richtlinien wie z. B. EBU R143.

Spezifika individueller Fernsehproduktionsprozesse

- Die Besonderheiten der Fernsehproduktion und der behördenähnlichen Vorgaben des öffentlich-rechtlichen Verwaltungswesens *sollen* berücksichtigt werden, wie z. B. spezifische Investitionsprozesse und Projektabläufe.
- Das Modell *soll* ein Innovationskriterium enthalten.

Für die Modellentwicklung wurden am Ende der Erhebung zur Zielformulierung weitere **Hinweise** der Befragten aufgenommen (s. Anhang 2):

- Anpassung der Zielgruppen um weitere Rollen aus dem IT-Bereich, z. B. auch Administratoren;
- Erreichung von Praxisrelevanz und Anwenderfreundlichkeit;
- Frage nach Trainings für Anwender;
- Umsetzung einer Quantifizierung des Nutzens;
- Ergänzung um schrittweise Modelleinführung und regelmäßige Anwendung des Reifegradmodells.

Diese Ziele, Anforderungen und Hinweise bilden die Basis für die folgenden Entscheidungen im Rahmen der Modellentwicklung. Im nächsten Kapitel wird diese Modellentwicklung nach dem ausgewählten, als methodisches Vorgehen zugrunde gelegten, Bottom-up-Vorgehensmodell von de Bruin et al. ganz konkret durch die Definition des Fokus initiiert.

4.1.2 Fokus des Reifegradmodells

Im Folgenden werden Bezug nehmend auf die Inhalte der Phase „Fokus" bei de Bruin et al (s. Tab. 4.4) der **Fokus** und die **Beteiligten** erläutert:

Parameter	Ausprägung			
Modellfokus	Domänenspezifisch		Allgemein	
Beteiligte	Akademiker	Praktiker	Regierung	Kombination

Tabelle 4.4: Morphologisches Schema zu Inhalten der Phase „Scope", Quelle: in Anlehnung an de Bruin et al. 2005, S. 4.

<u>Modellfokus</u>

Das Modell ist domänenspezifisch (Tab. 4.4), da es entsprechend der Forschungslücke für die „Domäne" Fernsehproduktion entwickelt wird und einen Optimierungsbezug zur Cloudnutzung hat (s. Kap. 3.1). Der Einsatz des Prozessreifegradmodells wird unterstützt durch Checklisten, Leitfäden und Maßnahmenkataloge (s. Kap. 2.4.3). Das zu entwickelnde Prozessreifegradmodell soll den Ausschöpfungsgrad der Prozesse für das Cloud-Potenzial ermitteln und damit folgenden **Nutzen** erzielen:

- Das Reifegradmodell ermöglicht eine objektive Analyse des Reifezustands der cloudbasierten Prozesse und liefert eine klare Einordnung in die Reifegrade (s. Kap. 2.4.3).
- Damit wird ersichtlich, ob es einen Optimierungsbedarf gibt. Welcher Optimierungsbedarf gedeckt werden muss, kann aus den Reifezuständen bei den jeweiligen Bewertungskriterien abgelesen werden. Es wird deutlich, welche Kriterien verbessert werden müssen (s. Kap. 2.4.3).

- Eine konkrete Planung und Steuerung zur Prozessoptimierung kann dadurch erfolgen, indem für den zu optimierenden Reifezustand je Kriterium ein Zielgrad bestimmt wird (s. Kap. 2.4.3).
- In der Summe ergibt sich daraus eine Optimierungsstrategie für die betroffene Komponente (s. Kap. 2.4.3).

Beteiligte

Für die Prozessreifegradentwicklung sind nicht nur die Anwender:innen, sondern auch die Wissenschaftler:innen wichtig, da diese eine sehr neutrale Sicht auf die Prozesse (s. Tab. 3.4) und die Potenziale der Technologie haben. Die Modellentwicklung soll in ein evaluiertes Instrumentarium münden (s. Tab. 4.3 in Kap. 4.1.1.2), das die technischen Funktionen im Fernsehproduktionskontext berücksichtigt. Für diese Evaluation werden insbesondere Praktiker:innen als Expertinnen und Experten einbezogen.

4.1.3 Konzept für Reifegradmodell

Nach de Bruin et al. umfasst das „Konzept“ eines Reifegradmodells die Ausprägungen und die Parameter, die in folgendem morphologischen Kasten beschrieben sind:

<table>
<tr><th>Parameter</th><th colspan="4">Ausprägung</th></tr>
<tr><td>Treiber</td><td>Interne</td><td colspan="2">Externe</td><td>Beides</td></tr>
<tr><td>Methode</td><td>Self Assessment</td><td colspan="2">Fremdunterstützt</td><td>Zertifizierter Praktiker</td></tr>
<tr><td>Einsatz</td><td>1 Unternehmen/ 1 Region</td><td colspan="2">Mehrere Unternehmen/eine Region</td><td>Mehrere Unternehmen/mehrere Regionen</td></tr>
<tr><td rowspan="2">Zielgruppe</td><td colspan="2">Intern</td><td colspan="2">Extern</td></tr>
<tr><td colspan="2">Führungskräfte, Management</td><td colspan="2">Auditoren, Partner</td></tr>
<tr><td>Befragte</td><td>Führungskräfte</td><td colspan="2">Mitarbeiter</td><td>Geschäftspartner</td></tr>
</table>

Tabelle 4.5: Morphologisches Schema zu Inhalten der Phase „Konzept“, Quelle: in Anlehnung an de Bruin et al. 2005, S. 4.

Treiber

Der Anwendungszweck lässt sich aus **verschiedenen Treibern** ableiten (s. Tab. 4.5), die in der Problemstellung bereits genannt wurden (s. Kap. 1 und Kap. 3.1). Es geht darum, neue Möglichkeiten für flexibleres, ortsunabhängiges und vor allem schnelleres Arbeiten durch Cloud-Technologie umzusetzen. Treiber für diese Umsetzung gibt es extern und intern:

- Interne Treiber sind z. B. das Streben nach Prozesseffizienz, die Auslastung von bestehenden Ressourcen und Kostenminimierung mithilfe von Cloud-Technologie.

Vor allem bei öffentlich-rechtlichen Fernsehsendern ist das aufgrund der Fremdfinanzierung häufig eine wichtige Voraussetzung, um die Minimierung der Kosten zu erreichen (s. Kap. 3.1).

- Externe Treiber sind z. B. der Konkurrenzdruck durch den Wettbewerb und der Erhalt/die Steigerung der Kundenzufriedenheit. Besonders von außen wird die Geschwindigkeit der Herstellungsprozesse gefordert. Kunden erwarten eine schnelle Produktion für Medienkanäle wie Social Media oder bei Nachrichtenformaten. Die Kunden können auch nur mit dem eigenen Produkt erreicht werden, wenn die Produkte vor der Konkurrenz konsumiert werden (s. Kap. 1.1).

Sowohl die internen als auch die externen Treiber beziehen sich auf die Prozessoptimierung und die Ausschöpfung der Cloud-Potenziale wie flexibles und schnelles Arbeiten. Ein Reifegradmodell zur Analyse und Optimierung von cloudbasierten Prozessen wird daher durch sowohl interne als auch externe Treiber angetrieben.

Methode des Reifegradmodells

Die Erhebung zur Zielformulierung (s. Kap. 4.1.1; s. Anhang 2) hat ebenso ergeben, dass man nicht auf Prüfstellen oder zertifizierte Praktiker (s. Tab. 4.5) zurückgreifen will, sondern ein **Self Assesment** als **Anwendungsmethode** gewünscht wird (s. Anhang 2). Dies hängt damit zusammen, dass für die Analyse der Fernsehproduktionsprozesse zum einen erhebliches Prozess-Know-how benötigt wird, da die Prozesslandschaft durch die unterschiedlichen Parameter und Ausgestaltungen typischer Fernsehproduktionsprozesse sehr heterogen ist (s. Kap. 2.3.4.1). Zum anderen können diese Prozesse nur mit einer hohen Akzeptanz aller Beteiligten weiterentwickelt werden, die am Self Assessment im besten Fall auch integriert werden können. Daher wurde aus den drei möglichen Anwendungsmethoden das Self Assessment ausgewählt.

Einsatz

	1. Checkliste Voraussetzungen	**2. Prozess-Assessment**	**3. Reifegrad-Ergebnis**
Anleitung zur Anwendung	Bitte überprüfen Sie zunächst, ob Ihr ausgewählter Produktionsprozess die Voraussetzungen für einen Cloud-Einsatz erfüllt.	Anhand der Bewertungskriterien des Self Assessments, gewonnen aus Literatur und getestet in Erhebungen, schätzen Sie dann Ihren cloudbasierten Prozess ein.	Der ermittelte Reifegrad des cloudbasierten Produktionsprozesses zeigt Ihnen den Status quo und den Optimierungsbedarf an und ermöglicht eine Weiterentwicklung zu einem gewünschten Zielgrad.

Tabelle 4.6: Anleitung zur Anwendung des Self Assessment, Quelle: Eigene Darstellung.

Die Anleitung zur Anwendung des Self Assessments erfolgt in den in Tabelle 4.6. genannten Schritten:

1. Checkliste – Voraussetzungen
Dem Self-Assessment-Fragebogen wird eine Checkliste für die Voraussetzungen für cloudbasierte Produktionsprozesse vorangestellt (s. Tab. 4.6). So kann die Cloud-Integration von der cloudbasierten Prozessoptimierung abgegrenzt werden. Für den ersten Schritt der Prüfung der Voraussetzungen wurde der BITKOM-Leitfaden (BITKOM Bundesverband Informationswirtschaft, Telekommunikation und neue Medien e. V. 2009) als Checkliste als Basis genommen. Denn dieser Leitfaden legt u. a. einen Fokus auf die „Integrierbarkeit von Cloud-Lösungen in die Geschäftsprozesse". Er lässt dabei weder die technischen noch die rechtlichen sowie organisationalen Voraussetzungen außer Acht und bietet damit einen breiten Boden an Hinweisen für die Cloud-Integration.

2. Prozess-Assessment
Nachdem die einzelnen Voraussetzungen geprüft wurden, erfolgen die Prozessbewertung und die Ermittlung des Reifegrades als zweiter Schritt (s. Tab. 4.6). In diesem Schritt muss also angegeben werden, wie der Prozess je Bewertungskriterium abschneidet.

3. Reifegrad-Ergebnis
Das Ergebnis des Self Assessments zeigt an, wie der aktuelle Stand des Produktionsprozesses ist (s. Tab. 4.6). Die Zuordnung zum Startreifegrad ist damit abgeschlossen. Der Reifegrad kann beibehalten werden oder bei Entwicklungsbedarf kann ein Zielreifegrad definiert werden. Die Bestimmung des Zielreifegrades gibt Aufschluss darüber, welche prozessualen Ziele erreicht werden müssen.

Die Häufigkeit der Anwendung des Prozessreifegradmodells soll iterativ umgesetzt werden. Nach Schmelzer/Sesselmann können Prozess-Assessments und Prozessreifegradmodelle periodisch (z. B. halbjährlich oder jährlich) für die Messung und Kontrolle im Prozesscontrolling eingesetzt werden (vgl. Schmelzer/Sesselmann 2020, S. 473).

<u>Zielgruppe des Reifegradmodells</u>
Die Zielgruppe umfasst laut Systematik nach de Bruin et al. (s. Tab. 4.5) führende Angestellte und das Management. Ganz konkret können folgende Berufsgruppen in regionalen oder internationalen, großen wie auch kleinen, privaten und öffentlich-rechtlichen Fernsehsendern das Reifegradmodell als Instrumentarium zur Optimierung einsetzen:

- **Prozessmanager**, um Optimierungsstrategien und spezifische Empfehlungen für Vorgehensweisen abzuleiten,
- **Entscheidungsträger**, die bei der Auswahl zwischen Alternativen von Ansatzpunkten im Bereich Prozessoptimierung Unterstützung suchen,

- **IT-Planer**, um die Eignung und Weiterentwicklung der Prozesse zu überprüfen,
- **Controller** zur Bewertung und Steuerung der Prozesse und deren Ressourcen.

Die Zielgruppe wird demnach aus dem generischen Nutzen- und Anwendungsbereich von Reifegradmodellen (s. Kap. 2.4.3) abgeleitet.

Nach Auswertung der Erhebung zur Zielformulierung (s. Kap. 4.1.1; s. Anhang 2) soll die Rolle des IT-Planenden um den und die Administrator:in erweitert werden. Somit ist diese:r in der Gruppe der IT-Planenden im weiteren Vorgehen miteingeschlossen.

Mit dieser Zielgruppen-Definition wird eine Antwort auf die Forschungsfrage F1 aus Kapitel 3.1 gegeben.

Befragte für weitere Erhebungen

Die Befragten (s. Tab. 4.5) im Rahmen weiterer Erhebungen für die Modellentwicklung sind vorwiegend Expertinnen und Experten

- aus der Fernsehproduktionsbranche,
- aus der angrenzenden **Wissenschaft** und
- aus dem **potenziellen Nutzer:innenkreis** des Prozessreifegradmodells.

Dieser Befragtenkreis findet aufgrund der systematischen Herleitung auch bereits bei der Erhebung der Zielformulierung Berücksichtigung.

4.1.4 Zusammenfassung

Die **Zielformulierung** im Sinne des SEs bildet die Grundlage für die Modellentwicklung des Reifegradmodells für cloudbasierte Fernsehproduktionsprozesse.

Um Informationen für die Zielformulierung zu ermitteln, wird eine **Erhebung** mit Teilnehmenden aus der TV-Branche mittels Fragebogen umgesetzt. Insgesamt wird dabei eine heterogene Interessenslage festgestellt. Die ausgewerteten Inhalte zu Erfahrungen mit Reifegradmodellen, der Nennung und Priorisierung von Zielen sowie der Einschätzung zur Modellnutzung und -akzeptanz liefern dennoch wertvolle Daten.

Die Auswertung ergibt, dass es noch kein spezifisches Modell für die Fernsehproduktion zur Prozessbewertung und Cloud-Potenzial-Ausschöpfung gibt. Damit wird der Forschungsstand aus Kapitel 2.4.4 bestätigt. Die Akzeptanz der Befragten gegenüber Modellen ist als hoch einzuschätzen.

Bei den **Zielen** wurden Ziele zu Design und Einsatz sowie zur Evaluation des Modells formuliert und priorisiert. Ein Zielkatalog stellt diese Priorisierung mittels MUSS-, SOLL- und WUNSCH-Zielen dar. Ziele wie Realisierbarkeit in der Praxis und Objektivität des

Modells sind den Befragten dabei besonders wichtig. Aus den priorisierten Zielen werden anschließend Anforderungen an das Modell formuliert.

Ausgehend von dieser Wissensbasis folgt die Initiierung des ausgewählten Bottom-up-Vorgehens für Reifegradmodelle nach de Bruin et al. mittels **Festlegung des Modellfokus und der Beteiligten**.

Darauf aufbauend wird durch das **„Konzept"** mittels folgender Faktoren der Rahmen für die Ausgestaltung des Modells (s. Kap. 4.2) gelegt:

- interne und externe Treiber,
- Self-Assesssment-Methode,
- schrittweiser Einsatz des Modells,
- Zielgruppe über verschiedene Hierarchieebenen und technisches Know-how hinweg
- Befragtenkreis aus wissenschaftlichen Einrichtungen und Unternehmen der Fernsehbranche bei weiteren Erhebungen der Modellentwicklung.

In diesem Kapitel wird mit der Definition zum Konzept bereits eine Antwort auf die Forschungsfrage F1 nach der Zielgruppe aus Kapitel 3.1 gegeben.

Forschungsfrage F1: Wie können die Nutzenden eines Reifegradmodells als Zielgruppe beschrieben werden?

- Prozessmanager:innen, um Optimierungsstrategien und spezifische Empfehlungen für Vorgehensweisen abzuleiten,
- Entscheidungsträger:innen, die bei der Auswahl zwischen Alternativen von Ansatzpunkten im Bereich Prozessoptimierung Unterstützung suchen,
- IT-Planer:innen, um die Eignung und Weiterentwicklung der Prozesse zu überprüfen,
- Controller:innen zur Bewertung und Steuerung der Prozesse und deren Ressourcen.

Was in diesem Abschnitt zur Konzept-Definition ausdrücklich nicht umrissen werden soll, ist die Definition der Reifegrade. De Bruin et al. beschreiben in ihrem Vorgehen im Rahmen der Design-Phase, der Ausgestaltung des Modells, noch die Definition der Reifegrade. Da die Entwicklungsrichtung „bottom-up" gewählt wurde, wird die Definition der Reifegrade an das Ende der Entwicklung gestellt. Die Bewertungskriterien des Modells und deren Anforderungen an die Reifegrade bilden damit erst die Basis, um die Reifegrade zu definieren (s. Kap. 4.4).

4.2 Lösungssuche zur Ausgestaltung des Modells

Nach der Zielformulierung wird nun die **Lösungssuche des PLZs** durchlaufen (s. Abb. 4.2). Bei der Lösungssuche im Sinne des SEs und der Ausgestaltungsphase nach de Bruin et al. (s. Abb. 4.2) geht es darum, „to identify what needs to be measured in the maturity assessment and how this can be measured"[14] (de Bruin et al. 2005, S. 6).

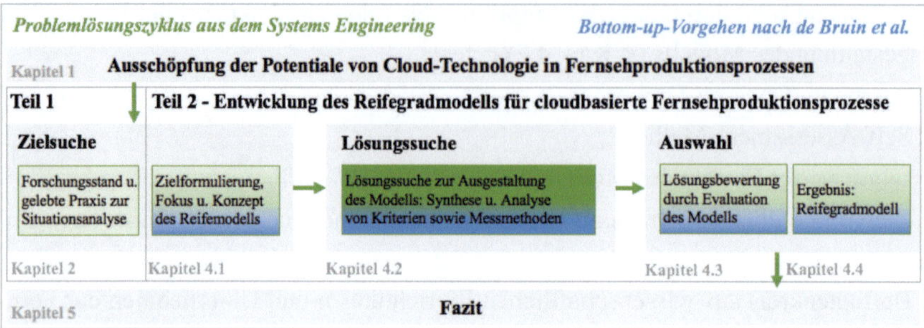

Abbildung 4.2: Inhalte des Kapitels und Verortung im methodischen Vorgehen, Quelle: Eigene Darstellung in Anlehnung an Abb. 1.6.

In diesem Kapitel 4.2 werden die **Kriterien** (s. Kap. 4.2.1) und dann die **Messmethoden** (S. Kap. 4.2.2) des neuen Prozessreifegradmodells erarbeitet. Ziel ist es, einen Entwurf des Reifegradmodells zu erhalten, der im weiteren Entwicklungsschritt zur Auswahl getestet werden kann (s. Abb. 4.2).

Die grundsätzliche Logik des PLZs aus dem SE zeigt Kapitel 1.3 und die Verzahnung mit dem Bottom-up-Vorgehen von de Bruin et al. (2005) Kapitel 3.3.

4.2.1 Kriterien des Reifegradmodells

Die Entwicklung des Prozessreifegradmodells erfolgt ausgehend von den Bewertungskriterien zur Optimierung der Fernsehproduktionsprozesse (bottom-up) (s. Kap. 3.3). Die **Kriterien** werden im Sinne des SEs in (s. Kap. 1.3) in zwei Schritten erarbeitet: „Der konstruktive wird als Synthese, der kritische als Analyse bezeichnet." (Haberfellner et al. 2015, S. 259).

Im Rahmen der **Synthese** werden die Kriterien **aus verschiedenen Gestaltungsprinzipien** (s. Kap. 2 Teil 1) wie

[14] Übersetzung: zu identifizieren, was in der Reifegradbeurteilung gemessen werden muss und wie dies gemessen werden kann.

- der interdisziplinären, einschlägigen Literatur zu Prozessmanagement, Controlling und Cloud Computing,
- anderen Reifegradmodellen, die mit Blick auf den Anwendungsfall nützlich erschienen, und
- primären Erhebungen in der Fernsehproduktionsbranche

abgeleitet und systemisch geordnet.

Im **Analyseschritt** werden diese Kriterien dann durch eine Befragung mit Vertretern der Fernsehbranche geprüft auf

- Relevanz,
- Wichtigkeit,
- Vollständigkeit und
- Passfähigkeit.

4.2.1.1 Synthese der Kriterien

Es wird eine Synthese aus unterschiedlichen Gestaltungsprinzipien umgesetzt, die die Frage nach der Sammlung und Strukturierung angemessener Bewertungskriterien zur Optimierung der Fernsehproduktionsprozesse (s. auch Forschungsfrage F2 in Kap. 3.1) hin zu einer Komponentenbildung nach de Bruin et al. (2005) **bottom-up** unterstützt.

Das Ziel dieser Phase ist es, im Rahmen des Bottom-up-Vorgehensmodells bei de Bruin et al. die sogenannten „Komponenten“ und „Sub-Komponenten“ zu erarbeiten.

Dabei sind **Subkomponenten** jene Eigenschaften, die **Komponenten** als Bestandteile haben müssen. Diese Komponenten und Sub-Komponenten sind rahmengebend für die Reifegraddefinition bottom-up und die Anwendung des Modells. „The goal is to attain domain components and sub-components that are mutually exclusive and collectively exhaustive“[15] (de Bruin et al. 2005, S. 6). Die Komponenten und Sub-Komponenten sollen umfassend und abschließend beschreiben, was bei den Fernsehproduktionsprozessen in einem Reifegradmodell jeweils konkret bewertet bzw. gemessen werden soll. De Bruin et al. empfehlen zur Komponentenbildung: „The presence of a rich stream of literature and tested models reduces concerns of whether components are mutually exclusive and collectively exhaustive.“[16] (de Bruin et al. 2005, S. 6).

---

[15] Übersetzung: Das Ziel ist es, Domänenkomponenten und Unterkomponenten zu erhalten, die sich gegenseitig ergänzen und in ihrer Gesamtheit umfassend sind.

[16] Übersetzung: Das Vorhandensein einer Vielzahl von Literatur und getesteten Modellen reduziert die Bedenken, ob die Komponenten sich gegenseitig ausschließen und in ihrer Gesamtheit erschöpfend sind.

Da die Komponentenbildung bottom-up erfolgt, wird beim kleinsten Teil des Reifegradmodells, den **Bewertungskriterien,** begonnen. Diese werden aus einer Literaturrecherche und weiteren Quellen unterschiedlicher Gestaltung abgeleitet:

- Der interdisziplinären, einschlägigen **Literatur**
    - zu Prozessmanagement,
    - Controlling und
    - Cloud Computing,
- **anderen Reifegradmodellen**, die mit Blick auf den Anwendungsfall nützlich erschienen, und
- primären **Erhebungen** in der Fernsehproduktionsbranche (s. Kap. 2 Teil 1).

Hier setzt die Synthese aus dem SE an.

Um die **Synthese der Kriterien** logisch zu durchlaufen, werden folgende Arbeitsschritte umgesetzt.

Die Kriterien werden zunächst in einer Liste gesammelt, strukturiert und schließlich als Komponenten und Sub-Komponenten finalisiert (s. Abb. 4.3).

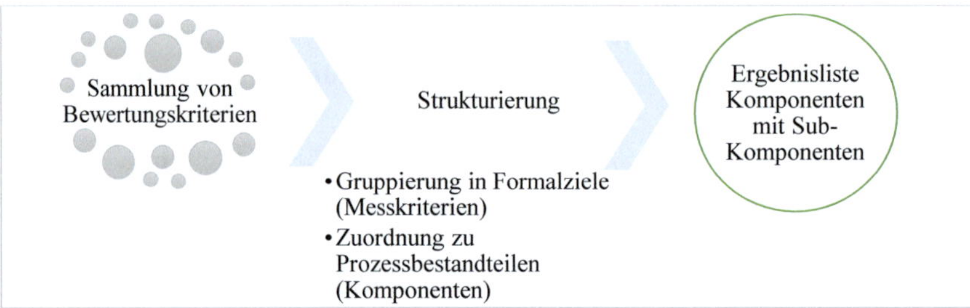

Abbildung 4.3: Schritte der Synthese von Kriterien für das Reifegradmodell, Quelle: Eigene Darstellung.

Entlang dieser Schritte (s. Abb. 4.3) wird die Bildung der Komponenten und Sub-Komponenten für das Reifegradmodell im Folgenden nachvollzogen.

<u>Sammlung von Bewertungskriterien</u>

Die **gesammelten Kriterien** sind im Anhang 3 einzusehen. Bei der Sammlung der Bewertungskriterien (s. Abb. 4.3) sind die Ziele der Zielklasse „Design" aus dem Zielkatalog (s. Tab. 4.3 in Kap. 4.1.1.2) richtungsweisend (vgl. Haberfellner et al. 2015, S. 153). Zusammenfassend gibt die Zielklasse „Design" vor, dass die Kriterien auf den Potenzialen und Risiken der Cloud-Technologie (s. Kap. 2.2.3) aufbauen und zu den Besonderheiten der Fernsehproduktion und deren Prozesse (s. Kap. 2.3) passen müssen. Dies wird gewährleistet, indem Bewertungskriterien als unterschiedliche Lösungsprinzipien gesammelt werden, die Bewertungskriterien aus der generischen und fernsehproduktionsspezifischen Literatur zu Prozessmanagement, Controlling und Cloud Computing stammen sowie aus anderen

Reifegradmodellen, die mit Blick auf die Problemstellung (s. Kap. 1.1) nützlich erscheinen. Nützlich für das Reifegradmodell sind Kriterien, wenn sie z. B. den cloudbasierten Fernsehproduktionsprozess im Hinblick auf Zeit, Kosten, Qualität und Flexibilität des Prozesses bewerten können (s. Kap. 2.4.2). Dabei wird diese Festlegung sehr weit gefasst, um einen möglichst breiten Stamm an Kriterien zu erarbeiten.

Ein Beispiel:

- Als ein Ziel wird in der Zielklasse „Design" folgendes MUSS-Ziel im Zielkatalog formuliert (s. Tab. 4.3 in Kap. 4.1.1.2):
  „Die Potenziale und Risiken von Cloud-Computing werden berücksichtigt."
- Dieses Ziel beschreibt also die Anforderung, dass das Reifegradmodell Potenziale und Risiken von Cloud-Computing inhaltlich berücksichtigen soll.
- Daher wird bei der Literaturrecherche in der Synthese für die Kriteriensammlung als Quelle für Potenziale der Cloud-Technologie z. B. Mell/Grance 2011 mit eingebunden.
- Aus dieser Quelle ergeben sich u. a. die Kriterien „Skalierbarkeit" oder „Cloudmonitoringfähigkeit" (s. Anhang 3).

Die einzelnen Literaturstellen und Quellen für die Sammlung von Kriterien werden in der Tabelle 4.7 dargestellt.

Informationsbeschaffung	Disziplin der Information	Subsumtion unter Bewertungskriterien	Informationsquelle
Literaturrecherche	Betriebs-wirtschaftliches Geschäftsprozessmanagement	• „Kriterien für die Analyse und Bewertung eines Prozesses basieren auf Formalzielen"; • „Kriterienkatalog zum Workflow-Potenzial", „Prozessleistungsziele", „Prozesskostenziele", „Relevante Kennzahlen für die Ablauforganisationsgestaltung".	• Schmidt 2012, S. 5; • Becker/ Luczak 2003, S. 107, 127, 129, 194;
	Geschäftsprozessmanagement in der Fernsehproduktion	• „Für eine Bewertung und Optimierung der modellierten Prozesse sind Kriterien für operative und fachliche Ziele zu definieren".	• Ebner 2009, S. 306;

Informationsbeschaffung	Disziplin der Information	Subsumtion unter Bewertungskriterien	Informationsquelle
	Prozesscontrolling	• Prozesskennzahlen für die Prozessperformance aus Prozesseffektivität und -effizienz; • Leistungsparameter und Key Performance Indicators (KPIs).	• Vgl. Schmelzer/Sesselmann 2020, S. 356, 392; • Vgl. Bach et al 2012, S. 238-239;
	Mediencontrolling	• Messgrößen aus dem Balanced-Scorecard-Ansatz: „Klassische quantitative Kennziffern für die Bewertung von Geschäftsprozessen", „qualitative nicht finanzielle Messgrößen", wie Steigerung der internen Kundenorientierung und Synergien-Bildung; • Prozessoptimierungskennzahlen, journalistischer Qualitätsanspruch vs. wirtschaftliche Optimierung.	• Gläser 2020, S. 408; • Kovarova-Simecek/ Aubram 2020, S. 672;
	Cloud-Controlling	• Klassische Prozesskennzahlen mit drei zu optimierenden Kriterien (Kosten, Qualität, Zeit) und cloudspezifische Steuerungsdimensionen, danach Einteilung der Kennzahlen in sieben Kategorien nach ISO 9001.	• Binder et al. 2016, S. 67-68;
	Cloud Computing	• Ableitung von Cloud-Potenzialen.	• Mell/Grance 2011
	Cloud Computing in der Fernsehproduktionsbranche	• Ableitung von Anforderungen an und Potenziale durch Cloud Computing für die Fernsehproduktion.	• Vgl. Uhl 2020, S. 2-3; Keltsch 2018, S. 35-38;

Informationsbeschaffung	Disziplin der Information	Subsumtion unter Bewertungskriterien	Informationsquelle
Vergleich mit anderen Reifegradmodellen	Reifegradmodell für Cloud-Computing-Integration	• Kriterien zur Bewertung der Cloud-Integration.	• Vgl. Open Alliance for Cloud Adoption, Inc. 2021; Moonasar/Naicker 2020; Amazon Web Services, Inc. 2017.
Primäre Erhebungen	Cloud-Einsatz in der Fernsehproduktion	• Explorativ erfragte Bewertungskriterien für den Cloud-Einsatz.	• Bau [betreute Masterarbeit] 2019, S. 104-106
	Reifegradmodell für cloudbasierte Fernsehproduktionsprozesse	• Priorisierte inhaltliche Anforderungen an das Reifegradmodell.	• S. Kap. 4.1.1.2, Anhang 2;

Tabelle 4.7: Informationsquellen für die Erarbeitung der Komponenten und Sub-Komponenten, Quelle: Eigene Darstellung in Anlehnung an Anhang 3.

Ergänzt wird diese Literaturrecherche, die von de Bruin et al. (2005) empfohlen wird, um empirisch erhobene Bewertungskriterien aus **zwei primären Erhebungen** (s. Tab. 4.7).

Eine Erhebung von Bewertungskriterien fand bereits in einer durchgeführten **Vorstudie** statt. Folgende Tabelle zeigt die Rahmenbedingungen und Teilnehmenden dieser Vorstudie (s. Tab. 4.8):

Ziel		Explorative Erhebungen zur Optimierung mit Cloud Computing entlang des Fernsehproduktionsprozesses.
Datenerhebung	Methode	Betreute Vorstudie: Leitfadengestützte Einzelinterviews mit Vertretern und Vertreterinnen aus einem Fernsehsender (*ZDF*), der Wissenschaft (*IRT, Hochschule der Medien*) und verschiedener Hersteller (*Imagine Communications Corp., Avid Technology Inc.*).
	Teilnehmenden-profile	• Erste Befragung, Fernsehsender: o Befragte:r 1 Preproduktion; o Befragte:r 2 Produktion; o Befragte:r 3 Postproduktion; o Befragte:r 4 Distribution; o Befragte:r 5 Gesamtproduktionsprozess; o Befragte:r 6 Gesamtproduktionsprozess. • Zweite Befragung, Wissenschaft und Hersteller: o Befragte:r 1; o Befragte:r 2; o Befragte:r 3.
	Zeitraum	April und Juni 2019
	Ablauf	Persönliche und telefonische Befragung
Datenaufbereitung	Methode	Qualitative Inhaltsanalyse
Ergebnis		Bewertungskriterien für die erfolgreiche Integration von Cloud Computing.

Tabelle 4.8: Schema für explorative Erhebungen zu Optimierung mit Cloud Computing entlang des Fernsehproduktionsprozesses, Quelle: Eigene Darstellung in Anlehnung an Bau [betreute Abschlussarbeit] 2019.

Hier wurden Bewertungskriterien für die erfolgreiche Integration von Cloud Computing erhoben (s. Tab. 4.8), wie beispielsweise „Benutzerfreundlichkeit" (Bau [betreute Abschlussarbeit] 2019, 104-106). Eine Übersicht der – aus der Erhebung der Vorstudie erhobenen – Bewertungskriterien ist bei Bau (ebd.) einzusehen. Die Bewertungskriterien werden in die Kriterienliste aufgenommen (s. Anhang 3).
Die andere Erhebung wurde bereits in der **Zielformulierung** (s. Kap. 4.1.1) eingeführt. Aus dem erhobenen, priorisierten Zielkatalog wurden Anforderungen unterschiedlicher Art abgeleitet. Als Kriterien finden hier die inhaltlichen Anforderungen aus dem Zielkatalog an das zu entwickelnde Modell Anwendung, wie beispielsweise „Sicherheit und Datenschutz" sowie „Spezifika individueller Fernsehproduktionsprozesse".

Bei der Sammlung der Kriterien für die Ausgestaltung des Modells fiel besonders auf, dass in den einzelnen Fachgebieten **verschiedene Begriffe für „Bewertungskriterium"** verwendet werden (s. Tab. 4.7): Oftmals werden diese als Prozessbewertungskriterien, Prozesskennzahlen, Potenziale, Erfolgsfaktoren, Formalziele, Bewertungskriterien, Dimensionen, Prozessfähigkeiten o. Ä. bezeichnet. Dennoch haben sie alle die Gemeinsamkeit, der Messung von Prozessen und/oder Cloud Computing, dienlich zu sein.
Eine vollständige Liste der gesammelten Kriterien aus diesen Informationsquellen (s. Tab. 4.7) zeigt Anhang 3. Ein Ausschnitt der Liste zeigt Abbildung 4.4. Insgesamt werden 31 Kriterien aus den unterschiedlichen Fachgebieten gesammelt (s. Anhang 3). Diese werden mit einem Beispiel aus dem Fernsehproduktionsprozess (s. Abb. 4.4, Spalte 4) auf die Problemstellung angewandt.

Prozessbestandteil/ Komponenten	**Messgrößen**	**Entwurf Sub-Komponente/ Kennzahl/ Bewertungskriterium**	**Beispiel aus dem Fernsehproduktionsprozess: Bearbeitung/Schnitt**	**Beschreibung: Auf was wird abgezielt bei Bewertung?**	**Zusammengefasst**
Prozessmaterial (Open Alliance for Cloud Adoption, Inc. 2021; Klimsa/Krömker 2011, S. 5)	Flexibilität (Uhl 2020, S. 2; Schmidt 2012, S. 5)	Verfügbarkeit des Materials: Anzahl der Anteile, die im zentralen Pool verfügbar sind (Open Alliance for Cloud Adoption, Inc. 2021, S. 58; Mell/Grance 2011)	Anzahl Materialanteile für Schnitt	Cloud-Potential-Ausschöpfung: Suchen, finden, herunterladen, hochladen, Metadaten	Grad der Materialverfügbarkeit im zentralen Pool
Prozessmaterial (Open Alliance for Cloud Adoption, Inc. 2021; Klimsa/Krömker 2011, S. 5)	Qualität (Schmidt 2012, S. 5)	Schnittstelle zu vorgelagertem Prozess: Material-Input in richtiger Qualität (interne Kundenorientierung) (Gläser 2020, S. 408)	Materialqualität für Bearbeitung stimmt	Cloud-Potential-Ausschöpfung	Prozessschnittstellenqualität des Materials
Prozessmaterial (Open Alliance for Cloud Adoption, Inc. 2021; Klimsa/Krömker 2011, S. 5)	Qualität (Schmidt 2012, S. 5)	First Pass Yield: Anteil an Objekten, die ohne Nacharbeit (Redaktionelle Beanstandungen umsetzen, Bearbeitung für anderen Publikationskanal) fertiggestellt werden, Umsetzung des journalistischen Qualitätsanspruchs von Anfang an (Kovarova-Simecek/Aubram 2020, S. 672; Schmelzer/Sesselmann 2020, S. 392; Bach et al. 2012, S. 239)	Nachbearbeitung Schnitt	Prozessoptimierung	First Pass Yield

Abbildung 4.4: Ausschnitt aus Kriterienliste der Synthese, Quelle: Eigene Darstellung aus Anhang 3.

Gruppierung zu Formalzielen

Im zweiten Schritt der Synthese (s. Abb. 4.3) wird diese Fülle an Bewertungskriterien sortiert und gruppiert, indem Ähnlichkeiten oder Muster identifiziert werden (s. Anhang 3). „Um die Vergleichbarkeit verschiedener Bewertungskriterien zu erreichen, bedarf es einer betriebswirtschaftlich abgeleiteten und kompatiblen Messgröße" (Schmidt 2012, S. 6). Dabei kann festgestellt werden, dass sich die einzelnen Bewertungskriterien aus den unterschiedlichen Informationsquellen den übergreifenden **Formalzielen,** wie Qualität, Flexibilität, Zeit und Kosten, zuordnen lassen (s. Abb. 4.5). Formalziele werden in der Literatur vielfach verwendet (vgl. Gläser 2020, S. 135-138; Schmidt 2012, S. 5 ff, Ebner 2009, S. 306). Sie treffen eine Aussage über den Zustand des Prozesses und erscheinen daher für die Reifefeststellung als Gruppierungsstufe adäquat.

Als Messgröße bzw. übergeordnetes Messkriterium werden sie daher in die Liste zur Strukturierung der Kriterien als Kategorie aufgenommen (s. Abb. 4.5; s. Anhang 3).

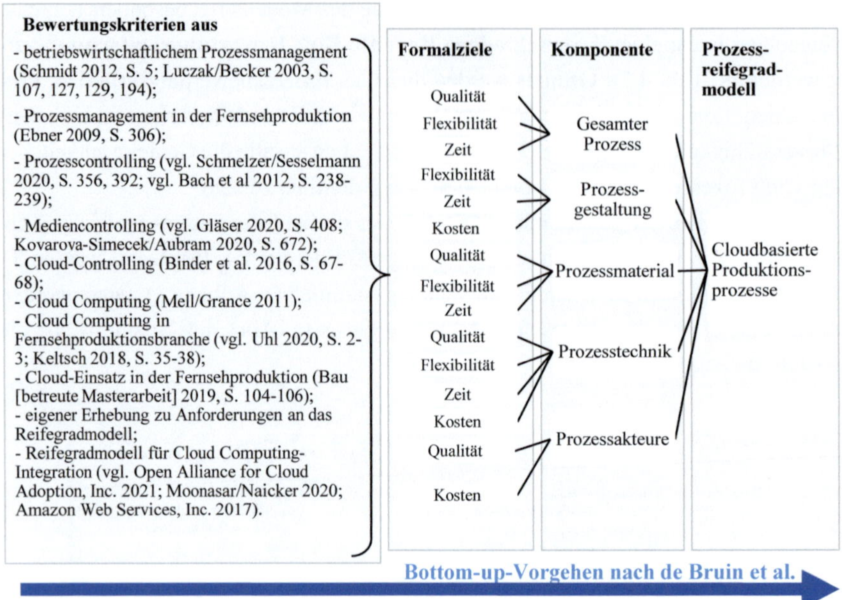

Abbildung 4.5: Zusammenhang zwischen Kriterien und Komponenten, Quelle: Eigene Darstellung zitiert nach Bernerstätter 2019, S. 20 in Anlehnung an Jochem 2010, S. 118.

Zuordnung zu Prozessbestandteilen

Im Rahmen der weiteren Strukturierung der Synthese (s. Abb. 4.3) können die Bewertungskriterien zu den Prozessbestandteilen, den sogenannten **Komponenten**, zugeordnet werden (s. Abb. 4.5). Diese Gruppierung der Kriterien in Prozessbestandteile als Komponenten ist ebenso beim Cloud Maturity Model von Open Alliance for Cloud Adoption, Inc. in People, Process und Technology zu finden (vgl. Open Alliance for Cloud Adoption, Inc. 2021, S. 13, 14). Die Art der Unterteilung ist auch im Prozessmodell nach Krömker/Klimsa (s. Kap. 2.3.3) zu finden, das Content, Technik und Organisation als Elemente der Fernsehproduktion eingeführt hat (s. Tab. 4.9).

Modell nach Krömker/Klimsa	Prozessbestandteile als Komponenten
Content	Prozessmaterial
Technik	Prozesstechnik
Organisation	Prozessgestaltung
	Prozessakteure

Tabelle 4.9: Ableitung der Komponenten aus dem Modell nach Krömker/Klimsa, Quelle: Eigene Darstellung in Anlehnung an Krömker/Klimsa 2005.

Die einzelnen, in Formalzielen gruppierten Bewertungskriterien, die sich nach den Vorgaben des Zielkatalogs im Rahmen der Zielklasse „Design“ (s. Tab. 4.3 in Kap. 4.1.1.2) aus der Literatur und den empirischen Erhebungen abgeleitet haben, werden diesen Prozessbestandteilen (s. Tab. 4.9) zugeordnet (s. Abb. 4.5). Die Bewertungskriterien, die den ganzen Prozess betreffen und/oder den Output messen, werden als eigene Gruppe formuliert.

Daraus ergeben sich fünf Komponenten (s. Tab. 4.9, Spalte 1), welche wesentliche Segmente für die Potenzialausschöpfung und Prozessoptimierung sind:

- Gesamter Prozess,
- Prozessgestaltung,
- Prozesstechnik,
- Prozessmaterial sowie
- Prozessakteurinnen und Prozessakteure.

In diesem Modell sind bei einer Cloud-Nutzung der optimale Einsatz der *Prozesstechnik* und der *Umgang mit dem Prozessmaterial* zu prüfen. Die Organisationskomponente wird in *Prozessgestaltung* sowie *-akteurinnen und -akteure* aufgeteilt. Neben einer bestimmten Gestaltung des definierten Prozessabschnitts wird die Effizienz des *gesamten Prozesses* in einer bestimmten Reife gefordert.

Ergebnis der Synthese

Die Tabelle 4.10 zeigt im Ergebnis die bottom-up gesammelten und strukturierten Bewertungskriterien (s. Anhang 3), die den eben abgeleiteten Komponenten (s. Spalte 1 in Tab. 4.10) zugeordnet werden. Es sind Kriterien zur Bewertung

- des gesamten Prozesses wie Prozesseffektivität, Prozessdurchlaufzeit etc.,
- der Prozessgestaltung wie Parallelisierungsgrad, Dezentralisierungsgrad etc.,
- der Prozesstechnik wie Skalierbarkeit, Reparaturzeit etc.,
- des Prozessmaterials wie Multipublikationsgrad, Transferzeit des Materials etc.,
- und der Prozessakteure wie Anzahl, Kosten etc.,

in Spalte 2 der Tabelle 4. abgebildet (s. Tab. 4.10).

Da diese durch die Strukturierung und Zuordnung der Kriterien ein entsprechendes Qualitätsniveau erreicht haben, können die Bewertungskriterien fortan als sogenannte **Sub-Komponenten** im Sinne von de Bruin et al. (2005) bezeichnet werden. In der rechten Spalte der folgenden Tabelle werden diese kurz beschrieben.

Die Gruppierungsstufe der Formalziele wird zur Vereinfachung der folgenden Tabelle weggelassen – ist aber im Anhang 3 einzusehen.

Komponenten	Bewertungskriterien/ Sub-Komponenten	Kurzbeschreibung
Gesamter Prozess	Prozesseffektivität	Angabe, ob gleicher Prozesseffekt wie bei konservativer Technik erzielt wird.
	Prozessstandardisierungsgrad	Angabe, inwieweit der Prozess standardisierungsfähig ist.
	Prozessdurchlaufzeit	Zeitspanne von Input bis Output
Prozessgestaltung	Parallelisierungsgrad	Anteil paralleler Prozessstränge
	Verzweigungsgrad	Anteil alternativer Prozessstränge, flexibler Umsetzungsoptionen
	Dezentralisierungsgrad	Anzahl beteiligter Orte
	Kollaborationsgrad	Anzahl der gemeinsamen gleichzeitigen Arbeiten in einem Prozess
	Automatisierungsgrad	Anzahl der Arbeitsschritte, die automatisiert durchgeführt werden.
	Wartezeit im Prozess	Zeitspanne, in der der Prozess „stillsteht“.
Prozesstechnik	Skalierbarkeit	Angabe zur technischen Erweiterbarkeit
	Hard-/Softwareunabhängigkeit	Anteile an speziellen Hard-/Softwarekomponenten
	Planungs- und Implementierungskosten	Einmalige Kosten der Planung und Implementierung der Cloud-Technologie abhängig vom Geschäftsmodell des Anbietenden
	Anschaffungskosten	Einmalige Kosten der Anschaffung der Cloud-Technik abhängig vom Geschäftsmodell des Anbietenden
	Miet- und Leasingkosten	Laufende Kosten der Cloud-Nutzung abhängig vom Geschäftsmodell des Anbietenden
	Wartungskosten	Laufende Kosten der Cloud-Wartung abhängig vom Geschäftsmodell des Anbietenden
	Cloudmonitoringfähigkeit der Anwendung	Angabe zur Möglichkeit für Cloud-Monitoring
	Verfügbarkeit der Anwendung	I. e. S. Verfügbarkeit der Anwendung, Ausfallwahrscheinlichkeit der Anwendung
	Benutzerfreundlichkeit	Angabe zur intuitiven Handhabung, Usability
	Nutzungsgrad von „Media Enrichment"-Services	Anteile an Mehrwertanwendungen (KI, Machine-Learning, etc.) durch Angebot des

Komponenten	Bewertungskriterien/ Sub-Komponenten	Kurzbeschreibung
		Cloud-Anbietenden und deren tatsächliche Nutzung
	Anwendungsinitialisierungszeit	Zeitspanne, bis Arbeitsplatz ausgerüstet und arbeitsfähig ist.
	Reparaturzeit	Durchschnittliche Zeitspanne bis zur Klärung des Vorfalls
	Pflegeaufwand	Anzahl der Updates und Wartungsarbeiten und Bewertung von deren Umsetzung (möglichst geräuschlos)
	Kapazitätsauslastung	Angabe zur Auslastung der Kapazitäten (Ziel: nur so viel benutzen wie notwendig)
Prozessmaterial	Materialverwertungsgrad	Verwertungshäufigkeit von Material
	Multipublikationsgrad des Produktes	Publizierungshäufigkeit des Produktes, Multi-Output (mehr Vertriebskanäle, „do-more-for-less")
	Grad der Materialverfügbarkeit im zentralen Pool	Anzahl der Anteile, die im zentralen Pool verfügbar sind.
	Prozessschnittstellenqualität des Materials	Angabe, ob Material-Input in richtiger Qualität vorliegt.
	First Pass Yield	Anteil an Objekten, die ohne Nacharbeit fertiggestellt werden.
	Transferzeit des Materials	Zeitspanne des Cloud-Materialtransfers
	Termintreue der Schnittstelle	Angabe, ob Material-Input pünktlich eingetroffen ist.
Prozessakteure	Beteiligte Prozessakteurinnen und Prozessakteure	Anzahl der indirekten Prozessakteurinnen und Prozessakteure
	Schulungskosten	Einmalige Schulungskosten
	Personalkosten	Laufende Personalkosten
	Cloudinstitutionalisierungsgrad	Institutionalisierung des Cloud-Know-hows im Unternehmen (feste Rollen, Verantwortlichkeiten, Weiterentwicklungsprojekte)

Tabelle 4.10: Entwurf zu Komponenten und Sub-Komponenten des Reifegradmodells für cloudbasierte Fernsehproduktionsprozesse, Quelle: Eigene Darstellung in Anlehnung an Anhang 3.

„Once an initial list has been developed interviews are used to further validate the a priori constructs and increase the already established mutually exclusive and collectively exhaustive list of critical success factors. Confirmation of components selected from multiple evidentiary sources improves the extensibility of the findings of the final maturity model."[17] (de Bruin et al. 2005, S. 6). Daher werden diese Komponenten und Sub-Komponenten (s. Tab. 4.10) im weiteren Vorgehen durch Expertinnen- und Experteninterviews bewertet, um sie für die Phase „Test" (s. Kap. 3.3) durch qualitative Erhebungsmethoden evaluieren zu können.

4.2.1.2 Analyse der Kriterien

Das **Analyseziel** ist, die Komponenten und Sub-Komponenten hinsichtlich

- der Relevanz für das Instrument,
- der Wichtigkeit für das eigene Unternehmen,
- der Vollständigkeit sowie
- der Passfähigkeit der Sub-Komponenten

zu beurteilen, damit sie als Baustein für das Reifegradmodell fungieren können.

Dafür werden im weiteren Bottom-up-Vorgehen die gruppierten Bewertungskriterien bzw. Sub-Komponenten durch eine **empirische Erhebung in Form von strukturierten Interviews** mit Vertreterinnen und Vertretern aus der Fernsehbranche „geprüft" (s. Tab. 4.11). Für die Datenerhebung wird ein qualitativer Ansatz gewählt (s. Tab. 4.11). Die strukturierten Interviews und die Beantwortung der Fragebögen erfolgen telefonisch (s. Tab. 4.11). Die Teilnehmenden der Erhebung sind erfahrene Vertreterinnen und Vertreter (Durchschnittsalter: 50 Jahre) aus öffentlich-rechtlichen und privaten Fernsehsendern sowie ein Dienstleistender für Broadcast-Systemarchitektur (s. Tab. 4.11). Dadurch werden vor allem ein praxisnahes Interessenfeld und die Zielgruppe des Reifegradmodells abgedeckt.

Ziel		Analyse der Kriterien für das Reifegradmodell
Datenerhebung	Methode	Telefonische, strukturierte Einzelinterviews mit Fragebogen

[17] Übersetzung: Sobald eine erste Liste entwickelt wurde, werden Interviews verwendet, um die A-priori-Konstrukte weiter zu validieren und die Liste der kritischen Erfolgsfaktoren, die sich gegenseitig ausschließen und insgesamt erschöpfend sind, zu erweitern. Bestätigung der Komponenten, die aus mehreren Beweisquellen ausgewählt wurden, verbessert die Aussagekraft des endgültigen Reifegradmodells.

	Teilnehmendenprofile	7 Teilnehmende aus öffentlich-rechtlichen und privaten Fernsehsendern (*SWR, ZDF, ORF, CBC*) und Dienstleistende für Broadcast-Systemarchitektur (*Logic Media Solution GmbH*): • Keine Zielgruppe, aber Berührungspunkte (Betriebsentwicklung): 1; • Entscheider:innen: 2; • Entscheider:innen und Prozessmanager:innen: 1; • Prozessmanager:innen und IT-Planer:innen: 1; • IT-Planer:innen: 2.
	Zeitraum	28.01.2021-15.02.2021;
	Ablauf	• Anfrage und Zusendung des Fragebogens per Mail; • Telefonische Befragung per Videoanruf über eine Dauer von ca. 1,5 Std.; • Ausfüllen des Fragebogens und Mitschrift durch die Interviewerin.
Datenaufbereitung	Methode	• Geschlossene Fragen: Häufigkeit, Mittelwert, Spannweite • Offene Fragen: Vergleichende Auswertung.
Ergebnis		Ermittlung von Erfahrung mit Kriterien/Kennzahlen zur Prozessbewertung, Relevanz sowie Wichtigkeit für das eigene Unternehmen je aufgezeigtes Kriterium, Vollständigkeit der Kriterienliste, Passfähigkeit der Kriterien für Fernsehproduktionsprozesse, Grenzen der Anwendung.

Tabelle 4.11: Erhebungsschema der Analyse der Kriterien für das Reifegradmodell, Quelle: Eigene Darstellung in Anhang 4 und 5.

Der erstellte Fragebogen ist im Anhang 4 einzusehen. Die Anwendung geschlossener Fragen und die Auswertung über eine Likert-Skala im Fragebogen erzielt eine hohe Vergleichbarkeit der Angaben (s. Anhang 4). Einige offene Fragen ergänzen die Erhebung um einen explorativen Charakter. Der Fragebogen zur Erhebung thematisiert

- die Ermittlung von Erfahrung mit Kriterien/Kennzahlen zur Prozessbewertung,
- die Erhebung der Relevanz der Kriterien für das Instrumentarium sowie
- die Evaluation der Wichtigkeit der Kriterien für das eigene Unternehmen,
- die Ermittlung der Vollständigkeit der Kriterienliste,
- die Passfähigkeit und Grenzen der Anwendung (s. Anhang 4; s. Tab. 4.11).

Die Kernergebnisse der Erhebung werden im Folgenden erläutert.

Erfahrung mit prozessualen Kriterien und Kennzahlen

Konkrete Erfahrungen mit prozessualen Kriterien und Kennzahlen haben die Befragten nicht explizit, weil bisher Kriterien und Kennzahlen vorwiegend aus betriebswirtschaftlichen Disziplinen, wie z. B. aus dem Personal- und Finanzcontrolling, dem Projektmanagement sowie IT- und Sicherheitsmanagement, Anwendung finden (s. Anhang 5).

Im Unternehmen/Arbeitsumfeld der Expertinnen und Experten werden hauptsächlich Kennzahlen zur Steuerung von Finanzen und Personal genutzt und nach Kriterien des Projekt-, Kundinnen- und Kundenmanagements (z. B. Projektampeln, Kosten, Qualität, Zeit, Kundinnen- und Kundenzufriedenheit etc.) sowie nach optimaler Kapazitätsauslastung geführt. Allerdings wird auch die Balanced Scorecard aus dem strategischen Management eingesetzt, die in ihrer Betrachtung eine Prozessebene und Prozesskennzahlen für die Maßnahmenoperationalisierung ermöglicht (s. Anhang 5).

Relevanz der Kriterien

Die Angabe zur Relevanz der Sub-Komponente wird mithilfe einer vierfachen Likert-Skala inklusive „weiß nicht“-Feld ausgewertet (s. Anhang 5). Die Relevanzauswertung wird in der folgenden Tabelle dargestellt:

Sub-Komponenten	„Relevant“	„Teilsteils“	„Nicht relevant“	„Weiß nicht“	Auswertung	Fazit
Prozesseffektivität	6	1	0	0	• Sechs der sieben Expertinnen und Experten waren sich darüber einig, dass das Kriterium relevant sei. • Sie waren sich uneinig darüber, ob das Kriterium anhand des Vergleichs mit konservativer Technik (s. Beschreibung) ermittelt werden sollte. • Allerdings wurde zweifach genannt, dass die Prozesseffektivität im Verhältnis zu konservativer Technik mindestens gleichwertig oder sogar beim Einsatz neuer Technologie höher liegen sollte. • Es wurde hervorgehoben, dass das Kriterium einen Output misst.	Das Kriterium ist für das Modell relevant und wird eingearbeitet.
Prozessstandardisierungsgrad	6	1	0	0	• Sechs der sieben Expertinnen und Experten waren sich darüber einig, dass das Kriterium relevant sei. • Besonders hervorgehoben wurde, dass bei einer Standardisierung nicht die Effektivität leiden dürfe. Denn es gäbe auch Anwendungsfälle, die keiner Standardisierung bedürften. • Hauptsächlich ging es nach den Expertinnen und Experten darum, dass der anbieter- und nutzerseitige Aufwand durch	Das Kriterium ist für das Modell relevant und wird eingearbeitet.

Sub-Komponenten	„Relevant“	„Teilsteils“	„Nicht relevant“	„Weiß nicht“	Auswertung	Fazit
					die Standardisierung gesenkt würde. Besonders in großen Unternehmen sei bei einer großen Nutzendenzahl die Verringerung der Komplexität entscheidend. • Ein Experte gab an, dass dieses Kriterium auch als Voraussetzung für den Umstieg auf die Cloud-Technologie funktioniere.	
Prozess-durchlaufzeit	4	3	0	0	• Vier Expertinnen und Experten finden die Prozessdurchlaufzeit relevant. • Drei der sieben Expertinnen und Experten gaben an, dass es darauf ankäme, ob Zeit ein kritischer Faktor im Produktionsprozess sei (z. B. Aktualität vs. Nicht-Aktualität). • Ein Experte widersprach dahin gehend, dass selbst bei zeitunkritischen Produktionsprozessen der Zeitfaktor ein Kostentreiber und somit relevant sei. Denn die Prozesse würden meist Ressourcen wie Personal für einen bestimmten Zeitraum binden. Daher spiele Zeit auch immer auf den Treiber „Kosten“ ein: „Je schneller der Prozess ist, desto günstiger wird er.“	Das Kriterium ist für das Modell teilweise relevant und wird nach Anpassung eingearbeitet. *Verbesserungspotenzial*: Nach der Expertinnen- und Expertenmeinung ist dieses Kriterium nur bei bestimmten Anwendungsfällen oder Produktionsformen anwendbar. Eine spezifische Anwendung sollte daher umgesetzt werden.

Sub-Komponenten	„Relevant“	„Teilsteils“	„Nicht relevant“	„Weiß nicht“	Auswertung	Fazit
Parallelisierungsgrad	7	0	0	0	• Alle Expertinnen und Experten teilten die Auffassung, dass dieses Kriterium relevant sei.	Das Kriterium ist für das Modell relevant und wird eingearbeitet.
Verzweigungsgrad	4	3	0	0	• Vier der sieben Expertinnen und Experten gaben an, dass dieses Kriterium für die Flexibilität relevant sei. • Der Rest der Expertinnen und Experten gab nur „Teilsteils" an. Als Gründe wurden folgende genannt: Der Nutzen aus Flexibilität sei abhängig vom Cloud-Anwendungsfall/-Einsatz, der Anbindung zur Infrastruktur und den Aufwänden im Systembetrieb. • Besonders wichtig bei der Flexibilitätsausschöpfung sei insgesamt, dass der Aspekt der Ortsunabhängigkeit umgesetzt ist. • Es wurde auch angemerkt, dass ein hoher Verzweigungsgrad der Standardisierung entgegenstehen könnte.	Das Kriterium ist für das Modell teilweise relevant und wird nach Anpassung eingearbeitet. *Verbesserungspotenzial*: Der Fokus liege nach Meinung der Expertinnen und Experten bei diesem Punkt nicht auf der Schaffung von mehr Optionen (Verzweigungen), sondern auf dem ortsunabhängigen und schnellen Ressourcenzugriff. Zudem wurde ein Konflikt zum Standardisierungsgrad genannt. Daher wird „Verzweigungsgrad“ geändert in „Ortsunabhängigkeit“.
Dezentralisierungsgrad	6	1	0	0	• Sechs der sieben Expertinnen und Experten waren sich darüber einig, dass das Kriterium relevant sei.	Das Kriterium ist zwar nach numerischer Auswertung

Sub-Komponenten	„Relevant“	„Teilsteils“	„Nicht relevant“	„Weiß nicht“	Auswertung	Fazit
					• Besonders wichtig seien zwei Aspekte: die Standortunabhängigkeit und die Realisierungszeiten für technische Ressourcen. • Zudem wurde in der Befragung angemerkt, dass auch die Zentralisierung ein hohes Potenzial biete.	für das Modell relevant, wird aber durch Zusammenführung mit dem vorherigen Kriterium konkretisiert. *Verbesserungspotenzial:* Das Kriterium wird umbenannt und mit dem Kriterium „Ortsunabhängigkeit“ zusammengefasst. Zudem wird im Modell das Kriterium „Anwendungsinitialisierungszeit“ in „Realisierungszeit“ geändert.
Kollaborationsgrad	6	1	0	0	• Sechs der sieben Expertinnen und Experten waren sich darüber einig, dass das Kriterium relevant sei. Je nach Anwendungsfall, Produkt oder Projekt sei die Kollaboration eine treibende Kraft für die Verlagerung in die Cloud.	Das Kriterium ist für das Modell relevant und wird nach Anpassung eingearbeitet. *Verbesserungspotenzial*: Nach der Expertinnen- und Expertenmeinung ist dieses Kriterium nur bei bestimmten Anwendungsfällen oder Produktionsformen anwendbar.

Sub-Komponenten	„Relevant“	„Teilsteils“	„Nicht relevant“	„Weiß nicht“	Auswertung	Fazit
						Eine spezifische Anwendung sollte daher umgesetzt werden.
Automatisierungsgrad	7	0	0	0	• Alle Expertinnen und Experten erklärten, dass dieses Kriterium relevant sei.	Das Kriterium ist für das Modell relevant und wird eingearbeitet.
Wartezeit im Prozess	4	3	0	0	• Drei der sieben Expertinnen und Experten gaben an, dass es darauf ankomme, ob Zeit ein kritischer Faktor im Produktionsprozess sei oder nicht (z. B. abhängig von Produktionsform, Cloud-Einsatz etc.). • Die restlichen Expertinnen und Experten gaben hingegen an, dass das Kriterium relevant sei. Ein Experte erläuterte dazu, dass Wartezeit ein wichtiges Kriterium sei, wenn man mit Personen arbeite, die Spezialisten und Spezialistinnen seien. Ein anderer Experte sagte, dass es im Idealfall keine Wartezeit geben sollte.	Das Kriterium ist für das Modell relevant und wird nach Anpassung eingearbeitet. *Verbesserungspotenzial*: Nach der Expertinnen- und Expertenmeinung ist dieses Kriterium nur bei bestimmten Anwendungsfällen oder Produktionsformen anwendbar. Eine spezifische Anwendung sollte daher umgesetzt werden. Das Kriterium wird zu Realisierungszeit hinzugefügt.
Skalierbarkeit	7	0	0	0	• Alle Expertinnen und Experten waren der Meinung, dass dieses Kriterium relevant sei.	Das Kriterium ist für das Modell relevant und wird eingearbeitet.

Sub-Komponenten	„Relevant“	„Teilsteils“	„Nicht relevant“	„Weiß nicht“	Auswertung	Fazit
Hard-/Software-unabhängigkeit	6	1	0	0	• Sechs der sieben Expertinnen und Experten waren sich darüber einig, dass das Kriterium relevant sei. Die Hardwareunabhängigkeit sei wichtig und sichere zudem die künftige Funktionalität der Technik. Besonders oft wurde in diesem Zusammenhang die Nutzung von Standard-IT angesprochen. • Einer der Experten hob hervor, dass besonders die Komplexität in dem Zusammenhang gesenkt werde.	Das Kriterium ist für das Modell relevant und wird nach Anpassung eingearbeitet. *Verbesserungspotenzial*: Nach Meinung der Expertinnen und Experten wäre Softwareunabhängigkeit schwer zu erreichen und daher wird dieser Zusatz aus der Bezeichnung entfernt.
Planungs- und Implementierungskosten	5	1	1	0	• Fünf der sieben Expertinnen und Experten gaben an, dass dieses Kriterium relevant sei. • In der Befragung wurde allerdings auch darauf hingewiesen, dass es kostentechnisch Unterschiede bei öffentlich-rechtlichen und privaten Fernsehsendern gäbe (Kameralistik vs. Marktwirtschaft). • Es sei das Ziel von Cloud Computing – so die Expertinnen und Experten – Kosten per se zu minimieren. Daher sollten Kostenkriterien auf eine Minimierung abzielen und	Das Kriterium ist für das Modell relevant und wird nach Anpassung eingearbeitet. *Verbesserungspotenzial*: Die Kostenkriterien werden in einmalige und laufende Kosten zusammengefasst. Dabei werden die einmaligen Kosten jedoch als eine Voraussetzung für die Anwendung der Cloud-Technologie

Sub-Komponenten	„Relevant“	„Teilsteils“	„Nicht relevant“	„Weiß nicht“	Auswertung	Fazit
					auch gegenüber der herkömmlichen Technik im besten Fall sogar günstiger sein.	eingestuft und spielen im Modell nur vorgelagert eine Rolle.
Anschaffungskosten	5	1	1	0	• Fünf der sieben Expertinnen und Experten erklärten, dass dieses Kriterium relevant sei. • In der Befragung wurde allerdings auch darauf hingewiesen, dass die einmaligen Kosten sich besonders im Investitionshaushalt widerspiegeln.	Das Kriterium ist für das Modell relevant und wird nach Anpassung eingearbeitet. *Verbesserungspotenzial*: s. vorheriges Kriterium.
Miet- und Leasingkosten	7	0	0	0	• Alle Expertinnen und Experten waren sich darüber einig, dass dieses Kriterium relevant sei.	Das Kriterium ist für das Modell relevant und wird nach Anpassung eingearbeitet. *Verbesserungspotenzial*: Das Kriterium wird um Wartungskosten als „Laufende Kosten“ ergänzt.
Wartungskosten	7	0	0	0	• Alle Expertinnen und Experten waren sich darüber einig, dass dieses Kriterium relevant sei.	Das Kriterium ist für das Modell relevant und wird nach Anpassung eingearbeitet. *Verbesserungspotenzial*: s. vorheriges Kriterium.

Sub-Komponenten	„Relevant“	„Teilsteils“	„Nicht relevant“	„Weiß nicht“	Auswertung	Fazit
Cloudmonitoringfähigkeit der Anwendung	6	1	0	0	• Sechs der sieben Expertinnen und Experten stimmten darin überein, dass das Kriterium relevant sei und gerade in großen Unternehmen sinnvoll und für die Bewertung der Prozesse, die SLA-Überprüfung und die Kapazitätsauslastung eine besondere Bedeutung habe. • Neben diesem Nutzen äußerte ein Experte jedoch Bedenken bezüglich des Datenschutzes bei einem Mitarbeitendenmonitoring. • Zudem könnte dieses Kriterium eine Aussage darüber machen, wie gut die Messung der anderen Kriterien umgesetzt werden kann.	Das Kriterium ist für das Modell relevant und wird eingearbeitet.
Verfügbarkeit der Anwendung	6	1	0	0	• Sechs der sieben Expertinnen und Experten waren sich darüber einig, dass das Kriterium relevant sei. • Ein Experte gab an, dass es auch auf den Anwendungsfall und die Höhe der Verfügbarkeit ankomme. • Drei Expertinnen und Experten äußerten sich dahin gehend, dass die Verfügbarkeit der Anwendung eine klare Anforderung und Erwartungshal-	Das Kriterium ist für das Modell relevant und wird eingearbeitet. *Verbesserungspotenzial*: Nach der Expertinnen- und Expertenmeinung ist dieses Kriterium nur bei bestimmten Anwendungsfällen oder Produktionsformen anwendbar. Eine spezifische

Sub-Komponenten	„Relevant“	„Teilsteils“	„Nicht relevant“	„Weiß nicht“	Auswertung	Fazit
					tung sei und diese durch geschickte Redundanz durch den Anbietenden im Idealfall auch immer gegeben sein sollte.	Anwendung sollte daher umgesetzt werden.
Benutzendenfreundlichkeit	5	1	1	0	• Fünf der sieben Expertinnen und Experten waren sich darüber einig, dass das Kriterium relevant sei, da es auch Auswirkungen auf den Schulungsbedarf und die Akzeptanz des Personals habe. • Zudem wurde angegeben, dass es auch Anwendungsfälle gibt, die bspw. weder Personaleinsatz noch eine Benutzendenoberfläche haben und nicht benutzendenfreundlich sein müssten oder eben eine unterschiedliche Nutzendenklientel hätten, wie z. B. technisches und kreatives Personal.	Das Kriterium ist für das Modell relevant und wird eingearbeitet. *Verbesserungspotenzial*: Nach der Expertinnen- und Expertenmeinung ist dieses Kriterium nur bei bestimmten Anwendungsfällen oder Produktionsformen anwendbar. Eine spezifische Anwendung sollte daher umgesetzt werden.
Nutzungsgrad von „Media Enrichment"-Services	6	1	0	0	• Sechs der sieben Expertinnen und Experten waren sich darüber einig, dass dieses Kriterium relevant sei. • Es wurde empfohlen, das Kriterium in zwei neue Kriterien aufzuspalten: 1. Angebot von Media-Enrichment-Service in	Das Kriterium ist für das Modell relevant und wird nach Anpassung eingearbeitet. *Verbesserungspotenzial*: Das Kriterium wird nach

Sub-Komponenten	„Relevant“	„Teilsteils“	„Nicht relevant“	„Weiß nicht“	Auswertung	Fazit
					der Anwendung; 2. Tatsächliche Nutzung von Media-Enrichment-Service im Prozess.	Empfehlung umbenannt und aufgespaltet.
Anwendungsinitialisierungszeit	2	2	2	1	• Vier der sieben Expertinnen und Experten gaben an, dass das Kriterium nicht bzw. nur teilweise relevant sei.	Das Kriterium ist teilweise relevant, wird aber nach Anpassung eingearbeitet. *Verbesserungspotenzial*: Nach der Expertinnen- und Expertenmeinung ist dieses Kriterium nur bei bestimmten Anwendungsfällen oder Produktionsformen anwendbar. Eine spezifische Anwendung sollte daher umgesetzt werden. Es wird umbenannt in Realisierungszeit.
Reparaturzeit	5	2	0	0	• Fünf der sieben Expertinnen und Experten waren sich darüber einig, dass das Kriterium relevant sei. • Es wurde hervorgehoben, dass die Relevanz der Reparaturzeit aber auch stark vom Anwendungsfall, der vielleicht zeitkritisch ist, der Fehlerart und der Verfügbarkeit der An-	Das Kriterium ist für das Modell relevant und wird nach Anpassung eingearbeitet. *Verbesserungspotenzial*: Nach der Expertinnen- und Expertenmeinung ist dieses Kriterium nur bei bestimmten

Sub-Komponenten	„Relevant“	„Teilsteils“	„Nicht relevant“	„Weiß nicht“	Auswertung	Fazit
					wendung, die z. B. durch eingesetzte Redundanz abgesichert sei, abhänge. Es wurde angeregt, das Kriterium in „Wiederherstellung nach einem Vorfall/Ausfall“ umzubenennen.	Anwendungsfällen oder Produktionsformen anwendbar. Eine spezifische Anwendung sollte daher umgesetzt werden. Die vorgeschlagene Umbenennung wird eingearbeitet.
Pflegeaufwand	6	0	1	0	• Sechs der sieben Expertinnen und Experten teilten die Auffassung, dass das Kriterium relevant sei. • Lediglich ein Experte hielt das Kriterium für unerheblich, allerdings mit der Begründung, dass die Cloud-Technologie im Idealfall „nahtlos“ agiere. So sei die Wartung nicht mehr wahrnehmbar und damit deren Optimierung irrelevant. Der Pflegeaufwand werde von intern nach extern verlagert, sodass ein Outsourcing stattfinde und kein Spezialwissen intern mehr vorgehalten werden müsse, was als Vorteil angesehen werde. Das mindere aber nicht die Relevanz des Pflegeaufwandes – besonders bei zeitlich nicht aufschiebbaren Sicherheitsupdates.	Das Kriterium ist zwar für das Modell relevant, wird aber nach Abwägung der Meinungen angepasst. Durch die Cloud-Technologie findet typischerweise ein Outsourcing der Systempflege statt. *Verbesserungspotenzial:* Anstelle des Pflegeaufwandes wird der Einsatz von Microservices in das Modell aufgenommen. Dieser Einsatz ist grundlegender und umfasst mehrere gewünschte Aspekte, die durch die Ex-

Sub-Komponenten	„Relevant“	„Teilsteils“	„Nicht relevant“	„Weiß nicht“	Auswertung	Fazit
					• Es wurde angemerkt, dass in diesem Zusammenhang neben der Pflege auch die Abhängigkeit von Komponenten eine Rolle spiele und der Einsatz von Microservices zeitgemäß sei.	pertinnen und Experten herausgestellt wurden (z. B. einfache Updates, Unabhängigkeit, Outsourcing).
Kapazitätsauslastung	5	1	1	0	• Fünf der sieben Expertinnen und Experten gaben an, dass dieses Kriterium relevant sei. Dennoch wurde nachdrücklich betont, dass es bei reservierter Rechenleistung irrelevant sei, da das Kriterium Skalierbarkeit hier greife, wenn mehr Kapazität oder weniger gefordert sei. • Nur bei vorgehaltener Rechenkapazität sei die Kapazitätsauslastung relevant. • Interessant war die Aussage eines Experten, der auf die unterschiedlichen Ansätze zur Ressourcenvorhaltung bei konservativer Technologie und der Cloud-Technologie hinwies. Bei Cloud Computing gelte nicht der Ansatz „Wir halten das Maximale vor“, sondern eher „Wir benutzen nur so viel wie notwendig“. • Ein Experte führte aus, dass zunächst die Auslastung der	Das Kriterium ist für das Modell relevant und wird eingearbeitet.

Sub-Komponenten	„Relevant“	„Teilsteils“	„Nicht relevant“	„Weiß nicht“	Auswertung	Fazit
					eigenen vorgehaltenen Ressourcen stattfinde und erst dann weitere Ressourcen durch Outsourcing in der Cloud nutzbar gemacht würden.	
Materialverwertungsgrad	6	0	0	1	• Sechs der sieben Expertinnen und Experten waren sich darüber einig, dass dieses Kriterium relevant sei, wobei ein Experte den Hinweis gab, dass dieses Kriterium als Kennzahl im Unternehmen bereits existiere. • Einer der Befragten stimmte dem nicht zu und wählte „weiß nicht“ aus.	Das Kriterium ist für das Modell relevant und wird eingearbeitet.
Multipublikationsgrad des Produktes	5	1	0	1	• Fünf der sieben Expertinnen und Experten stimmten zu, dass das Kriterium relevant sei und auf die aktuellen Anforderungen wie Crossmedialität abziele.	*Verbesserungspotenzial*: Das Kriterium ist zwar als relevant eingestuft, wird aber mit dem vorherigen Kriterium verknüpft, da vor allem der Synergieeffekt aus der Materialverwertung bedeutsam ist.
Grad der Materialverfügbarkeit im zentralen Pool	5	2	0	0	• Fünf der sieben Expertinnen und Experten waren sich darüber einig, dass das Kriterium relevant sei und auf die Effizienzsteigerung durch Materialverfügbarkeit abziele.	Das Kriterium ist für das Modell relevant und wird nach Anpassung eingearbeitet.

Sub-Komponenten	„Relevant“	„Teilsteils“	„Nicht relevant“	„Weiß nicht“	Auswertung	Fazit
					• Von einigen Expertinnen und Experten wurde allerdings betont, dass eine zentrale und sichere Verfügbarkeit in Abhängigkeit vom Anwendungsszenario wichtig sei; eine zentrale örtliche Materialablage hingegen nicht.	*Verbesserungspotenzial:* Es wird als Verfügbarkeit des Materials ohne die Angabe „im zentralen Pool“ aufgenommen. Zudem wird als weiteres Kriterium die Multiformatfähigkeit hinzugefügt. Dies ist nach Angabe der Befragten wichtiger als die zentrale Vorhaltung.
Prozessschnittstellenqualität des Materials	6	0	0	1	• Sechs der sieben Expertinnen und Experten hielten das Kriterium für relevant, wobei der Fokus auf den Aspekt der Vermeidung von Qualitätsverlust gelegt wurde.	Das Kriterium ist für das Modell relevant und wird nach Anpassung eingearbeitet. *Verbesserungspotenzial:* Das Kriterium wird in „Qualität des Materials“ umbenannt. Zudem wird die genannte Sequenzialität als eigenes Kriterium aufgenommen.
First Pass Yield	6	1	0	0	• Sechs der sieben Expertinnen und Experten waren sich über die Relevanz des Kriteriums einig, da es im Besonderen für	Das Kriterium ist für das Modell relevant und wird eingearbeitet.

Sub-Komponenten	„Relevant“	„Teilsteils“	„Nicht relevant“	„Weiß nicht“	Auswertung	Fazit
					die Kostenminimierung und Effektivität eine wichtige Optimierungsoption darstelle.	
Transferzeit des Materials	4	3	0	0	• Drei der sieben Expertinnen und Experten gaben an, dass das Kriterium nur teilweise relevant sei – die anderen vier hielten es für relevant. • Einen neuen Aspekt brachten zwei der Expertinnen und Experten ein: Transferzeit sei nicht relevant, weil es eher darauf ankomme, ob nach dem Ansatz „Growing Files“ gearbeitet werden könne, sodass bereits während des Transfers/der Produktion auf das Material zugegriffen werden kann. • Einer der Expertinnen und Experten gab auch an, dass das Thema Transferzeit bei immer größer werdenden Bandbreiten nicht mehr relevant sei.	Das Kriterium ist für das Modell relevant und wird nach Anpassung eingearbeitet. *Verbesserungspotenzial:* Nach der Expertinnen- und Expertenmeinung ist dieses Kriterium nur bei bestimmten Anwendungsfällen oder Produktionsformen anwendbar. Eine spezifische Anwendung sollte daher umgesetzt werden. Der Zusammenhang mit der Verfügbarkeit des Materials bei Entstehung bzw. bei einem sehr frühen Stand ist hier eventuell als neues Kriterium zu berücksichtigen: „Growing-Files-Fähigkeit des Transfers“.

Sub-Komponenten	„Relevant“	„Teilsteils“	„Nicht relevant“	„Weiß nicht“	Auswertung	Fazit
Termintreue der Schnittstelle	5	2	0	0	• Fünf der sieben Expertinnen und Experten waren sich darüber einig, dass das Kriterium relevant sei. Es wurde hervorgehoben, dass die Termintreue unnötige Kosten vermeiden sollte, die z. B. durch Wartezeiten entstehen. Die Übertragungsgeschwindigkeit könnte bspw. durch eine dedizierte Anbindung an das Cloud-Anbieter-Rechenzentrum eingehalten und ein Schwanken vermieden werden.	Das Kriterium ist für das Modell relevant und wird nach Anpassung eingearbeitet. *Verbesserungspotenzial*: Es ist zu prüfen, wie Zeitkriterien generell in das Modell aufgenommen werden, da Zeitdruck in den Produktionsprozessen nicht immer ausschlaggebend ist.
Beteiligte Prozessakteure und Prozessakteurinnen	6	0	0	1	• Sechs der sieben Expertinnen und Experten stimmten darin überein, dass das Kriterium relevant sei.	Das Kriterium ist für das Modell relevant und wird nach Anpassung eingearbeitet. *Verbesserungspotenzial*: Um das Kriterium messbar zu machen, wird es unter Personalkosten subsumiert.
Schulungskosten	3	0	3	1	• Jeweils drei der sieben Expertinnen und Experten hielten die Schulungskosten für relevant bzw. irrelevant. Die Schulungskosten seien insgesamt nicht cloud-spezifisch.	Das Kriterium ist für das Modell nicht relevant.

Sub-Komponenten	„Relevant"	„Teilsteils"	„Nicht relevant"	„Weiß nicht"	Auswertung	Fazit
Personalkosten	6	1	0	0	• Sechs der sieben Expertinnen und Experten waren sich darüber einig, dass dieses Kriterium relevant sei. Besonders interessant war der genannte Aspekt, dass besonders zu Beginn der Cloud-Anwendung die Personalressourcen infolge der Implementierung steigen würden und auch Spezialistinnen und Spezialisten gefragt seien. Der Personaleinsatz hänge zudem generell vom Anwendungsszenario ab.	Das Kriterium ist für das Modell relevant und wird eingearbeitet.
Cloudinstitutionalisierungsgrad	6	1	0	0	• Sechs der sieben Expertinnen und Experten waren sich darüber einig, dass das Kriterium relevant sei. • Einer der Expertinnen und Experten gab an, dass es langfristig irrelevant sei. Die Relevanz sei aktuell aber laut den Expertinnen und Experten gegeben, da die Prozesse erst für Cloud Computing im Unternehmen angepasst werden müssten. Es benötige laut der Expertinnen und Experten für die Potenzialausschöpfung sozusagen einen bestimmten Reifegrad des Unternehmens – das könnte auch als eine Voraussetzung für die Cloud-Anwendung angeführt werden.	Das Kriterium ist für das Modell relevant und wird nach Anpassung eingearbeitet. *Verbesserungspotenzial*: Die Empfehlung zur inhaltlichen Trennung des Kriteriums in 1. Verantwortlichkeiten, 2. Strategie/Weiterentwicklung und 3. Betriebskonzept/Umsetzung wird umgesetzt.

Sub-Komponenten	„Relevant“	„Teilsteils“	„Nicht relevant“	„Weiß nicht“	Auswertung	Fazit
					• Es wurde vorgeschlagen, dass Kriterium aufzuspalten: Es wurde vorgeschlagen, die Institutionalisierung weniger an Personen, sondern an 1. Verantwortlichkeiten, 2. Strategie/Weiterentwicklung, 3. Betriebskonzept/Umsetzung festzumachen.	

Tabelle 4.12: Relevanz der Bewertungskriterien nach Meinung der Befragten, Quelle: Eigene Darstellung, s. Anhang 5.

Fazit zur Relevanz:

Als besonders relevant werden einheitlich der Parallelisierungsgrad, der Automatisierungsgrad, die Skalierbarkeit, die Miet- und Leasingkosten sowie die Wartungskosten – als laufende Kosten – eingeschätzt. Hauptsächlich bei zeit- und ortsbezogenen Kriterien ist eine gewisse Uneinigkeit abzulesen. Insgesamt ergeben sich folgende Verbesserungspotenziale aus der Relevanz-Erhebung:

- Umformulierung von Kriterien für ein besseres Verständnis
  - *Beispiel*: „Prozessschnittstellenqualität des Materials“ wird in „Qualität des Materials“ umformuliert.
- Veränderungen der Schwerpunktsetzung
  - *Beispiel*: „Verzweigungsgrad“ und „Dezentralisierungsgrad“ werden zu „Ortsunabhängigkeit“ verändert.
- Aufspaltung in mehrere Kriterien
  - *Beispiel*: „Cloudinstitutionalisierungsgrad“ wird in

  1. „Verantwortlichkeiten“,
  2. „Strategie/Weiterentwicklung“ und
  3. „Betriebskonzept/Umsetzung“ aufgespalten.
- Zusammenführung mit anderen Kriterien
  - *Beispiel*: „Miet- und Leasingkosten“ werden zusammengeführt mit „Wartungskosten“.
- Wegfall von Kriterien

    - *Beispiel*: „Schulungskosten“ fällt als Kriterium weg.
- Ergänzung um neu genannte Kriterien
    - *Beispiel*: „Sequenzialität“ wird als neu genanntes Kriterium ergänzt.
- Verbesserung der generischen Anwendbarkeit des Kriteriums
    - *Beispiel*: „Prozessdurchlaufzeit“ kann durch eine Spalte hinzugefügt oder herausgefiltert werden.

Der letzte Punkt wird in der weiteren Auswertung erneut aufgegriffen werden.

Wichtigkeit der Kriterien

Neben der Relevanz der Kriterien spielt auch die **Bedeutung der Kriterien für die Unternehmenswirklichkeit** eine große Rolle. Daher wurde auch die Wichtigkeit der Kriterien für das eigene Unternehmen abgefragt (s. Anhang 4). Als *wichtigste Kriterien* für das eigene Unternehmen (Angabe „wichtig“ bei sechs von sieben Expertinnen und Experten) können

- der Prozessstandardisierungsgrad,
- die Skalierbarkeit und
- die Verfügbarkeit der Anwendung

hervorgehoben werden. Als auffallend *unwichtig* wird das Kriterium „Schulungskosten“ angegeben (s. Anhang 5).

Eine unterschiedliche Einschätzung der Befragten ist bei den Kriterien rund um Zeit, Kosten und Materialverwendung zu erkennen. Diese sind insgesamt mit einer großen Spannweite von „eher nicht wichtig“ bis „wichtig“ eingeschätzt angegeben (s. Anhang 5).

Diese Erkenntnis deckt sich mit der Angabe zur Relevanz und führt erneut zur Frage der Verbesserung der generischen Anwendbarkeit der Kriterien. Aus der qualitativen Erhebung ist immer wieder hervorgegangen, dass die **Gestaltungsparameter je nach Anwendungsfall in der Fernsehproduktion** sehr unterschiedlich sind (s. Tab. 4.13) und die Einschätzung zur Wichtigkeit des Kriteriums von der konkreten Ausgestaltung abhängt.

Nach Auswertung der Befragung können folgende Gestaltungsparameter und deren Ausprägungen zusammengefasst und strukturiert werden:

Gestaltungsparameter je Anwendungsfall bei Produktionsprozessen	Zeitdruck	Kein Zeitdruck
	Personalabhängig	Personalunabhängig
	Live	Nicht live
	Eigenes Material	Fremdes Material
	Kostenfokussiert.	Keine Kostenrelevanz
	Regelbetrieb	Lastspitze
	Eigene Rechenkapazität	Gemietete Rechenleistung
	Zwischenprodukt	Endprodukt

Tabelle 4.13: Spannweite an Gestaltungsparametern der Produktionsprozesse, Quelle: Eigene Darstellung in Anlehnung an Anhang 5.

Fazit zur Wichtigkeit: Die Angaben zur Wichtigkeit der einzelnen Kriterien werden berücksichtigt. Die Erkenntnis, dass vom Reifegradmodell sehr heterogene Anwendungsfälle entlang des Fernsehproduktionsprozesses berücksichtigt werden müssen, führt zum Verbesserungspotenzial, die **generische Anwendbarkeit der Kriterien zu optimieren**, d. h., dass das Reifegradmodell nicht für eine zu enge Anwendung konzipiert ist und Anpassungen zugelassen werden sollten.

Vollständigkeit der Kriterien

Die Vollständigkeit der Kriterien ist insoweit gegeben, als dass der Kriterienkatalog umfangreich und breit aufgestellt ist (s. Anhang 5). Die zusätzlich genannten Kriterien werden in das Reifegradmodell eingearbeitet:

- Kompatibilität,
- Sequenzialität,
- Multiformatfähigkeit und
- Einsatz von Microservices.

Dabei sind „Microservices“ kleine unabhängige Modul-Services einer IT-Anwendung, die eine abgegrenzte Aufgabe verfolgen und eine dynamische Gestaltung von IT-Anwendungen im Gegensatz zu monolithischen Anwendungen zulassen (vgl. Schneider et al. 2019, S. 21 f.).

Neben der Einarbeitung dieser neuen Kriterien soll die Abhängigkeit der Kriterien voneinander geprüft und entsprechend im Modell richtig dargestellt werden (s. Anhang 5).
Fazit zu Vollständigkeit: Die Kriterien „Kompatibilität“ und „Multiformatfähigkeit“ werden ergänzt und die Unabhängigkeit der Kriterien wird konkretisiert, indem die Formulierungen entsprechend differenziert wurden.

Passfähigkeit der Kriterien

Die Passfähigkeit der Kriterien im Allgemeinen ist nach Meinung der Befragten gegeben, müsste aber in einem Einsatz noch getestet werden (s. Anhang 5):

- „Der Kriterienkatalog passt dabei auf unterschiedliche Arten von Produktionsprozessen, die sich für eine Verlagerung in die Cloud anbieten.“
- „Die Passfähigkeit der Kriterien ist auf der hohen Abstraktionsebene gegeben, aber man müsste bei einem konkreten Anwendungsfall und dem konkreten Assessment dann schauen, ob das Kriterium auch so zutreffend ist.“

Die Expertinnen und Experten sehen folgende Grenzen der Anwendbarkeit (s. Anhang 5):

- Die Größe und Art des Unternehmens (Privatwirtschaft oder öffentlich-rechtliche Anstalt),
- die technische Entwicklung der Cloud-Voraussetzungen (wie z. B. Bandbreite) und
- die tatsächliche Messbarkeit der Kriterien.

Fazit zu Passfähigkeit: Um die Passfähigkeit zu verbessern, wird erneut auf die generische Anwendbarkeit referenziert und eine gewisse Flexibilität für unterschiedliche Unternehmen und Unternehmensgrößen eingefordert.

Generische Erkenntnisse aus Erhebung

Insgesamt können folgende generische Erkenntnisse und Verbesserungspotenziale nach Abschluss der Erhebung abgeleitet werden (s. Anhang 5):

- Die **Reihenfolge der Kriterien** wird verändert und so sortiert, dass die Kriterien zum gesamten Prozess erst am Ende angegeben werden.
- Neben heterogenen Anwendungsfällen (s. Kap. 2.3.4.1; s. Tab. 4.13) ergibt sich entlang des Fernsehproduktionsprozesses eine unterschiedliche **Gewichtung der gestalterischen und technischen Kriterien für den Prozesserfolg**. Zu Beginn des Prozesses stehen vor allem die gestalterischen Kriterien im Vordergrund während in Richtung Umsetzung eher die technischen Kriterien ausschlaggebend sind, da durch diese eine Umsetzung erst realisiert werden kann (s. Tab. 4.14). Die technische Qualität beispielsweise bei sogenannten 1-A-Lagen kann allerdings auch durch die Dringlichkeit einer Information an Priorität verlieren.

<table>
<tr><th>Parameter</th><th colspan="8">Ausprägungen</th></tr>
<tr><td>Bewertungskriterien</td><td colspan="4">Gestalterische Kriterien, abhängig von redaktionellen Vorgaben</td><td colspan="4">Technische Kriterien</td></tr>
<tr><td>Prozessschritte im Produktionsprozess</td><td>Planung</td><td colspan="2">Produktion</td><td colspan="2">Bearbeitung</td><td colspan="2">Publikation</td><td>Archivierung</td></tr>
<tr><td>Prozessakteurinnen und -akteure</td><td colspan="2">Akteurinnen und -akteure im IT-Service</td><td colspan="4">Produktionstechnische Akteurinnen und Akteure</td><td colspan="2">Programmbildende Akteurinnen und Akteure</td></tr>
</table>

Tabelle 4.14: Morphologisches Schema für unterschiedliche Bewertungsparameter von Prozesserfolg, Quelle: Eigene Darstellung, s. Anhang 5.

Diese Erkenntnis wird bei der Ausformung des Modells dahin gehend berücksichtigt, dass für eine **heterogene Zielgruppe mit unterschiedlicher Erfolgsdefinition** die Ausfüllung des Reifegradmodells ermöglicht wird.

- Aus der Erhebung ist vor allem ersichtlich geworden, dass sich einige noch auf dem Weg in die Cloud befinden und eine Hilfestellung überwiegend in der **Integrationshilfe** gewünscht wird (s. Anhang 5). Das Reifegradmodell sollte deshalb so ausgeformt sein, dass es auch in einer frühen Phase angewandt werden kann.
- Folgende von den Befragten genannte **Voraussetzungen** für den Cloud-Einsatz sind anzuführen, die bei der Formulierung der Kriterien Berücksichtigung finden:
    - Der Cloud-Einsatz muss zum Anwendungsfall passen und die Datenschutz- und Sicherheitsrichtlinie erfüllen.
    - Die Investitionskosten und die laufenden Kosten müssen verhältnismäßig sein.
    - Für eine verlässliche Verfügbarkeit seien Redundanzen einzubauen.
- Darüber hinaus wird der Aspekt **„Multi-Cloud-Konzepte“** (s. Definition in Kap. 2.2.1) als neues Kriterium eingearbeitet, der als Ergebnis bei der letzten Frage zu „weitere Anmerkungen“ angegeben wurde (s. Anhang 5).

Dieser Analyseschritt hat durch die Ergebnisse der Erhebung wichtige Ansatzpunkte für Verbesserungspotenziale und deren Umsetzung aufgezeigt. Die Verbesserungspotenziale, die ganz konkret die Kriterien betreffen (Umbenennung, Zusammenführung, Ergänzung, Änderung der Reihenfolge etc.), werden direkt umgesetzt.

Die Verbesserungspotenziale, wie

- die generische Anwendbarkeit und Flexibilität des Modells,
- die Orientierung an Zielgruppen mit unterschiedlicher Erfolgsdefinition und
- die Ermöglichung eines Einsatzes in frühem Integrationsstadium,

werden in den weiteren Entwicklungsschritten eingearbeitet.

4.2.1.3 Zusammenfassung

Nach einer Synthese der Kriterien aus verschiedenen Informationsquellen wie einer Literaturrecherche, der Ableitung aus anderen Reifegradmodellen und eigens durchgeführten Erhebungen werden die Kriterien schrittweise gruppiert und zu einer umfassenden systematisierten Kriterienliste zusammengeführt (s. Anhang 3).

Die Analyse der Kriterien durch telefonische, strukturierte Einzelinterviews mit erfahrenen Vertreterinnen und Vertretern aus der Fernsehproduktionsbranche ermöglicht die Erhebung von Verbesserungspotenzialen. Es ergeben sich bei der Prüfung der Relevanz, der Wichtigkeit und der Vollständigkeit der Kriterien im Besonderen Veränderungswünsche hinsichtlich der Formulierung und Zusammensetzung der Kriterien. Nur wenige Kriterien sind im Ergebnis nicht relevant für die Modellausformung, wie z. B. Schulungskosten. Insgesamt sind die generische Anwendbarkeit und Flexibilität des Modells, die Orientierung an Zielgruppen mit unterschiedlicher Erfolgsdefinition und die Ermöglichung eines Modell-Einsatzes in frühem Integrationsstadium als zentrale Erkenntnisse neben der Kriterienbewertung zu nennen.

Im Kapitel 4.2.1 wird die Forschungsfrage F2 nach den Bewertungskriterien aus Kapitel 3.1 damit hinreichend beantwortet.

Forschungsfrage F2: Welche Bewertungskriterien beurteilen die Ausschöpfung des cloudbasierten Innovationspotenzials zutreffend?
Als Ergebnis der Synthese und Analyse von Bewertungskriterien wird in Tabelle 4.15 die überarbeitete Kriterienliste mit Komponenten, Messkriterien und Sub-Komponenten nach de Bruin et al. für das Prozess-Assessment cloudbasierter Fernsehproduktionsprozesse dargestellt.

Komponente	Mess-kriterien	Sub-Komponente	Beschreibung
Prozess-technik	Flexibilität	Einsatz von Microservices	Die Unabhängigkeit von Komponenten wurde für eine bessere Wartungsarbeit und Systempflege umgesetzt.
		Hardwareunabhängigkeit	Die Cloud-Lösung kann mit verschiedenen Endgeräten über ein Netzwerk problemlos erreicht werden.
		Multiformatfähigkeit	Die Cloud-Lösung kann unterschiedliche Dateiformate verarbeiten.
		Skalierbarkeit	Die Cloud-Ressourcen können schnell, automatisiert und bedarfsgerecht skaliert werden.
		Verfügbarkeit	Die Verfügbarkeit ist in SLAs definiert und wird erfüllt.
	Kosten	Miet-, Leasing- und Wartungskosten als laufende Kosten	Die Miet-, Leasing- und Wartungskosten werden nur nach tatsächlicher Nutzung verrechnet und ergeben ein marktgerechtes Preis-/Leistungsverhältnis.

Komponente	Mess-kriterien	Sub-Komponente	Beschreibung
	Qualität	Growing-Files-Fähigkeit des Transfers	Die cloudbasierte Lösung verfügt über eine Growing-Files-Fähigkeit.
		Anteile an Media-Enrichment-Service	Media-Enrichment-Services werden zusätzlich angeboten.
		Benutzenden-freundlichkeit	Die Nutzung der Cloud-Lösung ist intuitiv und der Schulungsaufwand ist gering.
		Cloudmonitoring-fähigkeit	Die Cloud-Lösung kann gemonitort werden. Für die Monitoringübersicht wird eine eigene GUI vom Anbietenden zur Verfügung gestellt.
		Kompatibilität	Die Cloud-Lösung fügt sich in die Hausinfrastruktur und in die Prozesse ein.
	Zeit	Realisierungszeit	Die Zeitspanne zwischen Bedarf an Nutzung und Verfügbarkeit der Cloud-Lösung ist je nach Anforderung optimiert.
		Zeitspanne bis zur Wiederherstellung nach einem Vorfall	Die Zeitspanne bis zur Wiederherstellung nach einem Vorfall (Havarie) ist entsprechend des Bedarfs optimiert.
Prozess-material	Flexibilität	Materialverwertungsgrad	Das Material wird im Haus mehrmals verwendet. Diese Art der Verwertung des Materials erzeugt Synergieeffekte und führt zu einer Effizienzsteigerung.
	Qualität	Qualität des Materials	Das Material liegt in den gewünschten Formaten sowie Qualitäten vor und ist „ready to use“.
	Zeit	Verfügbarkeit des Materials	Das Material ist in einer für den Anwendungsfall angemessenen Zeitspanne verfügbar.
Prozess-gestaltung	Flexibilität	Automatisierungsgrad	Der Automatisierungsgrad liegt in höchstem Maße vor.

Komponente	Mess-kriterien	Sub-Komponente	Beschreibung
		Kollaborations-grad	Der Kollaborationsgrad liegt in höchstem Maße vor.
		Ortsunabhängig-keit	Die Ortsunabhängigkeit ist gegeben. Die Cloud-Lösung kann über unterschiedliche Standorte problemlos erreicht werden.
		Parallelisierungs-grad	Der Parallelisierungsgrad liegt in höchstem Maße vor.
		Standardisie-rungsgrad	Der Standardisierungsgrad liegt in höchstem Maße vor.
	Qualität	Nutzung von Media-Enrichment-Services	Media-Enrichment-Services können bei Bedarf zugeschaltet werden.
	Zeit	Termintreue der Schnittstelle	Die Schnittstelle liefert das Material termingerecht zu.
Prozess-akteurinnen und -akteure	Kosten	Laufende Personalkosten	Die internen Personalkosten konnten in höchstem Maße minimiert werden.
	Qualität	Regelung von Verantwortlich-keiten	Im Haus ist rund um die Cloud-Lösung geregelt, wer den Prozess ausführt, wer ihn supportet (intern/extern) und wer Process-Owner (Weiterentwicklung, Monitoring, Abrechnung etc.) ist.
Gesamter Prozess	Flexibilität	Kapazitätsauslastung	Die tatsächliche Kapazitätsauslastung liegt bei >90 %.
		Multi-Cloud-Fähigkeit	Im Haus sind die Materialflüsse im Rahmen von Multi-Cloud-Konzepten miteinander kompatibel und abgestimmt.
		Sequenzialität des Prozesses	Die Sequenzialität ist im gesamten Prozess niedrig.
	Qualität	First Pass Yield	Das Produkt wurde in einem Durchlauf erstellt.
		Prozesseffektivi-tät	Der Prozess ist zielorientiert und ruft die gleiche oder eine gesteigerte Zuschauendenzufriedenheit wie bei

Komponente	Mess-kriterien	Sub-Komponente	Beschreibung
			Verwendung von konservativer Broadcast-Technik hervor.
		Strategische Konzepte	Im Haus gibt es vollumfängliche strategische Konzepte für Cloud-Lösungen, in denen sich die betrachtete Cloud-Lösung einfügt.
		Umsetzung von Betriebskonzepten	Im Haus sind Betriebskonzepte für den Normalbetrieb der Cloud-Lösung und Havarie festgelegt und kommuniziert.
	Zeit	Prozessdurchlaufzeit	Die Prozessdurchlaufzeit wurde entsprechend den Anforderungen optimiert.

Tabelle 4.15: Ergebnis der Synthese und Analyse der Kriterien des Reifegradmodells für cloudbasierte Fernsehproduktionsprozesse, Quelle: Eigene Darstellung.

Im Sinne von de Bruin ist es erstrebenswert, noch eine weitere Verdichtung der Kriterien vorzunehmen, um die Kompaktheit und Übersichtlichkeit des Instrumentariums in der Praxis zu sichern. Denn nach de Bruin et al. wird eine **kleinere Anzahl an Komponenten und Sub-Komponenten** empfohlen: „The experience of BPMM researchers indicates 6 components and 5 sub-components are adequate“[18] (de Bruin et al. 2005, S. 6). Diese Konzentration soll nach dem Test im Kapitel 4.3 bei dahin gehenden Änderungswünschen der Zielgruppe weiter vollzogen werden.
Im Anschluss werden die Messmethoden des Reifegradmodells erläutert, um die Ausgestaltung des Modells im ersten Entwurf zu vervollständigen.

4.2.2 Messmethoden des Reifegradmodells

Die Messmethoden orientieren sich am festgelegten Konzept des Modells zu Methoden und Einsatz (s. Kap. 4.1.3). Zunächst werden durch eine **Checkliste die Voraussetzungen** abgefragt, wie bereits im Kapitel 4.1.3 im Konzept definiert wurde. Dies wird durch eine Angabe in einem Kontrollkästchen umgesetzt.

Durch die Abfrage der Voraussetzungen wird ermöglicht, dass – wie in der Erhebung zur Analyse der Kriterien gefordert (s. Anhang 5) – der frühe Einsatz des Modells auf dem

[18] Übersetzung: Die Erfahrung der BPMM-Forschenden zeigt, dass 6 Komponenten und 5 Unterkomponenten ausreichend sind.

Weg in die Cloud eine Hilfestellung bietet, indem angezeigt wird, was für eine Integration vorauszusetzender Bestandteil ist.

Im Rahmen des neuen Reifegradmodells soll als Messmethode für das Prozess-Assessment die Bewertung je Sub-Komponente erarbeitet und ein Scoring umgesetzt werden. De Bruin et al. empfehlen, sich dabei an der **Detailebene der Sub-Komponente** und der **bedarfsgerechten Präsentation** für die Zielgruppe zu orientierten: „This additional layer of detail assists in the development of assessment questions, enables richer analysis of maturity results and improves the ability to present maturity results in a manner that meets the needs of the target audience“[19] (de Bruin et al. 2005, S. 7).

Für das Prozess-Assessment werden die Sub-Komponenten zunächst in einer Spalte beschrieben und dann **Bewertungsfragen** als Behelfsfragen in einer weiteren Spalte abgeleitet (s. Anhang 6). Die Bewertungsfrage wird dann mithilfe der **fünfstufigen Likert-Skala** beantwortet. Diese Art der Messmethode kann logisch und einfach auf die fünf zu erzielenden Reifegrade angewandt werden. Je relevanter Sub-Komponente wird also angegeben, ob diese erfüllt (maximale Reife) bis nicht erfüllt (minimale Reife) wird (s. Tab. 4.16).

Bewertung der Sub-Komponente mittels fünfstufiger Likertskala	Codierung	Bedeutung für Reifezustand der Sub-Komponente
Nicht erfüllt	1	Reifegrad 1
Eher nicht erfüllt	2	Reifegrad 2
Teilsteils	3	Reifegrad 3
Eher erfüllt	4	Reifegrad 4
Erfüllt	5	Reifegrad 5

Tabelle 4.16: Zusammenhang zwischen Bewertung der Sub-Komponente und Reifezustand, Quelle: Eigene Darstellung.

Um die generische Anwendbarkeit und Flexibilität des Modells im Assessment zu gewährleisten, wird eine **Filtermöglichkeit** zur **Relevanz des Bewertungskriteriums für den zu bewertenden Anwendungsfall** eingebaut. Wie aus den bisherigen Erhebungen als Erkenntnis gewonnen wurde (s. Anhang 5), ist es vor allem hilfreich, auf diese Weise die Kriterien rund um Zeit, Kosten und Materialverwendung entweder hinzuzufügen oder als irrelevant aus der Bewertung zu filtern. Somit kann auch der geforderten Orientierung an einer heterogenen Zielgruppe mit unterschiedlicher Erfolgsdefinition Rechnung getragen werden.

---

[19] Übersetzung: Diese zusätzliche Detailebene hilft bei der Entwicklung von Beurteilungsfragen, ermöglicht eine umfassendere Analyse der Reifegradergebnisse und verbessert die Fähigkeit, die Reifegradergebnisse in einer Weise zu präsentieren, die den Bedürfnissen der Zielgruppe entspricht.

Die Bestimmung der Reifezustände der einzelnen, relevanten Sub-Komponenten wird im nächsten Schritt der Auswertung zusammengeführt. Der Durchschnitt aller Reifezustände ergibt dann den Gesamtreifegrad (s. Anhang 6).

Reifegrade

Nach Abschluss der Ausgestaltung des Modellentwurfs können die Reifegrade nach Ableitung aus den bisherigen Erarbeitungen **bottom-up** definiert und folgendermaßen beschrieben werden. Die Modellierung ergibt ein **Spannungsfeld**, in dem fünf Reifegradstufen bestehen, die je nach Relevanz und Einordnung des Kriteriums zwischen „nicht erfüllt" und „erfüllt" alternieren (s. Tab. 4.17). Die Reifegrade werden wie folgt benannt:

- Reifegrad 1 – Prozess ist „cloud-fähig",
- Reifegrad 2 – Prozess ist „cloud-unterstützt",
- Reifegrad 3 – Prozess ist „cloud-definiert",
- Reifegrad 4 – Prozess ist „cloud-gesteuert" und
- Reifegrad 5 – Prozess ist „cloud-optimiert".

Dabei bildet Reifegrad 1 den niedrigsten und Reifegrad 5 den höchsten zu erreichenden Grad (s. Tab. 4.17). Ein aufeinander aufbauendes Stufenmodell kann bei diesen Reifegraden aufgrund der Heterogenität der Anwendungsfälle und der unterschiedlichen Einschlägigkeit der Kriterien im Rahmen dieser Ausarbeitung nicht umgesetzt werden. Die Reifegrade 2 bis 4 sind in der Tabelle 4.17 nicht weiter beschrieben, da durch die bereits genannte Filtermöglichkeit zur Relevanz des Bewertungskriteriums im Rahmen des Prozess-Assessments nicht vorhersagbar ist, welche Kriterien genau ausgewählt werden und aus welchen Bewertungskriterien bzw. Sub-Komponenten sich dann der Reifegrad ergibt. Wenn beispielsweise ein nicht zeitkritischer Prozess bewertet wird, dann müssten ggf. auch keine Kriterien rund um Zeit, wie Prozessdurchlaufzeit (s. Tab. 4.17) in das Prozess-Assessment einfließen.

Der Reifegrad 0 ergibt sich, wenn die Voraussetzungen aus der vorangestellten Checkliste nicht erfüllt sind. Folgende Tabelle zeigt dieses Spannungsfeld der Reifegrade von 0 bis 5:

Übersicht zu Reifegrade für cloudbasierte Fernsehproduktionsprozesse							
Komponente	Mess-kriterien	Reifegrad 0 *nicht cloud-fähig*	Reifegrad 1 *cloud-fähig*	Reifegrad 2 *cloud-unterstützt*	Reifegrad 3 *cloud-definiert*	Reifegrad 4 *cloud-gesteuert*	Reifegrad 5 *cloud-optimiert*
Prozess-technik	Flexibilität	/	Einsatz von Microservices nicht umgesetzt Hardwareunabhängigkeit nicht umgesetzt Multiformatfähigkeit nicht gegeben Skalierbarkeit nicht erfüllt Verfügbarkeit nicht gegeben	...	...	...	Einsatz von Microservices umgesetzt Hardwareunabhängigkeit umgesetzt Multiformatfähigkeit gegeben Skalierbarkeit erfüllt Verfügbarkeit gegeben
	Kosten	/	Miet-, Leasing- und Wartungskosten zu hoch	...	...	...	Miet-, Leasing- und Wartungskosten bedarfsgerecht
	Qualität	/	Growing-Files-Fähigkeit des Transfers nicht umgesetzt Anteile an Media Enrichment-Service nicht genutzt Benutzerfreundlichkeit nicht gegeben Cloudmonitoringfähigkeit nicht gegeben Kompatibilität nicht gegeben	...	...		Growing-Files-Fähigkeit des Transfers umgesetzt Anteile an Media Enrichment-Service genutzt Benutzerfreundlichkeit gegeben Cloudmonitoringfähigkeit gegeben Kompatibilität gegeben
	Zeit	/	Realisierungszeit nicht minimiert Zeitspanne bis zur Wiederherstellung nach einem Vorfa nicht minimiert				Realisierungszeit minimiert Zeitspanne bis zur Wiederherstellung nach einem Vorfall minimiert
Prozess-material	Flexibilität	/	Materialverwertungsgrad nicht optimiert				Materialverwertungsgrad ist optimiert
	Qualität	/	Qualität des Materials ist nicht bedarfsgerecht				Qualität des Materials ist bedarfsgerecht
	Zeit	/	Verfügbarkeit des Materials ist nicht gegeben				Verfügbarkeit des Materials ist gegeben
Prozess-gestaltung	Flexibilität	/	Automatisierungsgrad nicht optimiert Kollaborationsgrad nicht optimiert Ortsunabhängigkeit nicht optimiert Parallelisierungsgrad nicht optimiert Standardisierungsgrad nicht optimiert				Automatisierungsgrad umgesetzt Kollaborationsgrad umgesetzt Ortsunabhängigkeit umgesetzt Parallelisierungsgrad umgesetzt Standardisierungsgrad umgesetzt
	Qualität	/	Nutzung von Media Enrichment-Services nicht gegeben	...	...		Nutzung von Media Enrichment-Services gegeben
	Zeit	/	Termintreue der Schnittstelle nicht umgesetzt	...	...		Termintreue der Schnittstelle umgesetzt
Prozess-akteure	Kosten	/	Laufende Personalkosten nicht bedarfsgerecht	...	...	...	Laufende Personalkosten bedarfsgerecht
	Qualität	/	Regelung von Verantwortlichkeiten nicht klar	...	...	...	Regelung von Verantwortlichkeiten klar
Gesamter Prozess	Flexibilität	/	Kapazitätsauslastung nicht optimiert Multi-Cloud-Fähigkeit nicht umgesetzt Sequenzialität des Prozesses hoch	...	...	...	Kapazitätsauslastung optimiert Multi-Cloud-Fähigkeit umgesetzt Sequenzialität des Prozesses niedrig
	Qualität	/	First Pass Yield nicht umgesetzt Prozesseffektivität niedrig Strategische Konzepte nicht umgesetzt Umsetzung von Betriebskonzepten nicht gegeben	...	...	...	First Pass Yield umgesetzt Prozesseffektivität hoch Strategische Konzepte umgesetzt Umsetzung von Betriebskonzepten gegeben
	Zeit	/	Prozessdurchlaufzeit hoch	...	...	...	Prozessdurchlaufzeit niedrig

Spannungsfeld
auf den fünf Stufen je nach Relevanz und Einordnung des Kriteriums zwischen "nicht erfüllt" und "erfüllt".

Tabelle 4.17: Übersicht zu den Reifegraden von 0 bis 5, Quelle: Eigene Darstellung.

4.2.3 Zusammenfassung

Im Kapitel 4 werden die Forschungsfragen F2 nach den Bewertungskriterien und F3 nach der Darstellung des neuen Reifegradmodells aus Kapitel 3.1 hinreichend beantwortet. Das Ziel des Kapitels, einen Entwurf des Reifegradmodells zu entwickeln, ist damit erreicht.

Forschungsfrage F2: Welche Bewertungskriterien beurteilen die Ausschöpfung des cloudbasierten Innovationspotentials zutreffend?
Die Forschungsfrage F2 nach den **Bewertungskriterien** wird durch eine Synthese und Analyse von potenziellen Kriterien umgesetzt. Unterschiedliche Informationsquellen und empirische Erhebungen führen zu einer systematisierten Liste von Kriterien, die in einer Befragung mit praxisorientierten, erfahrenen Vertreterinnen und Vertretern gereift sind und verbessert werden.

Forschungsfrage F3: Wie kann ein Reifegradmodell für die Ausschöpfung der Potenziale der Cloud-Technologie in der Fernsehproduktion dargestellt werden?
Das Herleiten der **Messmethoden** aus dem Konzept des Modells und den Angaben der Erhebung vervollständigt das zu entwickelnde Reifegradmodell um eine Checkliste zu Voraussetzungen sowie um ein Scoring zur Gesamtauswertung des Reifegrades. Die Ausgestaltung des Modells ist damit abgeschlossen.

Ein Entwurf zur Darstellung des neuen Reifegradmodells befindet sich im Anhang 6.

Nun kann im Folgeschritt die Evaluation des Modells umgesetzt werden.

4.3 Lösungsbewertung durch Evaluation des Modells

Nach der Lösungssuche schließt im Sinne des PLZs die **Auswahl** an (s. Kap. 1.3 und 3.3). Die grundsätzliche Logik des PLZs aus dem SE zeigt Kapitel 1.3 und die Verzahnung mit dem Bottom-up-Vorgehen von de Bruin et al. (2005) im Kapitel 3.3.

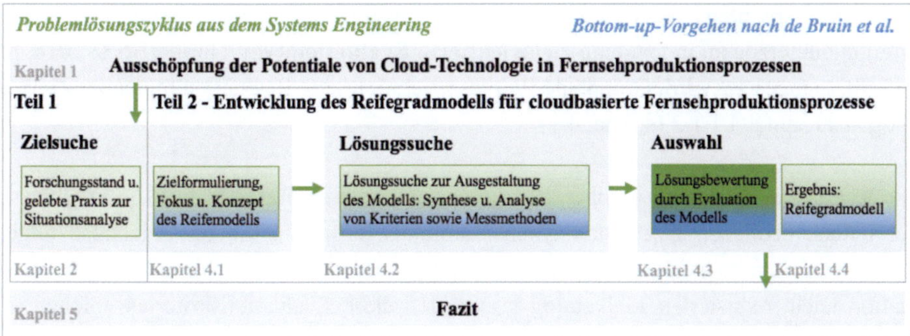

Abbildung 4.6: Inhalte des Kapitels und Verortung im methodischen Vorgehen, Quelle: Eigene Darstellung in Anlehnung an Abb. 1.6.

Die Auswahl erfolgt durch die Lösungsbewertung (s. Abb. 4.6). Diese Lösungsbewertung des Entwurfs des Prozessreifegradmodells (s. Anhang 6) wird im Rahmen der **Phase „Test“** nach de Bruin et al. (s. Kap. 3.3) mit Fernsehsendern umgesetzt, die die Fernsehproduktionslandschaft in Deutschland repräsentieren.

Dies erfolgt über eine **zielorientierte, summative/formative Evaluation** (s. Kap. 4.3.1). Dazu finden einerseits qualitative **Expertinnen- und Experteninterviews** in Form von Einzelinterviews Anwendung (summative Evaluation) (s. Kap. 4.3.1.1). Andererseits werden unterschiedliche **Fallstudien** in verschiedenen Fernsehsendern umgesetzt (formative Evaluation), in denen die Zielgruppe das Reifegradmodell testet und ein Feedback erarbeitet (s. Kap. 4.3.1.2).

Danach wird die **Weiterentwicklung des Modells** im Rahmen der Phase „Deploy“ nach de Bruin et al. (s. Kap. 3.3) mit den gefundenen Verbesserungspotenzialen umgesetzt (s. Kap. 4.3.2).

4.3.1 Umsetzung der Evaluation

Nach der Definition der DeGEval – Gesellschaft für Evaluation e. V. ist die Evaluation eine „systematische Untersuchung von Nutzen und/oder Güte eines Gegenstands (Evaluationsgegenstand) auf Basis von empirisch gewonnenen Daten“ (DeGEval – Gesellschaft für Evaluation e. V. 2021). Sie enthält dabei eine Beurteilung mit „offengelegten Kriterien für einen bestimmten Zweck“ (ebd.). Das erstellte Reifegradmodell wird einer solchen Beurteilung unterzogen, indem eine **zielorientierte Evaluation** (vgl. Döring/Bortz 2016, S. 985-987) umgesetzt wird. Grundlage für diese zielorientierte Evaluation bildet der Zielkatalog aus Kapitel 4.1.1.2 (s. Tab. 4.3).

Die **Evaluationskriterien** beruhen auf dieser gemeinsamen Basis, sodass die Ergebnisse der unterschiedlichen Evaluationstypen (summativ/formativ), die im Folgenden angewandt werden, miteinander verglichen werden können. Aus dem im Hinblick auf die Evaluation leicht reduzierten Zielkatalog lassen sich diese Evaluationskriterien ableiten (s. Tab. 4.18). Die Reduzierung ist zielführend, um die Praktikabilität der Evaluation zu gewährleisten.

Zielklasse	Zieleigenschaft (teilweise angepasst)	Ausgewertete Priorität	Evaluationskriterium (Döring/Bortz 2016, S. 984)
Design	Die Besonderheiten der Fernsehproduktion werden berücksichtigt. (angepasst)	SOLL-Ziel	Passfähigkeit
	Die Besonderheiten der behördenähnlichen Vorgaben des öffentlich-rechtlichen Verwaltungswesens werden berücksichtigt. (angepasst)	SOLL-Ziel	Validität
	Die Bewertungskriterien können zur Beschreibung des Reifegrades passend angewandt werden.	SOLL-Ziel	Passfähigkeit
	Die Inhalte der Reifegrade bieten eine ausreichend detaillierte Beschreibung des Reifegradzustandes bei entsprechendem Kriterium.	SOLL-Ziel	Passfähigkeit
	Die Kenngrößen, die das Reifegradmodell zur Feststellung des Reifegrads verwendet, sind transparent, definiert und ermittelbar. (neu)	SOLL-Ziel	Praxistauglichkeit

Ziel-klasse	Zieleigenschaft (teilweise angepasst)	Ausgewertete Priorität	Evaluationskriterium (Döring/Bortz 2016, S. 984)
	Das Modell gibt den Raum, sich auf relevante Themen zu fokussieren bzw. berücksichtigt Unterschiede von Rahmenbedingungen. (neu)	SOLL-Ziel	Technische Realisierbarkeit
Einsatz	Das Reifegradmodell ist zielgruppenorientiert und benutzendenfreundlich in der Anwendung.	MUSS-Ziel	Benutzenden-freundlichkeit
	Der Output des Modells ist wie erwartet.	MUSS-Ziel	Output
	Die Intensität und Art der Nutzung liegen im zumutbaren Bereich. Die Nutzung ist effektiv und effizient.	MUSS-Ziel	Intensität und Art der Nutzung
	Die Kosten bei der Nutzung des Reifegradmodells sind wie erwartet (z. B. nicht nur Geld, sondern auch Opportunitätskosten, also ggf. investierte Zeit, in der man etwas anderes hätte machen können).	MUSS-Ziel	Kosten bei Nutzung
	Die technische Realisierbarkeit ist gegeben: Die Methoden können in der Praxis angewendet werden.	MUSS-Ziel	Technische Realisierbarkeit/ Praxistauglichkeit
	Der Personalaufwand für die Anwendung ist wie angegeben.	SOLL-Ziel	Personalaufwand
	Die Nutzungsbarrieren sind durch eine hilfreiche und zielführende Anleitung und eine hohe Benutzendenfreundlichkeit minimiert.	SOLL-Ziel	Nutzungsbarrieren
	Indem Zielgrade für den aktuellen Prozessreifegrad abgeleitet werden können, können eine Steuerung und Weiterentwicklung von Prozessen erfolgen.	SOLL-Ziel	Operationalisierungsfähigkeit
	Das Modell ist Techniker:in-/Nicht-Techniker:in kompatibel. (neu)	SOLL-Ziel	Benutzerfreundlichkeit
	Das Modell ist verständlich für verschiedene Hierarchieebenen. (neu)	SOLL-Ziel	Benutzerfreundlichkeit

Ziel-klasse	Zieleigenschaft (teilweise angepasst)	Ausgewertete Priorität	Evaluationskriterium (Döring/Bortz 2016, S. 984)
	Der Bedarf in der Zielgruppe für die Nutzung des Modells ist hoch.	WUNSCH-Ziel	Bedarf in der Zielgruppe
	Die Zusammensetzung der tatsächlich erreichten Zielgruppen entspricht der ursprünglich angenommenen.	WUNSCH-Ziel	Zusammensetzung Zielgruppe
Evaluation	Das Model verhält sich objektiv. Es enthält keine Gewichtung durch Einzelpersonen oder Herstellende (Gütekriterium Objektivität).	MUSS-Ziel	Objektivität
	Das Modell hat sowohl für kleine, regionale Sender als auch für große private und öffentlich-rechtliche Sender Gültigkeit (Gütekriterium Validität).	SOLL-Ziel	Validität
	Das Reifegradmodell misst den Ausschöpfungsgrad der Potenziale von Cloud-Technologie bei Fernsehproduktionsprozessen. Das Model bewertet das, was es bewerten soll (Fernsehproduktionsprozesse) – die Messgenauigkeit ist gegeben (Gütekriterium Reliabilität).	SOLL-Ziel	Reliabilität
	Der erwartete Nutzen, den das Reifegradmodell versprochen hat, wird bei einer korrekten Anwendung erreicht. Das Modell wird als nützlich beschrieben.	SOLL-Ziel	Nützlichkeit
	Die Zufriedenheit der Zielgruppe liegt über 2,5 (Schulnote).	SOLL-Ziel	Zufriedenheit

Tabelle 4.18: Ableitung der Evaluationskriterien für die zielorientierte Evaluation, Quelle: Eigene Darstellung in Anlehnung an Tab. 4.3 im Kap. 4.1.1.2 und Döring/Bortz 2016, S. 984.

Zusammenfassend stehen damit folgende Evaluationskriterien im Vordergrund (s. Tab. 4.18):

- Passfähigkeit zu Besonderheiten der Fernsehproduktion,
- Operationalisierungsfähigkeit,
- Praxistauglichkeit/Anwendbarkeit,
- Nützlichkeit/Nutzungsbarrieren,
- Personenunabhängigkeit/Objektivität,

- Gültigkeit/Validität,
- Messgenauigkeit/Reliabilität.

Die zielorientierte Evaluation wird durch einen **Methodenmix aus summativen und formativen Evaluationsmethoden** (Döring/Bortz 2016, S. 990) umgesetzt (s. Abb. 4.7). Die Unterscheidung zwischen summativer und formativer Evaluation geht auf Scriven zurück (vgl. Scriven 1991).

Methodenmix aus summativen und formativen Evaluationsmethoden

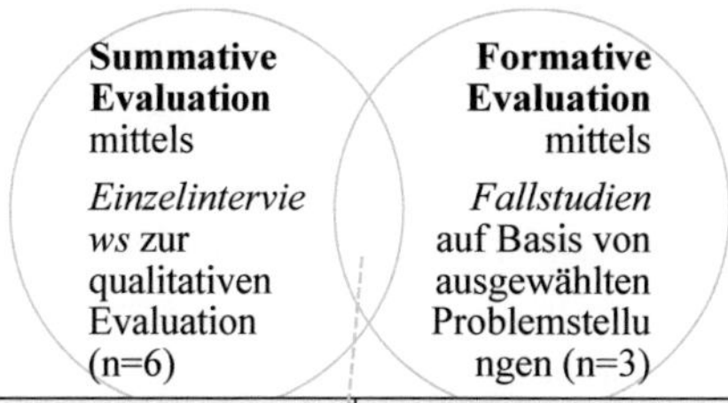

Summativ	Formativ
Kontroll-/Legitimationsfunktion	Optimierungsfunktion
Leitfaden	Fragebogen
Dokumentation in Transkripten/ Strukturierte Inhaltsanalyse	Ausgefülltes Prozess-Assessment/ Fragebogenauswertung

Gleiche Basis an Evaluationskriterien:

a) Anwendungseigenschaften, wie
   - Passfähigkeit,
   - Operationalisierungsfähigkeit,
   - Anwendbarkeit,
   - Nutzungsbarrieren

und

b) Gütekriterien, wie
   - Objektivität,
   - Messgenauigkeit sowie
   - Validität.

Abbildung 4.7: Methodenmix aus summativer und formativer Evaluation, Quelle: Eigene Darstellung.

Bei der **summativen Evaluation** steht die „Kontroll- und Legitimationsfunktion" (Döring/Bortz 2016, S. 990) im Vordergrund. Das Reifegradmodell wird in *Einzelinterviews* als ganzheitliches Modell eingeschätzt und deren Legitimation wird begründet (s. Abb. 4.7).
Der zugrunde gelegte Leitfaden bezieht sich auf die beschriebene Kriterienbasis (s. Anhang 7, A)). Die Einzelinterviews werden in Transkripten wörtlich dokumentiert (s. Anhang 8). Für die Datenaufbereitung wird eine strukturierte Inhaltsanalyse nach Mayring (2015) angewandt (s. Anhang 8).

Bei der **formativen Evaluation** erfüllt die Bewertung eine „Optimierungsfunktion" (Döring/Bortz 2016, S. 990). Durch die Anwendung von *Fallstudien* wird das Reifegradmodell durchlaufen und Verbesserungspotenziale werden gesammelt (s. Abb. 4.7).

Der eingesetzte Fragebogen verwendet ebenso die beschriebene Kriterienbasis (s. Anhang 7, B)). Die Fallstudien werden durch das ausgefüllte Prozess-Assessment dokumentiert (s. Anhang 9). Für die Datenaufbereitung wird der Fragebogen ausgewertet und die Fallstudien werden entsprechend verglichen (s. Anhang 9).

Insgesamt wird dieser Methodenmix mittels **externer Fremdbewertung** umgesetzt (Döring/Bortz 2016, S. 989 f.). Die Teilnehmer der Evaluation gehören zu öffentlich-rechtlichen und privaten sowie großen und kleinen Fernsehsendern, die die Fernsehproduktionslandschaft in Deutschland repräsentieren. Sie bilden also den Nutzendenkreis des Reifegradmodells ab, sodass besonders der Praxisbezug des Modells evaluiert wird. Zusätzlich gehören zu den Evaluierenden sowohl ein technischer als auch ein beratender Dienstleistender der Fernsehbranche, sodass in die Evaluation eine ganzheitlich technische sowie betriebswirtschaftliche Sicht einfließen.

Die Ergebnisdarstellung des Evaluationsschrittes wird in Erkenntnisse aus der summativen und der formativen Evaluation (s. Kapitel 4.3.1.1 und 4.3.1.2) eingeteilt und im Folgenden hergeleitet.

4.3.1.1 Summative Evaluation

Erhebungsdetails

Im Rahmen der summativen Evaluation werden leitfadengestützte Einzelinterviews umgesetzt. Die Tabelle 4.19 stellt die Erhebungsdetails dar. Die sechs Befragten sind aus öffentlich-rechtlichen und privaten Fernsehsendern und einem Dienstleistenden für Broadcast-Systemarchitektur (s. Tab. 4.19). Sie ordnen sich hauptsächlich in die Zielgruppen „Entscheider:in" und „IT-Planer:in" ein. Ein Befragter zählt sich zu keiner Zielgruppe, hat aber potenzielle Berührungspunkte mit dem Reifegradmodell über das Projekt- und

Portfolio Management des Unternehmens (s. Tab. 4.19). Einige Befragte sind einerseits durch ihr Arbeitsumfeld direkt in Cloud-Projekten involviert und damit sehr praktisch sowie technisch orientiert. Einige Befragte sind andererseits in entscheidender Position an einem strategischen, ganzheitlichen Vorgehen und an einem Argumentieren für den Cloud-Einsatz interessiert (s. Anhang 8). So kann ein ausgewogenes Bild für die Kontrolle und Legitimation des Modells durch die sechs qualitativen Interviews ermittelt werden.

<table>
<tr><td colspan="2">Ziel</td><td>Summative Evaluation des Reifegradmodells hinsichtlich Anwendungseigenschaften</td></tr>
<tr><td rowspan="4">Daten-erhe-bung</td><td>Methode</td><td>Leitfadengestützte Einzelinterviews (per Videoanruf)</td></tr>
<tr><td>Teilnehmen-denprofile</td><td>6 Teilnehmende aus öffentlich-rechtlichen und privaten Fernsehsendern (SWR, ZDF, ORF, ProSiebenSat.1 Tech Solutions) und Dienstleistende für Broadcast-Systemarchitektur (Reelway GmbH):
• IT-Planer:in: 2;
• Entscheider:in: 3;
• Keine Zielgruppe, aber Berührungspunkte (Projekt- und Portfolio Management): 1.</td></tr>
<tr><td>Zeitraum</td><td>19.05.21 – 25.05.21</td></tr>
<tr><td>Ablauf</td><td>• Anfrage und Zusendung des Leitfadens per Mail;
• Telefonische Befragung per Videoanruf über die Dauer von ca. 1 Std.;
• Der Aufzeichnung des Interviews wurde zugestimmt.</td></tr>
<tr><td>Daten-aufbe-reitung</td><td>Methode</td><td>Qualitative Inhaltsanalyse der Transkripte;</td></tr>
<tr><td colspan="2">Ergebnis</td><td>Angaben zur Passfähigkeit zu Besonderheiten der Fernsehproduktion, der Operationalisierungsfähigkeit, der Praxistauglichkeit/Anwendbarkeit, der Nützlichkeit und zu Nutzungsbarrieren, der Validität, Reliabilität und Objektivität sowie von Verbesserungsvorschlägen.</td></tr>
</table>

Tabelle 4.19: Erhebungsschema der summativen Evaluation mittels Einzelinterviews, Quelle: Eigene Darstellung im Anhang 7 A) und 8.

Der verwendete Leitfaden (s. Anhang 7 A) für die etwa einstündigen, qualitativen Einzelinterviews stützt sich auf die gemeinsame Kriterienbasis zur formativen und summativen Evaluation (s. Abb. 4.7) und umfasst Fragen zur Ermittlung

- der Passfähigkeit bei Besonderheiten der Fernsehproduktion,
- der Operationalisierungsfähigkeit,
- der Praxistauglichkeit/Anwendbarkeit,
- der Nützlichkeit und der Nutzungsbarrieren,

- der Validität, Reliabilität und Objektivität sowie
- von Verbesserungsvorschlägen (s. Tab. 4.19).

Zunächst wird die Datenaufbereitung durch eine qualitative Inhaltsanalyse (s. Tab. 4.19) dargelegt und dann werden die erfassten Ergebnisse im Rahmen dieser summativen Erhebung aufgezeigt.

Datenaufbereitung

Die transkribierten Interviews werden mit einer **qualitativen Inhaltsanalyse** nach Mayring (2015) ausgewertet. Konkret wird im Rahmen der qualitativen Inhaltsanalyse eine **inhaltliche Strukturierung** (Mayring 2015, S. 67-68, 103) gemäß folgendem Ablaufmodell (s. Abb. 4.8) durchgeführt:

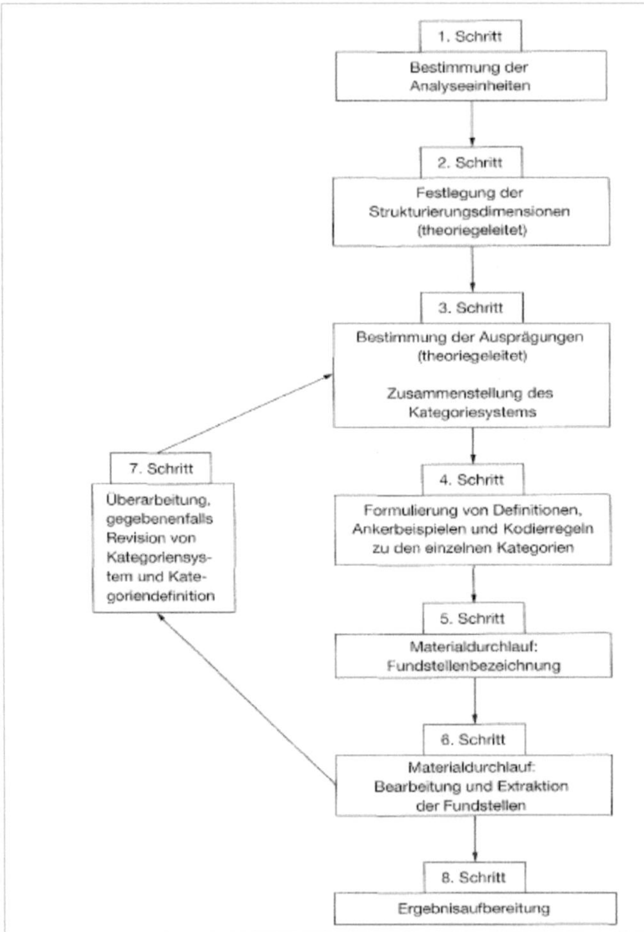

Abbildung 4.8: Ablaufmodell strukturierender Inhaltsanalyse nach Mayring, Quelle: Mayring 2015, S. 98.

Nach diesem Ablauf in Abbildung 4.8 werden die Schritte 1 bis 8 durchlaufen.

Schritt 1: Analyseeinheit besteht aus Kodiereinheit, Kontexteinheit und Auswertungseinheit (vgl. Mayring 2015, S. 61, 63):

- Der kleinste Materialbestandteil in dieser Inhaltsanalyse ist eine Präposition (Kodiereinheit).
- Kontexteinheit ist der maximale Bestandteil in dieser Inhaltsanalyse, der jegliches Material des jeweiligen Falles umfasst.
- Alle sechs Transkripte stellen die Auswertungseinheit dar, die analysiert werden soll (Auswertungseinheit).

Schritte 2, 3 und 4: Die Kategorienbildung erfolgt theoriegeleitet und deduktiv. Denn das Kategoriensystem ergibt sich aus den Fragen des Leitfadens und der Zuordnung zu den Evaluationskriterien, die wiederum durch den priorisierten Zielkatalog im Sinne des SEs (s. Kap. 4.1.1.2) und der einschlägigen Literatur (vgl. Döring/Bortz 2016, S. 984) abgeleitet werden konnten. Das bedeutet, dass je Frage eine Kategorie gebildet werden konnte. *Beispiel*: Im Rahmen des Evaluationskriteriums „Passfähigkeit" wurde die Frage nach dem ersten Eindruck gestellt. Somit ist der erste Eindruck als eine Kategorie in das Kategoriensystem aufgenommen worden (s. Tab. 4.20). Es ergibt sich entsprechend der vorbereiteten Fragen des Leitfadens folgendes Kategoriensystem mit Definition, Ankerbeispiel und Kodierregel (s. Tab. 4.20).

Evaluationskriterium	Kategorie	Definition	Ankerbeispiel	Kodierregel
----	K1: Zielgruppe	S. Kap. 4.1.3	„Also wahrscheinlich die Variante: keine Zielgruppe, aber könnte mir die Nutzung vorstellen. Insofern, als dass ich mit IT-Architekten z. B. immer mal wieder unterwegs bin und auch da (...) mal Strategie-Workshops und dergleichen moderiere und insofern da solche Impulse auch immer mal wieder mit reingeben kann. Oder ich mich freue, wenn ich auch mal so ein bisschen was mit eingeben kann." (S. Transkript Befragter 4, [00:01:24.240])	Die Einteilung in die Zielgruppe erfolgt nach Angabe der Definition.

Evaluationskriterium	Kategorie	Definition	Ankerbeispiel	Kodierregel
Passfähigkeit	K2: Erster Eindruck	Aussagen zum ersten Kontakt mit dem Reifegradmodell	„Ich würde es halt mal ausprobieren. Also es weckt auch Interesse, das mal auszuprobieren. Sagen wir es mal so, das ist der erste Eindruck.“ (S. Transkript Befragter 1, [00:15:16.470])	S. Definition
	K3: Vorstellung zukünftiger Einsatz	Nennung eines zukünftigen Einsatzes im Arbeitsumfeld oder eines abstrakten Falls in der TV-Branche	„(...) Also eine gesetzte Reihenfolge hat keine Bedeutungshierarchie, weil ist zufällig. Sende-Abwicklungen aus der Cloud ist ein Riesenthema. Dann aber auch mobile Produktion aus der Cloud. Ein ganz anderes Thema. Also am Beginn. Dann aber auch weitere Dinge wie (...) Bezug produktionsnaher Services aus der Cloud z. B. Speech to Text, Personenerkennung et cetera, also Prüfung – produktionsnah und archivnah. Da kann man aber auch sagen redaktionsnah; vielleicht wäre besser zu sagen: Medienproduktspezifische Dienste aus der Cloud. Also ich überleg´ mir, so ein Dienst aus der Cloud zu beziehen; muss ich ja eine Reifegrad-Analyse machen, ob dieser Dienst mir in meiner heutigen Prozesswelt überhaupt was nützt. Und da würde ich – soweit ich das überschauen kann – vielleicht bräuchte es dann noch Detail-Anpassungen Ihrer Methodik; kann ich nicht beurteilen. Aber auf all´ die Dinge würde ich es anwenden.“ (S. Transkript Befragter 5, [00:03:13.950])	S. Definition

Evaluationskriterium	Kategorie	Definition	Ankerbeispiel	Kodierregel
	K4: Wichtige Kriterien	Aussagen zu bedeutenden Kriterien aus dem Prozess-Assessment	„(...) Skalierung haben Sie, glaube ich, geschrieben. Das ist ein ganz wichtiger Punkt." (S. Transkript Befragter 3, [00:20:22.580])	Hier sind die bestehenden Kriterien im Prozess-Assessment gemeint.
	K5: Unpassende Kriterien	Aussagen zu weniger wichtigen oder unpassenden Kriterien	„Die sind ja nicht so schlecht. Die Kriterien. Ich würde da jetzt nichts rausnehmen, weil man sollte sich ja eigentlich über alles mal Gedanken machen." (S. Transkript Befragter 1, [00:22:09.660])	Hier sind die bestehenden Kriterien im Prozess-Assessment gemeint.
Operationalisierungsfähigkeit	K6: Ableitung von Ansatzpunkten zur Optimierung	Aussage zur Fähigkeit, selbst Optimierungsansätze aus dem Modell anzuleiten.	„Auf jeden Fall. Ja, auf jeden Fall. Und zwar natürlich technische Maßnahmen oder aber, dass man auch sagt, dass ein bestimmtes Produkt auswählt und ein anderes nicht. Das halte ich auch für ganz wichtig. Und eben auch dann ja: organisatorische Maßnahmen. Wenn ich so eine Cloud einsetze, dann werden einige Funktionen obsolet. Das ist nun mal so. Aber es werden auch weitere Funktionen benötigt." (S. Transkript Befragter 3, [00:48:09.330])	Angabe Ja/Nein (Nominalskala)

Evaluationskriterium	Kategorie	Definition	Ankerbeispiel	Kodierregel
Technische Realisierbarkeit/Praxistauglichkeit	K7: Einschätzung zur Praxistauglichkeit	Einschätzung zur Anwendung in der Praxis	„(...) Ja, also ich hab ja nichts auszusetzen, deshalb würde ich ein "sehr gut" geben.“ (S. Transkript Befragter 5, [00:29:28.330])	Angabe in Schulnoten (1 - sehr gut, 2 - gut, 3 - befriedigend, 4 - ausreichend, 5 - mangelhaft, 6 - ungenügen d)
Nützlichkeit/ Nutzungsbarrieren	K8: Persönliche Vorteile und Nutzen	Aussagen zu persönlichen Vorteilen und eigenem Nutzen oder Nutzen für das Arbeitsumfeld bei Verwendung des Reifegradmodells	„Gut, dass man einfach (...) ein Messinstrument hat, um eben so die eigene Entwicklung oder auch die Abteilungsentwicklung oder auch die Firmen- oder Konzern-Entwicklung so ein bisschen zu planen. (...) Wie so eine Landkarte: Wo stehe ich? Was sind die nächsten Schritte? Also wo? Ja, wo sind die Pain-Points? Wo sind die Sachen, die nun nicht gut sind und dann eben auch, dass die dann für die Planung ganz gezielt ansetzen können: Wo hab ich noch Kostenfaktoren, die ich minimieren kann? Wo hab ich noch technische Probleme, die ich mit dem Einsatz von Personal und Geld verbessern kann? Und wenn man das mal alle halbe Jahre vielleicht macht, dass man wirklich sehen kann, bin ich vorangekommen? Hat sich das Geld, was ich eingesetzt	S. Definition

Evaluationskriterium	Kategorie	Definition	Ankerbeispiel	Kodierregel
			habe; hat sich das wirklich ausgezahlt? Und daher ist eine sehr wichtige Sache, dass davon ein Gradmesser habe.“ (S. Transkript Befragter 3, [00:46:31.040])	
	K9: Nachteile durch Nutzungsbarrieren	Aussagen zu Nachteilen bzw. Nutzungsbarrieren bei Verwendung des Reifegradmodells	„(...) Also ich glaube was – aber gut, das ist persönliche Meinung – Excel ist da mäßig zu geeignet.“ (S. Transkript Befragter 2, [00:26:45.590])	S. Definition
	K10: Fehlende Informationen, Anleitungen	Konkrete Nennung von Inhalten, die im vorliegenden Reifegradmodell bei der Anleitung ergänzt werden müssen.	„Einfach ein paar Beispiele mit reinnehmen. Also unter Hardware-Unabhängigkeit verstehen wir, oder ist zu verstehen, weil man muss immer damit rechnen, also die Erfahrung habe ich gerade auch beim großen Rundfunkanstalten gemacht, die Leute kommen ganz unterschiedlich woher.“ (S. Transkript Befragter 3, [00:36:00.700])	Umfasst Ergänzungen rund um die Anleitung des Reifegradmodells.
	K11: Verbesserungsvorschläge	Aussagen, die einen Hinweis zur Verbesserung des Modells in Form von Änderungen oder Ergänzungen, die keine Anleitung sind, enthalten.	„Wozu willst du das machen? Genau. Und muss wahrscheinlich gar nicht viel sein. Wahrscheinlich würden 2-3 Sätze vor jedem dieser Kapitel reichen, um die nötige Orientierung zu geben und mit der mit der geeigneten Perspektive, mit einem geeigneten Blickwinkel diese Fragen zu beantworten.“ (S. Transkript Befragter 4, [00:07:12.410])	Umfasst Verbesserungsvorschläge rund um Änderungen des Designs, der Inhalte und

Evaluationskriterium	Kategorie	Definition	Ankerbeispiel	Kodierregel
				des Einsatzes des Reifegradmodells.
	K12: 3-Schritte-Masterplan für Etablierung	Beschreibung eines passenden Vorgehens zur Etablierung des Reifegradmodells	„Also das ist jetzt aber was, etwas Unternehmenspezifisches (...) Und jetzt verkühlt, würde ich jetzt sagen: also ich glaube nicht, dass zu einer AG Reifegradmodell kommen würde. Dazu sind da zu viele Protagonisten unterwegs bei uns. Es gibt zu wenige Anwendungsfälle momentan für die Cloud-Dienste. Ich würde es eher tun, in "tatsächlich exemplarisch". Das ist eigentlich immer ein ganz guter Weg zu zeigen an einer kleinen Stelle: Guck mal, da funktioniert etwas Gutes – wäre das nicht etwas für euch?" (S. Transkript Befragter 1, [00:38:56.570])	S. Definition
Validität	K13: Validität	Aussagen zur Allgemeingültigkeit des Modells	„(...) Also ich hab´ jetzt nix spezifisch öffentlich-rechtliches Verschobenes da drin gesehen. Das ist für eine RTL, eine Pro7, eine Studio Hamburg oder auch eine ... Produktionsgesellschaft identisch anwendbar. Das ist branchenintern, also müssen Sie natürlich schon ... ob jetzt ein Reifenhersteller cloud-ready ist – das will ja damit auch nicht gemessen werden. Aber für die breite Branche, die Bewegtbild machen, ja ganz klar einsetzbar. Die Kriterien sind so angelegt; da könnt ihr mir jetzt genauso mit meinem RTL-Pendant dort drüber unter-	S. Definition

Evaluationskriterium	Kategorie	Definition	Ankerbeispiel	Kodierregel
			halten, wie mit meinem WDR-Pendant.“ (S. Transkript Befragter 5, [00:58:39.280])	
Reliabilität	K14: Reliabilität	Aussagen zur Messgenauigkeit des Modells	„(...) Ja, also ich glaube, Sie haben es ja so sehr mit dieser Granularität Ihrer Genauigkeit, das war die eine Folie, wo so ein dicker Pfeil war, also die Antipoden "überhaupt nicht ready" und hinten "total, perfekt". Und ich glaube, des – ich hab´ den Eindruck, das ist genau die richtige Granulierung für den Genauigkeitsanspruch. Ich glaube, im Rahmen (...) dieses Rasters; das wird es erfüllen. Ich glaube, es wird ein Unterschied sein zwischen 2 und 4 oder 3. Wenn Sie jetzt da 20 Abstufungen eingebaut hätten, dann hätte ich gesagt, Schein-Genauigkeit. Das können Sie so fein nicht raus kristallisieren. Aber ich hab den Eindruck, also 3 – das wäre zu wenig. (...) Ich hab so den Eindruck, Ihr Messmaßstab passt zu dem, was Sie hier von den Antwort-Gebern erwarten können. Ich glaube auch, dass es eine hohe Reproduktionsrate hätte, weil Sie die Kriterien so breit und tief abfragen. Ich glaube, wenn Sie jetzt im SWR es anwenden würden auf die Frage "cloud-ready?" und im MDR und bei beiden würde ich sagen, ist der Reifegrad in den Produktionsprozessen cloud-ready zu sein wahrscheinlich sehr ähnlich, weil dies – oder nehmen wir SWR und NDR. Die sind sehr ähnlich da aufgestellt.“ (S.	S. Definition

Evaluationskriterium	Kategorie	Definition	Ankerbeispiel	Kodierregel
			Transkript Befragter 5, [00:54:56.740])	
Objektivität	K15: Objektivität	Aussagen zur Objektivität des Modells	„Ja, ich würde sagen nicht allein durch den Fragebogen selber – klar. Das ist ein wichtiger Punkt. Aber dann auch, indem Sie einfach mehrere Leute draufschauen lassen. Also den Prozess nicht nur von einem oder einer bewerten lassen, einem Techniker/Technikerin, sondern auch wirklich Redakteur, (...) Chefredakteur, dann derjenige, (???) auch Leute, die für den Betrieb dann verantwortlich sind. Der Support beispielsweise. (...) Ich würde wirklich nicht allein einen oder eine Auswertung lassen. Mindestens drei Leute. Dann bekommen sie ein sehr ausgewogenes Bild.“ (S. Transkript Befragter 3, [00:50:24.840])	S. Definition

Tabelle 4.20: Kodierleitfaden, Quelle: Eigene Darstellung in Anlehnung an Mayring 2015, S. 111-112.

Schritte 5 und 6: Die Extraktion der Fundstellen (s. Abb. 4.8) durch den Materialdurchlauf ist im Anhang 8 dokumentiert.

Schritt 7: Die Revision des Kategoriensystems wird ausgelassen (s. Abb. 4.8), da sich aus dem Materialdurchlauf keine Änderungen ergeben haben.

Schritt 8: Folgende Ergebnisse können aus der Inhaltsanalyse gewonnen werden.

<u>Ergebnisse der Erhebung</u>

Insgesamt stößt das Reifegradmodell in der Mehrheit deutlich überwiegend auf positive Resonanz. Es wird beobachtet, dass für die Anwendung des Modells eine gewisse methodische Affinität von Vorteil ist (s. Anhang 8). So werden in der Befragung bessere Ergebnisse erzielt, wenn auch Interesse an einem ganzheitlichen und systematisierten Vorgehen besteht (s. Transkript Befragter 1 und 6). Tabelle 4.21 zeigt eine Zusammenfassung der Erkenntnisse aus den qualitativen Interviews, die nach einem Kategoriensystem aufgeschlüsselt sind.

Kategorie	Fallübergreifende Zusammenfassung
K1: Zielgruppe	• IT-Planer:in: 2; • Entscheider:in: 3; • Keine Zielgruppe, aber Berührungspunkte (Projekt- und Portfolio Management): 1.
K2: Erster Eindruck	• Das Reifegradmodell weckt im ersten Kontakt **Interesse**. Es konnten Bezüge zu eigenen Herausforderungen (Cloud Computing ist „neue Welt") und Bedarfe (Cloud-Checkliste) aus dem Arbeitsumfeld hergestellt werden. • Die **Meta-Ebene und Abstraktion** sind im ersten Eindruck sowohl positiv (sehr gut systematisiert) als auch negativ (schwieriger Einstieg) aufgefallen. Zudem nannten zwei Befragte, dass das Anwendungsgebiet unklar sei.
K3: Vorstellung Zukünftiger Einsatz	• Fünf der Befragten können sich einen Einsatz des Reifegradmodells vorstellen. Als **zukünftiges Einsatzgebiet des Reifegradmodells** wird genannt, dieses als Planungsbehelf, als Beilage für ein Projekt, als Entscheidungsgrundlage für Manager:innen im täglichen Geschäft zu verwenden oder als Methodik-Impuls in Workshops mit IT-Architekten und IT-Architektinnen einzugeben. • Als **zukünftige Cloud-Einsatzszenarien** für die Anwendung des Reifegradmodells werden Sendeabwicklungen (Streaming, Re-Streaming und Content Delivery Networks, Webauftritte), mobile Produktionen und medienproduktspezifische Dienste aus der Cloud (Speech to Text, Personenerkennung etc.) genannt. • Lediglich ein Befragter äußerte, dass es **keine konkrete Vorstellung** für die zukünftige Anwendung gibt, da die Entscheidungen nicht auf dieser Basis getroffen werden.
K4: Wichtige Kriterien	• **Vereinzelt** werden als wichtige Kriterien genannt: Kosten-Kriterien, Qualität des Materials, Materialverwertungsgrad, Growing-File-Fähigkeit und Kollaborationsgrad. In zwei Fällen wird Skalierbarkeit als wichtig herausgestellt. • Als wichtige Kriterien werden **jeweils vier Mal** die Verfügbarkeit/Zeitspanne bis zur Wiederherstellung nach einem Vorfall sowie Umsetzung von Betriebskonzepten genannt.
K5: Unpassende Kriterien	Es sind keine unpassenden Kriterien enthalten. Je nach Anwendungsfall variiert aber die Relevanz der Kriterien. Die Kriterien zu Prozess-Akteurinnen und -akteuren sind nicht einfach zugänglich.

Kategorie	Fallübergreifende Zusammenfassung
K6: Ableitung von Ansatzpunkten zur Optimierung	• Bei den vier Befragten, die dazu befragt wurden, wurde **bejaht**, dass Ansatzpunkte für die Optimierung abgeleitet werden können. • Zur Ableitung von Optimierungsansätzen wird die **Grafik** herangezogen, deren Darstellung angepasst werden sollte. Es wird vorgeschlagen, ein Spinnendiagramm umzusetzen, das Themenflächen wie Prozesstechnik abbildet. So könnte man die Interpretation für Optimierungsansätze verbessern.
K7: Einschätzung zur Praxistauglichkeit	• Ein Befragter gab an, dass die **Praxistauglichkeit** eingeschränkt ist, da die Methodik nicht leicht zugänglich und der Zweck nicht klar ersichtlich sei. • Drei Befragte halten das Modell für praxistauglich. Zwei davon hoben den **hohen Abstraktionsgrad und die Tiefe des Modells** hervor, die aber als notwendige Bausteine für die Beschäftigung mit dem Thema genannt wurden. Das Modell liefere eine Ergänzung des praktischen Blickes – und zwar eine komplementäre aus einem akademisch-analytischen Blickwinkel. Es führt zu einem anderen Denken und zur Abstraktion des eigenen Prozesses. • Es wird weiter angefügt, dass das **Self Assessment** sicherlich nach Meinung zweier Befragten umsetzbar wäre. Drei Befragte empfahlen, ein geführtes Assessment durchzuführen, eine Schulung oder ein ausgefülltes Beispiel voranzustellen, um die Qualität zu verbessern. Denn je methodischer die Bewertung, desto notwendiger werde eine Unterstützung bei der Interpretation der einzelnen Fragen und Kriterien. • Zweimal wurde eine **Schulnote** von „sehr gut“ und „sehr gut bis gut“ vergeben.
K8: Persönliche Vorteile und Nutzen	• Drei der Befragten geben an, dass die persönlichen Vorteile und der Nutzen darin gesehen werden, dass man ein **verlässliches Messinstrument** habe, um die Optimierung der Prozesse umzusetzen; Schwachstellen hinsichtlich Kosten, Personal und Technik nachvollziehbar zu identifizieren und gezielt die nächsten Schritte zu planen. • Drei Befragte gaben an, dass eine Versachlichung und das kriteriengestützte Vorgehen helfe, sich zu strukturieren, blinde Flecken zu vermeiden und Transparenz zu erzeugen. Die analytische Aufbereitung unterstütze auch beim Argumentieren und der Kommunikation in Richtung anderer Firmen (z. B. bei der Formulierung von Anforderungen) oder der Management-Ebene (z. B. grafische Darstellung). Sowohl im Prozess der Analyse (**Diskussionsgrundlage**) als auch im Ergebnis der Analyse (**Entscheidungsgrundlage**) wird damit ein Nutzen gesehen.

<table>
<tr><th>Kategorie</th><th>Fallübergreifende Zusammenfassung</th></tr>
<tr><td></td><td>

- Ein Befragter gab an, dass er keinen konkreten persönlichen Nutzen sehe, da die Entscheidungen nicht auf dieser Basis getroffen werden.
- Es wird vorgeschlagen, den Nutzen, den man mit dem Reifegradmodell erzielt, durch ein **geführtes Assessment** zu vergrößern. Denn dadurch würde die Zielgruppe erweitert werden.
- Zudem wird vorgeschlagen, beispielsweise zehn **Key-Faktoren zu Beginn für eine grundsätzliche Prüfung der Cloud-Fähigkeit** hinzuzufügen, um das Anwendungsgebiet des Modells zu erweitern. Damit beginne das Modell einen Schritt weiter vorne, indem es Unternehmen aus strategischer Perspektive unterstützt, Prozesse in die Cloud zu bringen. Denn es könne mehr wirtschaftlicher Nutzen generiert werden als aus der Entscheidung, Prozesse, die schon cloudbasiert sind, zu optimieren. Danach ist die Checkliste für die Voraussetzungen zur Implementierung und eine tiefere Analyse mit dem ganzen Reifegradmodell möglich.

</td></tr>
<tr><td>K10: Fehlende Informationen, Anleitungen</td><td>

- Vier Befragte gaben an, weitere Informationen zu ergänzen. Zu den Begrifflichkeiten sollten **Definitionen oder Beispiele** mittels Mouseover/Kommentarfunktion/Link(z. B. zu Wikipedia)/Learn-more-Button dort ergänzt werden, wo man sich tatsächlich auch im Modell befindet. Folgende Begriffe wurden genannt:
  - Growing-Files;
  - Multiformatfähigkeit;
  - Hardwareunabhängigkeit;
  - Parallelisierungsgrad;
  - Sequenzialität;
  - Termintreue der Schnittstelle.
- Grund ist vor allem, dass die unterschiedlichen Anwender:innen des Modells, verschiedene Sichtweisen und Erfahrungen haben. Zum Verständnis würde dabei an der einen oder anderen Stelle „unter (XY) verstehen wir dies und jenes“ (...) ausreichen.
- **Mehrdeutige Begriffe** wie Anbieter:in, Material sollen präzisiert oder ebenfalls mit Beispielen angereichert werden.

</td></tr>
</table>

<table>
<tr><th>Kategorie</th><th>Fallübergreifende Zusammenfassung</th></tr>
<tr><td>K11:
Verbesserungsvorschläge</td><td><ul>
<li>Es wird der Verbesserungsvorschlag gemacht, die Form anzupassen: Anstelle des Excel-Tools sollten Web-UI oder Microsoft Forms als Umfrage oder Slider verwendet werden.</li>
<li>Es wird zweimal angeregt, die Grafik zu verbinden, damit ein richtiges Spinnennetz und Flächen pro Themeneinheit entstehen.</li>
<li>Es werden einige Verbesserungsvorschläge zu den Begrifflichkeiten gemacht:
<ul>
<li>Dopplung des Cloud-Einsatzes bei Steckbrief entfernen;</li>
<li>Growing-Files in „While-Prozesse“ ändern mit Definition „Prozessschritte können starten, während andere noch nicht abgeschlossen sind“;</li>
<li>Kapazitätsauslastung anpassen, indem vermerkt wird, dass einige Services bei einer Auslastung von 90 % Alarm auslösen (Alternative wäre, das Kriterium zu ändern in „Kostengetriebenes Ressourcenmanagement", mit dem Ziel, ungenutzte Ressourcen stets zu minimieren und so Kosten zu kontrollieren).</li>
</ul></li>
<li>Es wird der Vorschlag gemacht, ein Kriterium zu ergänzen:
<ul>
<li>Zero-Downtime (Zeitspanne zum Wiederanlaufen, Cloud-natives Kriterium, abgegrenzt von Havarie-Fall);</li>
<li>Erreichen mehrerer Anwendungen mit einem Log-in;</li>
<li>Monitoring des file-/signalbasierten Prozesses (d. h. es wird transparent, wo und in welchem Status sich das File/Signal befindet);</li>
<li>Technische Integration des Materials (Datei-Folder vs. System-Schnittstelle);</li>
<li>Asynchrone Kopplung der Anwendungen (d. h. Unabhängigkeit erreichen: Daten übergeben, aber nicht gegenseitig behindern);</li>
<li>Umsetzung von Managed-Services (vs. einfaches Mieten, erhöht aber Abhängigkeit vom Dienstleistenden);</li>
<li>Umsetzung von einer direkten Leitung zum Cloud-Anbietenden (Direct Connect);</li>
<li>Verzahnung von Human-Tasks und Maschinen-Tasks (Wie gut sind die menschlichen Prozesse und die Maschinenprozesse miteinander verbunden?);</li>
<li>Vendor Lock-in/Abhängigkeit vermeiden.</li>
</ul></li>
<li>Es wird der Verbesserungsvorschlag gemacht, die Orientierung im Reifegradmodell zu optimieren, indem 2-3 Sätze vor jedem Kapitel</li>
</ul></td></tr>
</table>

Kategorie	Fallübergreifende Zusammenfassung
	beschreiben, was erzielt werden soll. Dies könnte durch ein Schaubild gelöst werden, das die verschiedenen Schritte in der Übersicht erläutert und zeigt, worauf das Modell hinaus will. • Zudem wird empfohlen, eine Liste von zehn **Key-Faktoren** vor die Checkliste zu stellen, die die Kern-Klärungsbereiche umfasst und den Einstieg mit wenig Aufwand ermöglicht. • Es wird der Verbesserungsvorschlag gemacht, die definierte **Zielgruppe** des Modells um leitendes Produktionspersonal (wie PIs, SOP-Gruppe, Ü-Wagen-Leiter etc.) zu erweitern, damit die notwendige Erfahrung aus der praktischen Produktionsumsetzung bei der Analyse des Produktionsprozesses einfließen kann.
K12: 3-Schritte-Masterplan für Etablierung	• Diese Frage wurde nur drei Befragten gestellt. • Zwei waren der Ansicht, dass sich **durch ein Exempel** eine Etablierung ermöglichen ließe. Das Vorgehen zur Etablierung sei unternehmensspezifisch. Es wäre generell zu empfehlen, das Modell dann in einem wichtigen Projekt anwenden. • Der dritte Befragte gab an, dass **eine strategische Einordnung** (1), **formale Verpflichtung** (2) und **aktive Hilfestellung mit Marketing** (3) grundlegend seien, damit das Modell Anwendung fände.
K13: Validität	• Die Kriterien sind **allgemeingültig** und beziehen sich nicht explizit auf öffentlich-rechtliche oder private Fernsehsender. Das Modell ist in der breiten Branche, die Bewegtbild erzeugt, eindeutig einsetzbar. • Das Reifegradmodell passt vor allem gut zum Prozessschritt der Bearbeitung und Event-Streaming, was momentan auch meistens als Cloud-Szenario umgesetzt wird. • Es konnte **nicht abschließend beurteilt** werden, ob das Modell auf alle Prozessschritte anwendbar ist, wie z. B. Produktionen in der Cloud, Remote-Produktion. Da wäre das Thema Monitoring für die Darstellung der Signale wichtig. Bei solchen Cloud-Anwendungen steigt auch der Komplexitätsgrad (hoher Qualitätsanspruch und komplexe Prozesse). Hier müssten ggf. noch Kriterien ergänzt werden. Diese Cloud-Szenarien sind aber auch noch nicht hinreichend in der Praxis angekommen.
K14: Reliabilität	• Zur Messgenauigkeit werden der Maßstab und die Reproduktionsrate eingeschätzt. • Die gewählte **Granularität der fünf Reifegrade** ist sehr gut geeignet für den Genauigkeitsanspruch des Modells. So kann ein Unterschied

Kategorie	Fallübergreifende Zusammenfassung
	zwischen den Reifegraden ausgemacht werden. Der Messmaßstab passt zu dem, was das Modell von seinen Antwort-Gebenden erwartet. • Es wird eingeschätzt, dass das Assessment eine **hohe Reproduktionsrate** besitzt, weil die Kriterien breit und tief abgefragt werden. • Bei einem Assessment, das **von mehreren Personen ausgefüllt** wird und über einen längeren Zeitraum evaluiert wird, werden die Extreme gemittelt, sodass eine gewisse Genauigkeit erreicht wird. Das Wiederholen des Assessments nach einem halben Jahr könnte diesen Effekt noch weiter verstärken.
K15: Objektivität	• Die Kriterien werden als sehr **objektiv** eingeschätzt. • Dennoch wird herausgestellt, dass Objektivität nicht allein durch den Fragebogen erreicht werden kann. Es wird aus Erfahrungswerten für die objektive Umsetzung empfohlen, genügend (**mindestens drei Personen**) unterschiedliche Gruppen, wie Techniker:in, Redakteur:in, Produktionspersonal, Support etc. zu fragen. Denn die Einschätzung beruht nicht auf exakter Mathematik, sondern auf subjektiven Wahrnehmungen.

Tabelle 4.21: Ergebnisse der Einzelinterviews zur summativen Evaluation, Quelle: Eigene Darstellung aus Anhang 8.

Kontroll- und Legitimationsfunktion

Mithin wird eine **Legitimation des Modells** geschlussfolgert, da

- das potenzielle Anwendungsgebiet (s. Kategorien K2, K3 in Tab. 4.21),
- die gegebene Praxistauglichkeit (s. Kategorien K5, K6, K7 in Tab. 4.21) und
- die eingeschätzten persönlichen Vorteile sowie der ausgestellte Nutzen des Modells (s. Kategorien K8 in Tab. 4.21)

deutlich geworden sind.

Aufgrund der **Kontrollfunktion** der Erhebung werden konkrete Verbesserungsvorschläge sowie Anregungen und Hinweise zur Optimierung des Modells genannt (u. a. Kategorien K9, K10, K11 in Tab. 4.21). Im Folgenden werden diese Verbesserungspotenziale nach den Zielklassen des Zielkatalogs „Design“, „Einsatz“ und „Evaluation“ (s. Tab. 4.3 in Kap. 4.1.1.2) sortiert. Diese Zielklassen kategorisieren im Zielkatalog die Absichten für die Reifegradmodellentwicklung. Sie sorgen für eine Trennung zwischen Inhalt, Form und Evaluation des Reifegradmodells und sind geeignet, um die Verbesserungspotenziale in diesem Sinne zu sortieren. Folgende Verbesserungspotenziale werden für die Weiterentwicklung des Modells (s. Kap. 4.3.2) berücksichtigt:

- Design:
    - Erweiterung des Anwendungsfeldes mit leichtem Einstieg durch zehn Punkte für eine grundsätzliche Prüfung der Cloud-Fähigkeit (K8, K11);
    - Konkretisierung des Assessments durch visuelle und textuelle Darstellung des Zwecks der einzelnen Bausteine sowie der Fragestellungen des Reifegradmodells (K9, K11);
    - Anpassung und Ergänzung einzelner Kriterien nach Vorschlägen der Befragten (K11);
    - Anreichern der Begrifflichkeiten lokal durch mehr Informationen und Beispiele (K10);
    - Präzisierung der mehrdeutigen Begrifflichkeiten (K10);
    - Korrektur der Grafik für eine intuitivere Interpretation (Themenflächen im Spinnendiagramm) und ggf. Anpassung der Form des Assessments (Web-UI, Microsoft Forms, etc.) (K6, K11);
- Einsatz:
    - Erweiterung der Zielgruppe um leitendes Produktionspersonal (wie PIs, SOP-Gruppe, Ü-Wagen-Leiter etc.) (K11);
    - Änderung der Empfehlung in geführtes Assessment, Erstellen einer akzeptanzstiftenden Schulung oder Voranstellen eines ausgefüllten Beispiels (K7, K8, K9);
- Evaluation:
    - Änderung der Empfehlung zur Umsetzung des Assessments, das mehrere Personen (mindestens drei und unterschiedliche Sichtweisen) über einen längeren Zeitraum und durch Wiederholung für mehr Objektivität und Messgenauigkeit der Auswertung umsetzen sollen (K14, K15).

Grundsätzlich hat die summative Evaluation gezeigt, dass das Reifegradmodell in seinen Grundzügen auf eine hohe Legitimation trifft, es aber noch Verbesserungspotenzial gibt. Dieses erworbene Verbesserungspotenzial wird mit den Ergebnissen der formativen Evaluation, die eine klare Optimierungsfunktion verfolgt, weiter konkretisiert.

4.3.1.2 Formative Evaluation

Um im Rahmen der formativen Evaluation weiteres Verbesserungspotenzial zu erhalten, wird das Reifegradmodell in Fallstudien angewandt. Insgesamt werden **drei Fallstudien** umgesetzt.

Auswahl der Fallstudien

Die Auswahl der Fallstudien ergibt sich aus dem Nutzerkreis des Reifegradmodells und deren **aktueller Cloud-Einsatzgebiete als Problemstellungen**. Die drei Fallstudien sind dem Umfeld der öffentlich-rechtlichen großen und kleinen Fernsehsender zuzuordnen:

- Innerhalb dieser Fallstudien werden verschiedene Produktionsschritte abgedeckt, die sich mit den genannten zukünftigen Cloud-Einsatzgebieten aus der summativen Evaluation (s. Kap. 4.3.1.1) decken: Bearbeitung und Event-Streaming.
- Dabei können zwei Fallstudien aus unterschiedlichen Unternehmen zum Event-Streaming direkt miteinander verglichen werden.

Die Tabelle 4.22 stellt die Erhebungsdetails der Fallstudien dar. Das Forschungsfeld rund um cloudbasierte Fernsehproduktionsprozesse ist ein noch junges Forschungsgebiet. Im Rahmen der formativen Evaluation ist dies besonders bei der Suche nach geeigneten cloudbasierten Fernsehproduktionsprozessen im deutschsprachigen Raum aufgefallen. Die umgesetzten Fallstudien (s. Tab. 4.22) basieren daher auf Pilot-Projekten (Fallstudie 1 und 2), die gerade in den Fernsehsendern im Test sind – oder deren Anforderungsbeschreibungen darstellen (Fallstudie 3).

<table>
<tr><td colspan="2">Ziel</td><td>Formative Evaluation des Reifegradmodells hinsichtlich Anwendungseigenschaften inkl. Test;</td></tr>
<tr><td rowspan="4">Datenerhebung</td><td>Methode</td><td>Fallstudien zur Anwendung des Reifegradmodells mit Fragebogen;</td></tr>
<tr><td>Teilnehmerprofile</td><td>3 Fallstudien aus öffentlich-rechtlichen Fernsehsendern (SWR, ZDF):
• Fallstudie 1: cloudbasierter Highlight-Schnitt im ZDF;
o Leitende:r Redakteur:in;
o Projektingenieur:in/ Planungsingenieur:in;
• Fallstudie 2: cloudbasiertes Event-Streaming im ZDF;
o Fachbereichsleiter:in/ Planungsingenieur:in;
o Planungsingenieur:in;
• Fallstudie 3: cloudbasiertes Event-Streaming im SWR;
o Ingenieur:in im Projektmanagement;
o Geschäftsführer:in (externer Berater:in);
o Projektleiter:in;
o Teamleiter:in.</td></tr>
<tr><td>Zeitraum</td><td>19.05.2021- 08.06.2021</td></tr>
<tr><td>Ablauf</td><td>• Anfrage und Zusendung des Reifegradmodells und des Fragebogens per Mail;</td></tr>
</table>

		• Durchführung des Reifegradmodells – teilweise in Begleitung, die aufgezeichnet wurde. • Der Aufzeichnung wurde zugestimmt.
Datenaufbereitung	Methode	Ausgefüllte Reifegradmodelle und zusammenfassende Auswertung der Fragebögen;
Ergebnis		Angaben zur Passfähigkeit bei Besonderheiten der Fernsehproduktion, der Operationalisierungsfähigkeit, der Praxistauglichkeit/Anwendbarkeit, der Nützlichkeit und der Nutzungsbarrieren, der Validität, Reliabilität und Objektivität sowie von Verbesserungsvorschlägen.

Tabelle 4.22: Erhebungsschema der formativen Evaluation mittels Fallstudien, Quelle: Eigene Darstellung in Anhang 7 B) und 9.

In den Fallstudien wird das Reifegradmodell in beispielhafter Form als Excel-Tabelle (s. Anhang 6) zum Self Assessment und als Fragebogen zur Evaluation (s. Anhang 7, B)) eingesetzt. Die Inhalte des Fragebogens (s. Anhang 7, B)) lehnen sich an die gemeinsame Kriterienbasis zur formativen und summativen Evaluation (s. Abb. 4.7) an. Dieser Fragebogen beinhaltet hauptsächlich geschlossene Fragen mit Ja/Nein-Auswahl oder Likert-Skalen zur Erhebung

- der Passfähigkeit zu Besonderheiten der Fernsehproduktion,
- der Operationalisierungsfähigkeit,
- der Praxistauglichkeit/Anwendbarkeit,
- der Nützlichkeit und der Nutzungsbarrieren,
- der Validität, Reliabilität und Objektivität sowie
- von Verbesserungsvorschlägen (s. Tab. 4.22).

Die Ergebnisse der Anwendung des Reifegradmodells in den verschiedenen Fallstudien werden im Folgenden zunächst beschrieben. Dann folgt die Fragebogen-Auswertung vergleichend für alle durchgeführten Fallstudien.

Fallstudie 1: cloudbasierter Highlight-Schnitt im ZDF

Die Fallstudie 1 wird in einem großen öffentlich-rechtlichen Fernsehsender durchgeführt. Die Problemstellung cloudbasierter Highlight-Schnitt ist der Produktionsphase Produktion/Postproduktion zuzuordnen. Bei der Cloud-Technologie handelt es sich um eine SaaS-Anwendung (s. Kap. 2.2.1), die generierte Live-Streams bereitstellt, mittels Künstlicher Intelligenz bewertet und in Beiträge zu den Highlights des Live-Streams schneidet. Diese werden mit Benachrichtigung per E-Mail auf einer Plattform bereitgestellt. Abgespielt werden die Streams im Browser über einen eingebetteten Player. Der Zugriff ist SSL-gesichert, d. h., dass die Datenübertragung verschlüsselt und damit sicher ist. Ein manueller

Download ist über einen Button im Player möglich. Die Fallstudie 1 begleiten ein leitender Redakteur und der zuständige Planungsingenieur (s. Anhang 9).

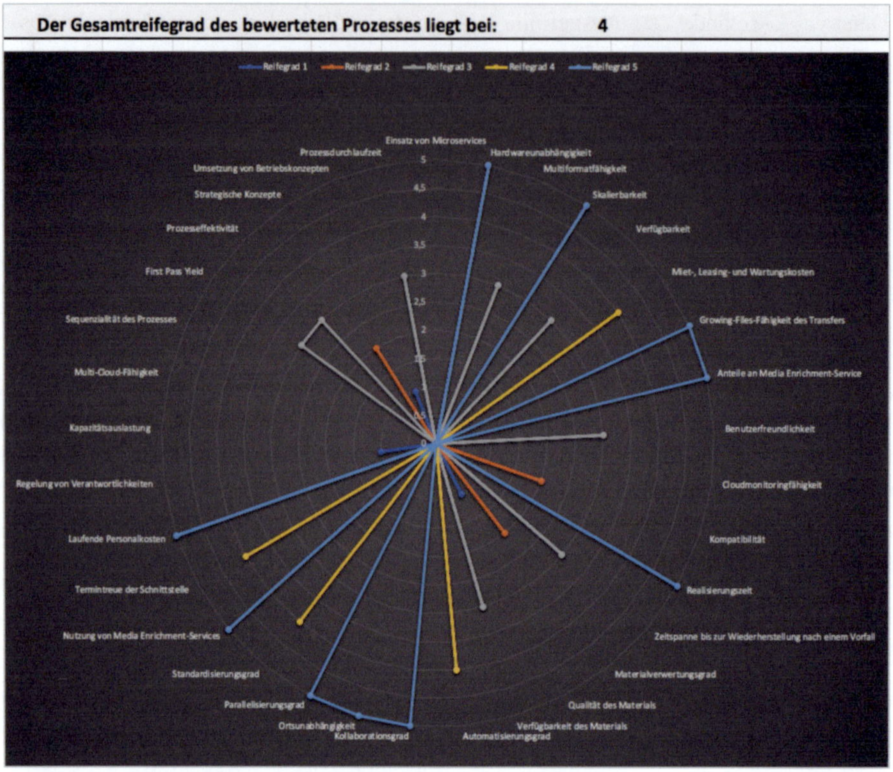

Abbildung 4.9: Reifegrad-Ergebnis der Fallstudie 1, Quelle: Eigene Darstellung aus Anhang 9.

Den Gesamtreifegrad und das Ergebnisdiagramm der Fallstudie 1 zeigt Abbildung 4.9: Es wird der Gesamtreifegrad 4 ermittelt. Positiv herauszustellen ist, dass der Prozess bei zehn Bewertungskriterien bzw. Sub-Komponenten des Reifegradmodells bereits den Reifegrad 5 erreicht, darunter beispielsweise „Skalierbarkeit" und „Growing-Files-Fähigkeit des Transfers" (s. hellblaue Linien in Abb. 4.9). Hier besteht also kein Optimierungsbedarf. In der Ergebnisdarstellung wird allerdings ersichtlich, dass der Prozess besonders bei „Regelungen von Verantwortlichkeiten" und „Umsetzung von Betriebskonzepten", die in Reifegrad 1 eingeschätzt wurden (s. dunkelblaue Linien in Abb. 4.9), einen hohen Optimierungsbedarf hat. An diesen Stellen sollte eine Weiterentwicklung ansetzen.

<u>Fallstudie 2: cloudbasiertes Event-Streaming im ZDF</u>

Die Fallstudie 2 wird in einem großen öffentlich-rechtlichen Fernsehsender durchgeführt. Die Problemstellung cloudbasiertes Event-Streaming ist der Produktionsphase Distribution zuzuordnen. Bei der Cloud-Technologie handelt es sich um eine SaaS-Anwendung (s. Kap. 2.2.1), die Live-Signale für die Live-Kanäle in der hauseigenen Mediathek generiert.

Es werden dabei fernsehtechnische Signale zugeführt, die ein Encoding durchlaufen. Die IP-Signale, also Signale im Internet-Protokoll (vgl. Karstens/Schütte 2013, S. 309), werden ausgespielt und durchlaufen ein inhaltliches sowie technisches Monitoring. Die Fallstudie 2 begleiten der Fachbereichsleiter des Publikationsmanagements und der zuständige Planungsingenieur (s. Anhang 9).

Der Gesamtreifegrad des bewerteten Prozesses liegt bei: 4

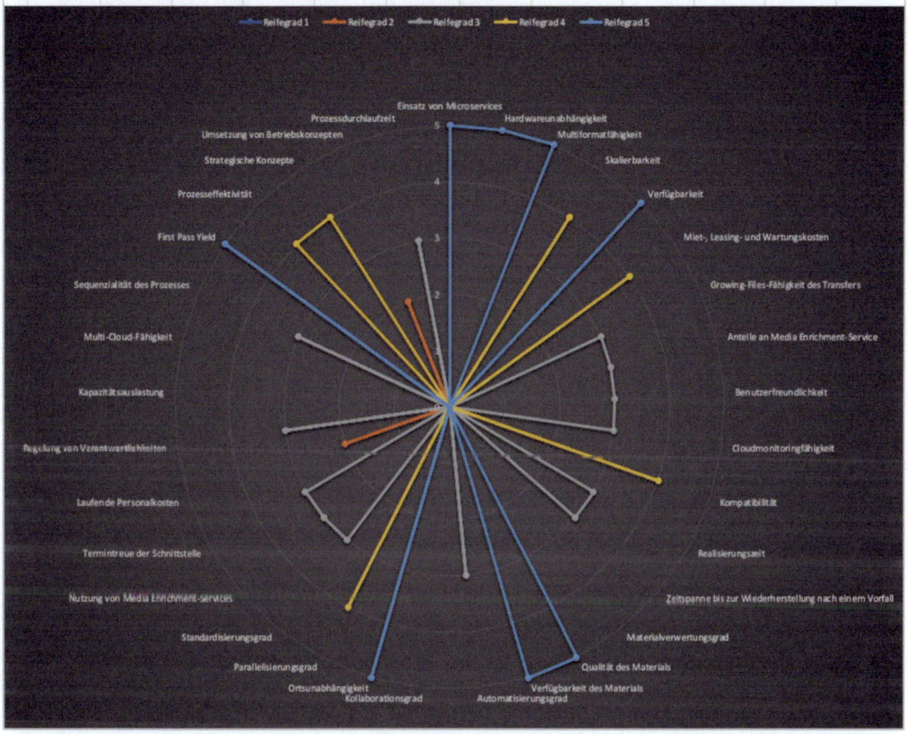

Abbildung 4.10: Reifegrad-Ergebnis der Fallstudie 2, Quelle: Eigene Darstellung aus Anhang

Den Gesamtreifegrad und das Ergebnisdiagramm der Fallstudie 2 zeigt Abbildung 4.10. Der Gesamtreifegrad liegt bei 4. Der bewertete Prozess erreicht bei acht Bewertungskriterien bzw. Sub-Komponenten des Reifegradmodells bereits den Reifegrad 5, darunter beispielsweise „Hardwareunabhängigkeit“ und „Verfügbarkeit“ (s. hellblaue Linien in Abb. 4.10). Aus dem Ergebnisdiagramm wird ersichtlich, dass der Prozess besonders bei „Personalkosten“ und „Umsetzung von Betriebskonzepten“, die in Reifegrad 2 eingeschätzt wurden (s. orange Linien in Abb. 4.10), noch Optimierungsbedarf hat.

Fallstudie 3: cloudbasiertes Event-Streaming im SWR

Die Fallstudie 3 wird in einem kleinen öffentlich-rechtlichen Fernsehsender durchgeführt. Die Problemstellung cloudbasiertes Event-Streaming ist der Produktionsphase Distribution zuzuordnen. Bei der Cloud-Technologie handelt es sich um eine SaaS-Anwendung, die die Kontribution (Filebasiertes Sendematerial und Live-Signale, Transrating, -coding, -encoding), die Bearbeitung und Ausspielung (Content aus Clips und Grafiken, Scheduling, Playlist, User-Interface, Logging, Reporting, Compliance-Recording, APIs) sowie die Distribution (Logging und Reporting, Authentifizierung, (AWS-)Transcoding, APIs) und Querschnittsfunktionalitäten (Monitoring, IT-Sicherheit, Datenschutz und -sicherheit, Benutzer- und Rechteverwaltung, Leistungsfähigkeit, Skalierbarkeit) unterstützt. Die Fallstudie 3 begleiten ein Ingenieur im Projektmanagement, der Projektleiter und der Teamleiter des Playouts sowie ein externer Berater (s. Anhang 9).

Abbildung 4.11: Reifegrad-Ergebnis der Fallstudie 3, Quelle: Eigene Darstellung aus Anhang 9.

Den Gesamtreifegrad und das Ergebnisdiagramm der Fallstudie 3 zeigt Abbildung 4.11. Der Gesamtreifegrad liegt bei 4. Die eingeschätzten Bewertungskriterien bzw. Sub-Komponenten liegen zwischen Reifegrad 3 bis 5. Bei 14 Bewertungskriterien bzw. Sub-Komponenten des Reifegradmodells erreicht der Prozess bereits den Reifegrad 5, darunter beispielsweise „Hardwareunabhängigkeit“ und „Verfügbarkeit“ (s. hellblaue Linien in Abb.

4.11). Das Optimierungspotenzial des Prozesses ist gering und liegt bei „Anteile an Media-Enrichment-Services“, deren Nutzung und bei der Cloudmonitoringfähigkeit, die in Reifegrad 3 eingeschätzt wurden (s. graue Linien in Abb. 4.11). Damit schneidet dieser Prozess mit gleicher Problemstellung wie in Fallstudie 2 im Vergleich am besten ab.

Fallübergreifende Auswertung des Fragebogens

Die Teilnehmer der drei Fallstudien sind hauptsächlich den definierten Reifegradmodell-Zielgruppen „Entscheider:in“, „Prozessmanager:in“ und „IT-Planer:in“ zuzuordnen (s. Anhang 9). Des Weiteren sind auch Personen aus dem Projektmanagement und der Redaktion beteiligt (s. Anhang 9; s. Tab. 4.22). Das Durchschnittsalter der männlichen Teilnehmer liegt bei 51 Jahren. Weibliche Teilnehmer gibt es keine. Die Antworten der Fragen sind zum größten Teil sehr einheitlich und lassen keine deutlichen Ausreißer oder Uneinigkeiten erkennen. Lediglich bei der Benotung sind die Angaben heterogen, jedoch immer noch eng verteilt in den Bereichen von „sehr gut“ bis „befriedigend“ (s. Anhang 9).

Die Tabelle 4.23 zeigt die fallübergreifende Fragebogenauswertung:

Evaluationskriterien		Fallübergreifende Fragebogenauswertung
Praxistauglichkeit/ Anwendbarkeit	Technische Realisierbarkeit	Eine überwiegende Mehrheit gibt an, dass das Modell angewendet werden konnte. Lediglich ein Teilnehmer gibt an, dass der Anwendungsfall sich in noch einem sehr frühen Stadium befinde und daher noch nicht alles beantwortet werden konnte.
	Dauer der Anwendung	1,67 Std.
	Angabe involvierter Personen	Insgesamt haben je Fallstudie im Schnitt 2-3 Personen am Assessment teilgenommen.
	Effektivität der Anwendung	Die Anwendung gelingt nach Meinung aller Teilnehmer effektiv.
	Effizienz der Anwendung	Die Beantwortung des Assessments gelingt effizient. Es wurde als Kritikpunkt angegeben, dass die Beantwortung teilweise erklärende Worte erforderte.
	Intensität und Art der Nutzung	Die Beantwortung des Assessments liegt nach Meinung aller Teilnehmer im zumutbaren Bereich.
	Benutzerfreundlichkeit	Die Beantwortung des Assessments ist benutzerfreundlich. Es wurde als Kritikpunkt angegeben, dass die Beantwortung teilweise erklärende Worte erforderte.
	Zufriedenheit	Bei der Benotung der Zufriedenheit wird eine Schulnote von 1,7 erzielt. Als Begründung wird angegeben, dass er einerseits intuitiv und leicht bedienbar sei und

Evaluationskriterien		Fallübergreifende Fragebogenauswertung
		dass man ablesen könne, wo noch Handlungsbedarf rund um den Prozess bestehe, andererseits seien erklärende Worte noch notwendig und die Funktion in der Excel-Tabelle an manchen Stellen etwas eingeschränkt.
	Praxistauglichkeit insgesamt	Bei der Benotung der Praxistauglichkeit wird eine Schulnote von 1,4 erzielt.
Passfähigkeit zu Besonderheiten der Fernsehproduktion	Passfähigkeit der Kriterien für spezifische Aufgaben im Fernsehproduktionsprozess	Nach überwiegender Meinung der Teilnehmer ist das Modell passfähig für die spezifischen Aufgaben. Es wird angeregt, im Modell nicht von Fernsehproduktionsprozessen, sondern von der Contenterstellung zu sprechen. Außerdem wird angegeben, dass das Modell beim Herunterbrechen auf den eigenen Prozess Aufwand generiert.
	Vollständigkeit der Kriterien	Die Kriterien werden einheitlich als vollständig eingeschätzt. Es wird angeregt, von Zeit zu Zeit diese dem technologischen Fortschritt anzupassen.
	Ausreichende Kriterien zur Reifebeschreibung von cloudbasierten Fernsehproduktionsprozessen	Die Kriterien werden einheitlich als ausreichend eingeschätzt, die Reife von cloudbasierten Prozessen zu beschreiben.
	Angabe zum Streichen von Kriterien	Die Mehrheit der Teilnehmer gibt an, dass kein Bewertungskriterium gestrichen werden sollte. Es wird angeregt, die Detailtiefe der Checkliste zu abstrahieren.
	Angaben zu fehlenden Informationen oder Anleitungen	Sechs der sieben Teilnehmer geben an, dass keine Informationen fehlen. Es wird von einem Teilnehmer angeregt, Datenschutz und IT-Sicherheit mehr zu thematisieren.
Operationalisierungsfähigkeit	Umsetzung von Zielgraden	Sechs der sieben Teilnehmer konnten Ziele im Sinne des Modells ableiten.
	Umsetzung von Ansatzpunkten für die Weiterentwicklung	Sechs der sieben Teilnehmer konnten Ansatzpunkte für die Optimierung im Sinne des Modells ableiten.
	Nützlichkeit	Alle Teilnehmer bezeichnen das Modell als nützlich.

Evaluationskriterien		Fallübergreifende Fragebogenauswertung
Nützlichkeit/ Nutzungsbarrieren	Wahrnehmen von Nutzungsbarrieren	Ein Teilnehmer der sieben nimmt Barrieren wahr, da erklärende Worte zu den Punkten fehlen.
	Abfrage von gewünschter Minimierung der Komplexität	Drei Teilnehmer sind der Meinung, dass das Modell nicht vereinfacht werden muss. Drei Teilnehmer gaben keine Meinung dazu an. Ein Teilnehmer wünscht sich mehr erklärenden Text und eine Unterscheidung nach Nutzungsmodell (pay per use, Flatrate, Fairflate, Kontingent in Stunden, Euro etc.) und damit Wegfall bzw. Einblenden von Fragen.
	Abfrage weiterer Verbesserungsvorschläge	Keiner der Teilnehmer nennt weitere Verbesserungsvorschläge.

Tabelle 4.23: Ergebnisse der Fallstudien zur formativen Evaluation, Quelle: Anhang 9.

Optimierungsfunktion

Insgesamt hat die formative Evaluation gezeigt, dass es **Verbesserungspotenzial** gibt. Die aus der summativen Evaluation erhaltenen Verbesserungswünsche werden in den Fallstudien aus der Praxis bestätigt:

- Design:
  - Anpassung und Ergänzung einzelner Kriterien nach Vorschlägen der Befragten;
  - Punktuelles Anreichern der Begrifflichkeiten durch mehr Informationen und Beispiele;
  - Präzisierung der mehrdeutigen Begrifflichkeiten;
  - Korrektur der Grafik für eine intuitivere Interpretation und ggf. Anpassung der Form des Assessments;

Weiteres Verbesserungspotenzial kann aus der formativen Evaluation (s. Anhang 9) ergänzt werden:

- Design:
  - Anpassung des Begriffs der Fernsehproduktionsprozesse in Prozesse zur Herstellung von Content für alle Plattformen;
- Evaluation:
  - Regelmäßige Aktualisierung des Modells an den technologischen Fortschritt zur Aufrechterhaltung der Messgenauigkeit.

4.3.2 Weiterentwicklung des Modells

Das erworbene Verbesserungspotenzial aus der Evaluation wird eingearbeitet und eine Weiterentwicklung des Modells findet statt. In der Tabelle 4.24 werden die erworbenen Verbesserungspotenziale aus der summativen und formativen Evaluation aufgelistet. Drei Vorschläge zur Verbesserung werden nur teilweise eingebaut (s. Tab. 4.24).

Katego-rie	Verbesserungspotenzial	Umsetzung
Design	Erweiterung des Anwendungsfeldes mit leichtem Einstieg durch zehn Punkte für eine grundsätzliche Prüfung der Cloud-Fähigkeit;	Ja
	Konkretisierung des Assessments durch visuelle und textuelle Darstellung des Zwecks der einzelnen Bausteine sowie der Fragestellungen des Reifegradmodells;	Ja
	Anpassung und Ergänzung einzelner Kriterien nach Vorschlägen der Befragten;	Ja
	Anreichern der Begrifflichkeiten lokal durch mehr Informationen und Beispiele;	Ja
	Präzision der mehrdeutigen Begrifflichkeiten;	Ja
	Korrektur der Grafik für eine intuitivere Interpretation und ggf. Anpassung der Form des Assessments;	Teilweise, da nur die Grafik und nicht die Form angepasst wird.
	Anpassung des Begriffs der Fernsehproduktionsprozesse in Prozesse zur Herstellung von Content für alle Plattformen.	Teilweise, da der Begriff der Fernsehproduktion beibehalten, aber im weiten Sinne definiert wird.
Einsatz	Erweiterung der Zielgruppe um leitendes Produktionspersonal;	Ja
	Änderung der Empfehlung in geführtes Assessment, Erstellen einer akzeptanzstiftenden Schulung oder Voranstellen eines ausgefüllten Beispiels;	Teilweise, da durch die eingearbeiteten Verbesserungspotenziale im Bereich Design (s. o.) ein Self Assessment vereinfacht wird.
Evalua-tion	Änderung der Empfehlung zur Umsetzung des Assessments, dass mehrere Personen (mindestens drei und unterschiedliche Sichtweisen)	Ja

Katego-rie	Verbesserungspotenzial	Umsetzung
	über einen längeren Zeitraum und durch Wiederholung für Objektivität und Messgenauigkeit die Auswertung umsetzen sollen.	
	Regelmäßige Aktualisierung des Modells an den technologischen Fortschritt zur Aufrechterhaltung der Messgenauigkeit.	Ja

Tabelle 4.24: Checkliste für die Weiterentwicklung, Quelle: Eigene Darstellung.

Dabei wird der Vorschlag zur **Anpassung der Form** des Assessments nicht umgesetzt (s. Tab. 4.24) und der Punkt in Zeile 6 der Tabelle daher nur „teilweise" umgesetzt. Grund dafür ist, dass die restlichen Verbesserungsvorschläge die Nutzung der beispielhaften Form als Excel-Tabelle vereinfachen und zugänglicher machen. Das macht eine Änderung der Form somit vorerst obsolet.

Ein weiterer Vorschlag ist, den **Begriff der Fernsehproduktionsprozesse** als Name des Reifegradmodells und in der Anleitung anzupassen (s. Tab. 4.24, Zeile 7). Darauf wird verzichtete, da die Definition der Fernsehproduktionsprozesse angepasst wird und diese weit zu fassen ist, sodass der definierte Begriff nun auch auf die Herstellung von Content für alle Plattformen abzielt.

Der dritte Vorschlag, der nur teilweise in der Weiterentwicklung des Reifegradmodells umgesetzt wird, ist die **Änderung in ein geführtes Assessment**. Durch die eingearbeiteten, erklärenden Informationen kann das Self Assessment vereinfacht und beibehalten werden. Der Aspekt der akzeptanzstiftenden Schulung wird am Ende der Dissertationsschrift aber im Rahmen des Ausblicks aufgenommen und sollte bei der Etablierung des Reifegradmodells im Unternehmen mitbedacht werden.

Die neue Version 2.0 des Reifegradmodells wird Anhang 10 dargestellt.

In der Phase Weiterentwicklung/„Deploy" nach de Bruin et al. (2005) wird vorgeschlagen, das Modell an unterschiedlicher Stelle über einzelne Fallstudien hinaus einzuführen. Denn es kann erst nach verschiedenen Einsätzen Generalisierbarkeit erzielen. Diese Phase kann erst nach der Veröffentlichung der Dissertation abgeschlossen werden, da dafür ausreichend Zeit erforderlich ist.

4.3.3 Zusammenfassung

Das Kapitel 5 umfasst die **zielorientierte Evaluation** des entwickelten Reifegradmodells für cloudbasierte Fernsehproduktionsprozesse. Durch eine **summative Evaluation** ist das

Reifegradmodell kontrolliert und legitimiert. Das Modell stößt auf eine positive Resonanz. Das Interesse ist hoch, da der Einsatzbereich der cloudbasierten Fernsehproduktionsprozesse noch gering und der Bedarf an einem systematisierten Vorgehen spürbar ist. Neben der Legitimation werden einige Verbesserungsvorschläge gesammelt, die die Abstraktion des Modells optimieren und die Zugänglichkeit erhöhen sollen. In der **formativen Evaluation** wird die Anwendung des Modells in Fallstudien umgesetzt. Die Praxistauglichkeit und die Zufriedenheit der Anwender sind durchschnittlich im Bereich „sehr gut" bis „gut" einzuordnen. Die geäußerten Verbesserungswünsche aus der summativen Evaluation werden bestätigt.

In der **Weiterentwicklung** werden Optimierungen des Modells umgesetzt. Eingearbeitet wird vor allem:

- Design:
    - Erweiterung des Anwendungsfeldes mit leichtem Einstieg durch zehn Punkte für eine grundsätzliche Prüfung der Cloud-Fähigkeit;
    - Konkretisierung des Assessments durch visuelle und textuelle Darstellung des Zwecks der einzelnen Bausteine sowie der Fragestellungen des Reifegradmodells;
    - Anpassung und Ergänzung einzelner Kriterien nach Vorschlägen der Befragten;
    - Punktuelles Anreichern der Begrifflichkeiten durch mehr Informationen und Beispiele;
    - Präzisierung der mehrdeutigen Begrifflichkeiten;
    - Korrektur der Grafik für eine intuitivere Interpretation und ggf. Anpassung der Form des Assessments;
    - Anpassung des Begriffs der Fernsehproduktionsprozesse in Prozesse zur Herstellung von Content für alle Plattformen;
- Einsatz:
    - Erweiterung der Zielgruppen um leitendes Produktionspersonal;
    - Änderung der Empfehlung in geführtes Assessment, Erstellen einer akzeptanzstiftenden Schulung oder Voranstellen eines ausgefüllten Beispiels;
- Evaluation:
    - Änderung der Empfehlung zur Umsetzung des Assessments, dass mehrere Personen (mindestens drei und unterschiedliche Sichtweisen) über einen längeren Zeitraum und durch Wiederholung für Objektivität und Messgenauigkeit die Auswertung umsetzen sollen.
    - Regelmäßige Aktualisierung des Modells angepasst an den technologischen Fortschritt zur Aufrechterhaltung der Messgenauigkeit.

Das folgende Kapitel knüpft an den Stand der Weiterentwicklung des Modells an und zeigt das Reifegradmodell 2.0 als Ergebnis der Forschungsarbeit und die Anleitung für den Modelleinsatz.

4.4 Ergebnis: Reifegradmodell für cloudbasierte Fernsehproduktionsprozesse

Am Ende des Bottom-up-Vorgehens nach de Bruin et al. (s. Abb. 4.12) werden das Modell im **Ergebnis** und die Anleitung dazu bereit- und vorgestellt.

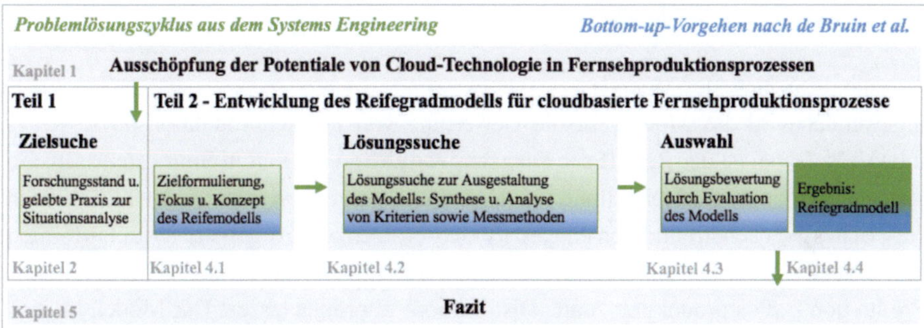

Abbildung 4.12: Inhalte des Kapitels und Verortung im methodischen Vorgehen, Quelle: Eigene Darstellung in Anlehnung an Abb. 1.6.

Im Kapitel 4.4 werden die Forschungsfragen F2, F3 und F4 zur Darstellung des weiterentwickelten Reifegradmodells hinreichend ergänzt und abschließend beantwortet.

Forschungsfrage F4: Wie kann ein Reifgradmodell in der Praxis zum Einsatz kommen?
Das Reifegradmodell für cloudbasierte Fernsehproduktion kommt in der Praxis als Entscheidungs- und Optimierungshilfe oder Argumentationsgrundlage zum Einsatz. Es enthält verschiedene Neben- und Hauptanwendungsgebiete zur Bewertung von Fernsehproduktionsprozessen und umfasst den Einsatz von Cloud-Technologie in diesem Umfeld. Es wird in einem Self Assessment von mindestens drei Personen eingesetzt, dessen fünf-stufiger Ablauf in Abb. 6.3 skizziert ist. Der Zeitaufwand beläuft sich auf ca. 1,5 Stunden. Das Self Assessment sollte halbjährlich/jährlich wiederholt werden.

Ziel des Modells

Das Reifegradmodell misst, inwieweit der Produktionsprozess das Cloud-Potenzial effizient ausschöpft, d. h. es zeigt auf, wo der Prozess optimiert werden kann.

Nutzen des Modells

Der Nutzen des Reifegradmodells kann in drei Punkten zusammengefasst werden:

1. Es kann in erster Linie eine **Entscheidungshilfe** für eine Cloud-Integration darstellen, indem es die Voraussetzungen für den Weg in die Cloud durch Checklisten prüft.
2. Als objektives Analysetool identifiziert das Modell durch das Assessment Schwächen des Prozesses und verkörpert mit der Definition von Zielgraden eine **Optimierungshilfe**.
3. Mit der Auswertung und Einordnung in einen Reifegrad wird eine **Argumentationsgrundlage** bereitgestellt, die im Rahmen eines Management Summaries sowohl für Nicht-Techniker:innen als auch für unterschiedliche Hierarchieebenen eingesetzt werden kann.

Anwendungsgebiete des Modells

Angewendet wird das Modell für die Bewertung von Fernsehproduktionsprozessen (s. Abb. 4.13). Dabei ist der Begriff der **Fernsehproduktion im weiten Sinne** zu fassen: Gemeint sind Prozesse zur Herstellung und Distribution von Bewegtbild-Content für lineare (klassisches Fernsehen) und non-lineare (Video-on-Demand-Angebote, Drittplattformen) Verbreitungskanäle. Diese Prozesse sollen sich den Produktionsphasen „Preproduktion", „Produktion", „Postproduktion" und „Distribution" zuordnen lassen. Das Modell lässt sowohl eine Bewertung einzelner Prozessschritte als auch ganzer Prozessphasen zu. Die konkreten Anwendungsgebiete des Reifegradmodells für cloudbasierte Fernsehproduktionsprozesse lassen sich in **Neben- und Hauptanwendungsgebiete** einteilen:

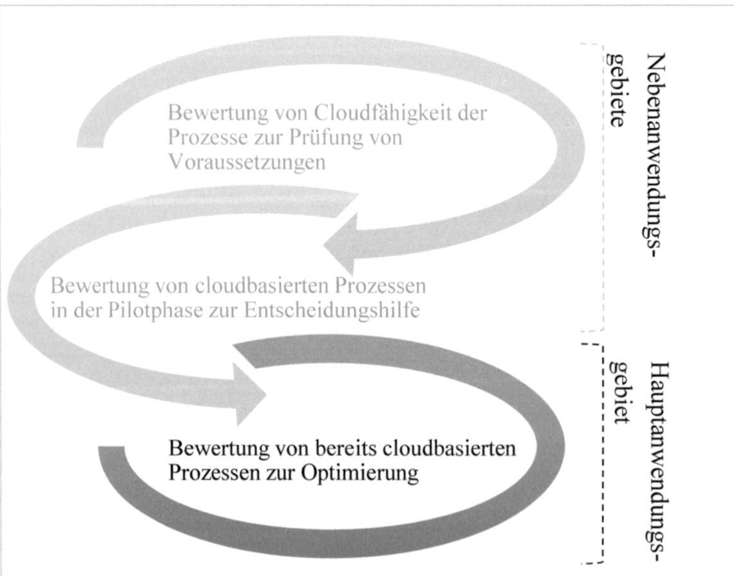

Abbildung 4.13: Neben- und Hauptanwendungsgebiete des Reifegradmodells, Quelle: Eigene Darstellung.

Zielgruppen des Modells

Die Anwendung des Modells sollte von mindestens drei Personen durchgeführt werden, damit die Messgenauigkeit und Objektivität gewährleistet wird. Die Zielgruppe umfasst folgende Adressaten:

- **Prozessmanager:in**, um Optimierungsstrategien und spezifische Empfehlungen für Vorgehensweisen ableiten zu können,
- **Entscheidungsträger:in**, die bei der Auswahl zwischen Alternativen von Ansatzpunkten im Bereich Prozessoptimierung Unterstützung anbieten,
- **IT-Planer:in**, um die Eignung und Weiterentwicklung der Prozesse zu überprüfen,
- **Leitendes Produktionspersonal**, um die Potenziale der Cloud-Technologie im Rahmen der Herstellung und der Distribution von Content voll auszuschöpfen,
- **Controller:in** zur Bewertung und Steuerung der Prozesse und deren Ressourcen.

Anleitung Schritt für Schritt

Die Anwendung des Modells ist als Self Assessment für die gemeinsame Anwendung von mindestens drei Personen konzipiert. Abbildung 4.14 zeigt das schrittweise Vorgehen des Reifegradmodells und beschreibt den Zweck der Anwendungsschritte:

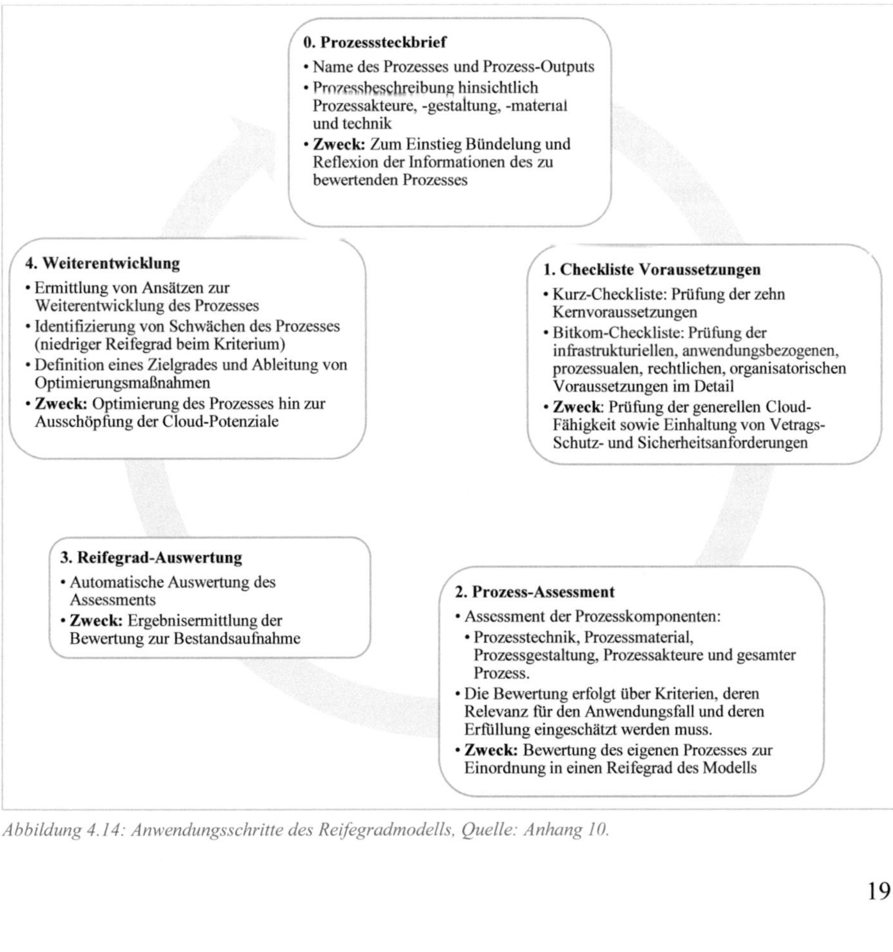

Abbildung 4.14: Anwendungsschritte des Reifegradmodells, Quelle: Anhang 10.

Das dahinterliegende Prinzip ist, dass die Nutzenden im Self Assessment über eine Bündelung und Reflexion der Informationen zur bevorstehenden Prozessbewertung zunächst im **Prozesssteckbrief** Informationen über den Prozess sammeln, bündeln und durch die zielgerichtete Zu- und Einordnung der Informationen in die vorgegebene Komponentenstruktur umfangreich reflektieren (s. Abb. 4.14). So wie im Kapitel 4.1.3 beim konzipierten Einsatz festgelegt, wurde für eine Prüfung der **Voraussetzungen** die „Cloud-Integration" von der „cloudbasierten Prozessoptimierung" deutlich abgegrenzt. Die Checkliste in zehn Key-Faktoren zur Prüfung der Kernvoraussetzungen orientiert sich an den Kernanforderungen an cloudbasierte Fernsehproduktionsprozesse aus Kapitel 2.3.4.4 und steht einer ausführlichen Checkliste der Bitkom voran (s. Abb. 4.14).
Damit können im Self Assessment

- entweder im Rahmen einer bereits *etablierten Cloud-Nutzung* ggf. nur die Kernvoraussetzungen kurz überprüft werden
- oder im Rahmen einer *Pilot-Phase einer Cloud-Nutzung* die Voraussetzungen zur Cloud-Fähigkeit des Prozesses mithilfe der Kurz- und der Bitkom-Checkliste vollumfänglich kontrolliert werden.

Der Kern des Reifegradmodells bildet das **Prozess-Assessment** unter zweitens (s. Abb. 4.14). Hier werden die einzelnen Bestandteile und der gesamte Prozess bewertet. Durch eine Relevanz-Spalte können Kriterien hinzugefügt oder ausgelassen werden. Das ermöglicht die Nutzung des Modells für verschiedene Anwendungsfälle entlang des Fernsehproduktionsprozesses. Unter Reifegradauswertung sind der Schritt der automatischen Errechnung des Gesamtreifegrades und die Darstellung in Grafiken zu verstehen (s. Abb. 4.14).

Hier kann im Rahmen der **Weiterentwicklung** auch die individuelle Zielgradbestimmung ansetzen und der voreingestellte Sollwert von Reifegrad 5 angepasst werden, wenn im nächsten Schritt des Modells die Optimierung der Prozesse ansteht und Ansätze zur Weiterentwicklung abgeleitet werden sollen (s. Abb. 4.14).

<u>Zeit- und Materialaufwand</u>
Der Zeitaufwand beläuft sich auf ca. 1,5 Stunden. Es wird empfohlen, die Anwendung des Modells mindestens jährlich zu wiederholen und in das Prozesscontrolling des Unternehmens zu integrieren, z. B. in eine Balanced Scorecard.

Für die Anwendung des Modells sind detaillierte Informationen bzgl. Qualität, Zeit und Kosten des ausgewählten Prozesses erforderlich.

<u>Darstellung des Modells in Ausschnitten</u>
Zur Ergebnisdarstellung folgen Ausschnitte des Reifegradmodells für cloudbasierte Fernsehproduktionsprozesse (s. Abb. 4.15 - 4.21). Diese Abbildungen zeigen die prinzipiellen

Vorgehensschritte, die sich in Excel-Tabellenblättern abbilden lassen. In der Umsetzung des Reifegradmodells wird auf Standard-Tools, wie beispielsweise MS Excel, zurückgegriffen. Mit Standard-Tools kann ein leichtes Umsetzen des Modells gewährleistet werden, das hier beispielhaft in Form einer Excel-Tabelle umgesetzt wird. Die Excel-Tabelle findet sich als Beispiel im Anhang 10.
Dem schrittweisen Vorgehen des Self Assessments ist ein Vorwort vorangestellt.

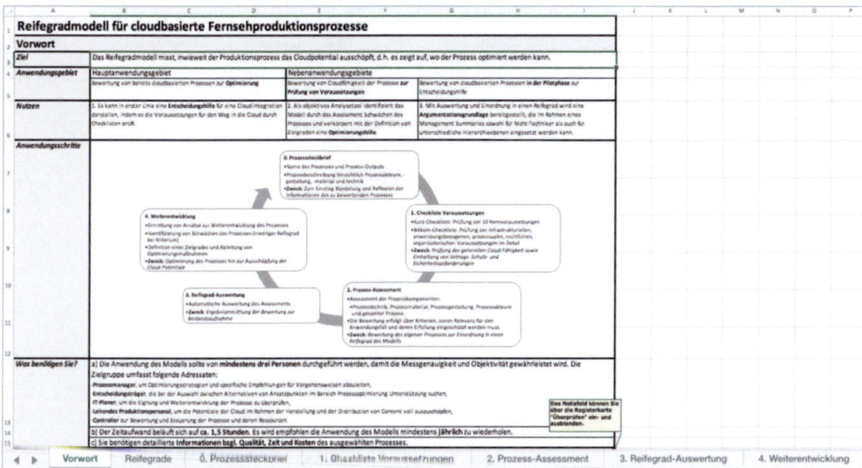

Abbildung 4.15: Modell-Ausschnitt Vorwort, Quelle: Anhang 10.

Das **Vorwort** (s. Abb. 4.15) hält die wichtigsten Informationen für das Self Assessment auf einen Blick bereit. So werden das Ziel, die Anwendungsgebiete, der Nutzen des Modells, die Anwendungsschritte, die benötigten Informationen und die Anleitung im Reifegradmodell erläutert.

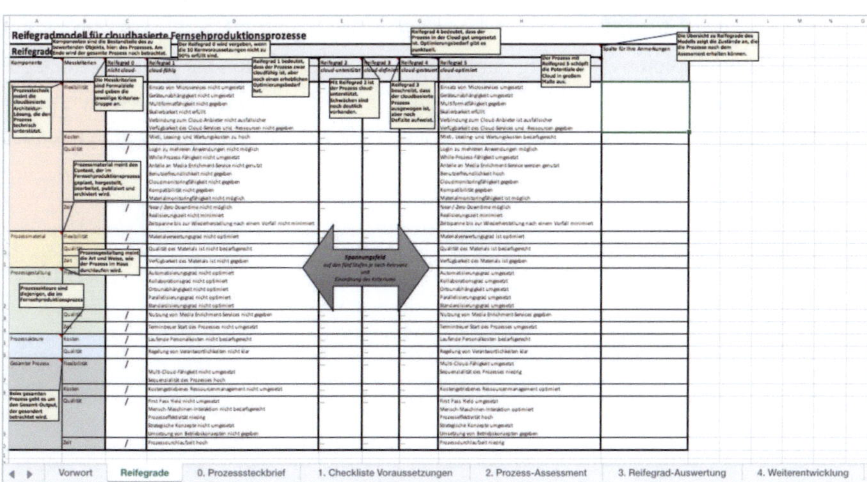

Abbildung 4.16: Modell-Ausschnitt Reifegrade, Quelle: Anhang 10.

Der zweite Vorgehensschritt des Reifegradmodells zeigt die Struktur der **Reifegrade** und gibt einen ersten Überblick (s. Abb. 4.16). Die Nutzenden erhalten einen Eindruck davon, wie sich das Spannungsfeld des Reifegradmodells ergibt. Die Komponenten des Modells wie Prozesstechnik, -material etc. werden farbig hervorgehoben. Diese Farbgebung zieht sich zur Erkennung und Trennung der Komponenten durch das gesamte Reifegradmodell (s. Abb. 4.19 und 4.20).

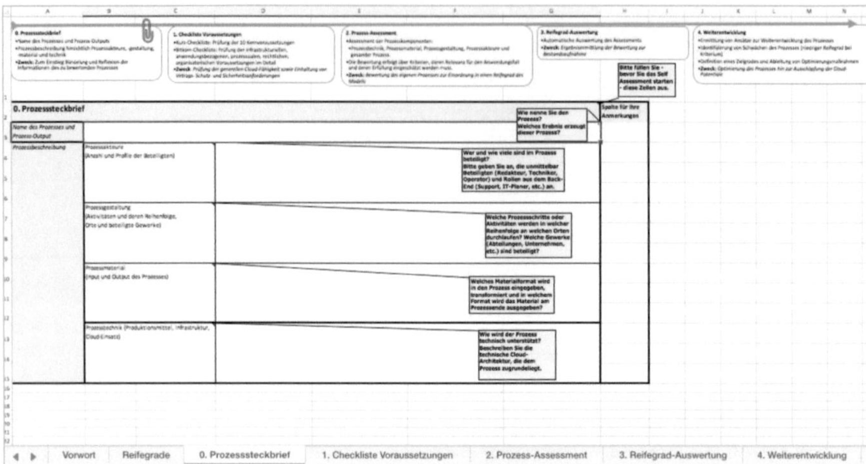

Abbildung 4.17: Modell-Ausschnitt Prozesssteckbrief, Quelle: Anhang 10.

Im nächsten Vorgehensschritt **„0. Prozesssteckbrief“** beginnt das Self Assessment mit der Bündelung und Reflexion der Informationen rund um den zu bewertenden Prozess (s. Abb. 4.17). Die Abbildung im oberen Bereich des Tabellenblattes wiederholt sich in jedem weiteren Vorgehensschritt (s. Abb. 4.18; Abb. 4.19; Abb. 4.20; Abb. 4.21). Diese Abbildung soll mit der angehefteten Büroklammer den Standpunkt im schrittweisen Self Assessment verdeutlichen. Dadurch wird den Nutzenden Orientierung gegeben sowie der Zweck des Schrittes erläutert und eine Anleitung geben, was in der Evaluation als Verbesserungspotenzial erhoben wurde (s. Kap. 4.3.1). Die Eingabe der Informationen erfolgt in den leeren Zellen der Tabelle. Die Nutzenden können die äußere Spalte für Anmerkungen verwenden (s. Abb. 4.17).

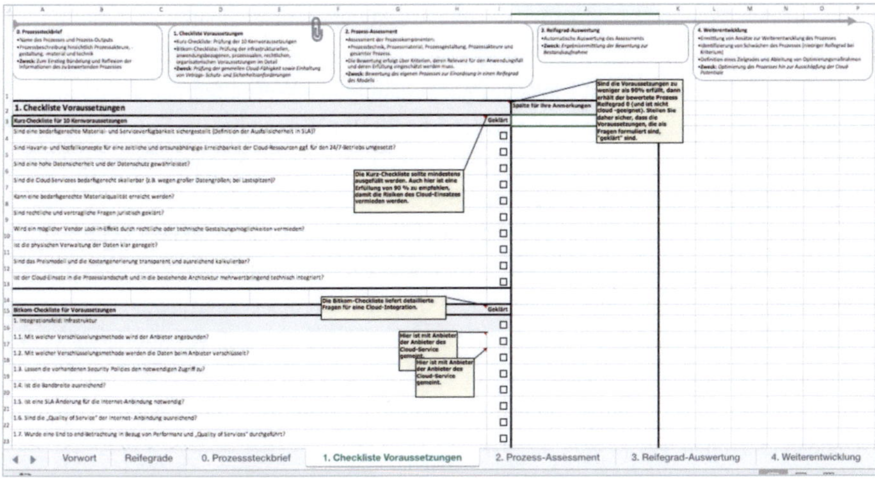

Abbildung 4.18: Modell-Ausschnitt Checkliste Voraussetzungen, Quelle: Anhang 10.

Der Vorgehensschritt in Abbildung 4.18 zeigt unter **„1. Checkliste Voraussetzungen"** die Kurz-Checkliste für zehn Kernvoraussetzungen der Cloud-Fähigkeit des Prozesses und die ausführliche Bitkom-Liste. Die Kurz-Checkliste für zehn Kernvoraussetzungen der Cloud-Fähigkeit des Prozesses orientiert sich an den Kernanforderungen an cloudbasierte Fernsehproduktionsprozesse aus Kapitel 2.3.4.4. Beide Listen können durch eine Checkbox abgehakt werden (s. Abb. 4.18). Auch hier können Anmerkungen in der äußeren Spalte bei Bedarf durch die Nutzenden ergänzt werden (s. Abb. 4.18).

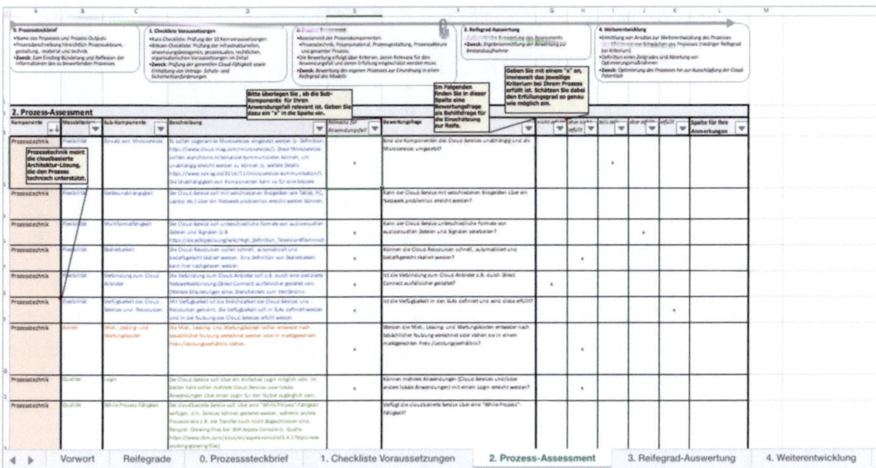

Abbildung 4.19: Modell-Ausschnitt Prozess-Assessment, Quelle: Anhang 10.

Der nächste Vorgehensschritt zeigt den Kern des Self Assessments, das **Prozess-Assessment** (s. Abb. 4.19). Die Farbgebung wurde durch eine weitere Einfärbung der Schrift anhand der Messkriterien erweitert und soll die Sub-Komponenten/Bewertungskriterien, die nun auf den Prozess angewendet werden, zusätzlich und eindeutig strukturieren (s. Abb. 4.19). Die Beschreibungen der Sub-Komponenten sind angereichert mit erklärenden Informationen und teilweise mit Links auf gut zugänglichen Webseiten wie Wikipedia.org versehen (vgl. Wikipedia, die freue Enzyklopädie 2021a; Wikipedia, die freue Enzyklopädie 2021b; von der Howen 2021a; von der Howen 2021b; Bc-Solution Service GmbH 2021; DeLSt GmbH – Deutsches eLearing Studieninstitut 2021; IBM Corp. 2020; ScaleUp Technologies GmbH & Co. KG 2018; Momot 2016; Uhlig 2014), bei denen weitere Informationen zu den Inhalten nachgelesen werden können. Die Spalte zur Relevanz für den Anwendungsfall kann bei Zutreffen der Sub-Komponenten/des Bewertungskriteriums angekreuzt werden (s. Abb. 4.19). Dann soll für die angekreuzte Sub-Komponente/für das Bewertungskriterium eine Einschätzung zur Erfüllung erfolgen. Hier müssen sich die Nutzenden zwischen „nicht erfüllt", „eher nicht erfüllt", „teilsteils", „eher erfüllt", „erfüllt" entscheiden (s. Abb. 4.19).

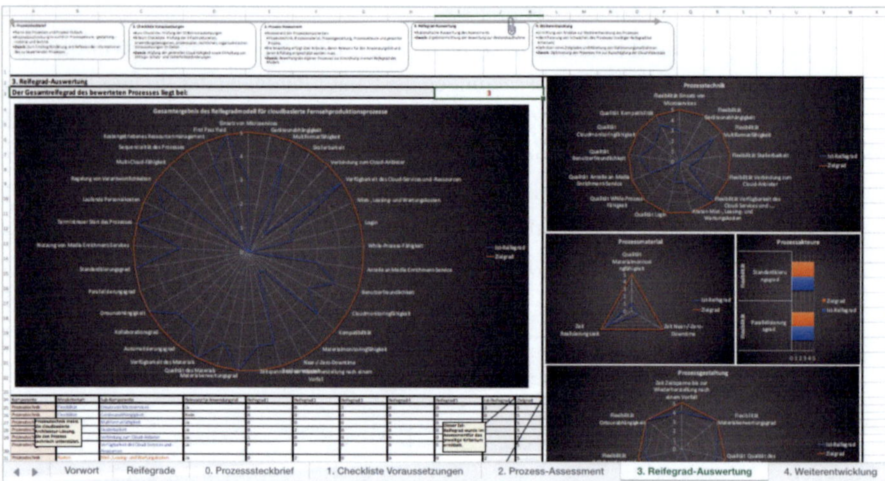

Abbildung 4.20: Modell-Ausschnitt Reifegrad-Auswertung, Quelle: Anhang 10.

Die gesetzten Kreuze führen im weiteren Vorgehensschritt zu einer **Auswertung** (s. Abb. 4.20). Für die Ergebnisinterpretation bilden die Diagramme einerseits das Gesamtergebnis des Reifegradmodells ab. Andererseits werden die Ergebnisse für die jeweiligen Komponenten in eigenen Grafiken am rechten Rand dargestellt, sodass eine vertiefende Interpretation je Komponente möglich wird (s. Abb. 4.20).

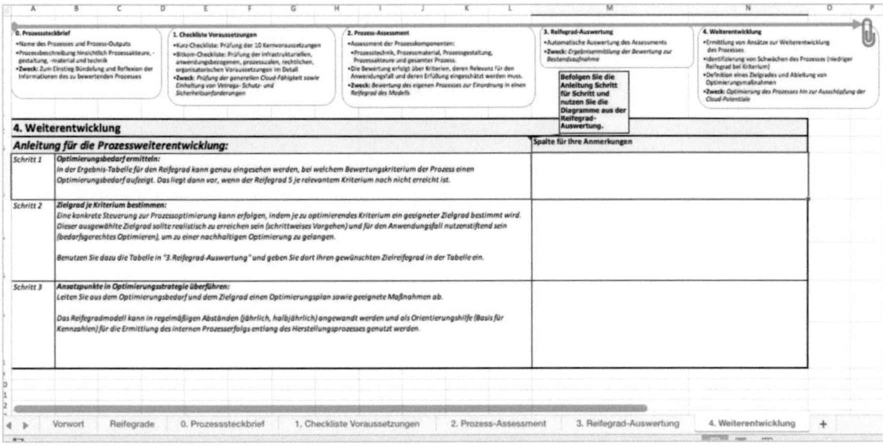

Abbildung 4.21: Modell-Ausschnitt Weiterentwicklung, Quelle: Anhang 10.

Der letzte Schritt des Self Assessments umfasst die **Weiterentwicklung** (s. Abb. 4.21). Der Vorgehensschritt zeigt die Tabelle zur Anleitung für die Prozessweiterentwicklung, die genutzt werden kann, um den Optimierungsbedarf zu ermitteln, Zielgrade je Kriterium zu bestimmen und Ansatzpunkte abzuleiten (s. Abb. 4.21).

Bei diesem letzten Schritt des Reifegradmodells für cloudbasierte Fernsehproduktionsprozesse erhalten die Nutzenden als **Ergebnis** den Gesamtreifegrad, Diagramme zur Interpretation und Zielgrade sowie Ansatzpunkte für die Optimierung.

Nach dieser Ergebnisdarstellung und der Bereitstellung des Modells im Anhang 10 umfasst die letzte **Phase „Maintain“** (vgl. de Bruin et al 2005) den langfristigen Modelleinsatz und die Weiterentwicklung desselben, um eine ausreichende Standardisierung zu erhalten. Auch in Bezug auf die Erkenntnisse aus der Evaluation des Modells (s. Kap. 4.3) wird für den langfristigen Einsatz empfohlen, das Modell regelmäßig weiterzuentwickeln und auf den technologischen Fortschritt anzupassen.

5 Fazit

5.1 Kritische Würdigung

Würdigung der Forschungsziele und -fragen

Das **Forschungsziel** der vorliegenden Arbeit, die analysierte Forschungslücke mit einem Reifegradmodell für cloudbasierte Fernsehproduktionsprozesse zu schließen, wird erreicht. Die Entwicklung des Reifegradmodells erfolgt bottom-up nach de Bruin et al. (2005), d. h., dass auf den Grundlagen der Situationsanalyse und den Erkenntnissen der Fernsehproduktionspraxis im Teil 1 der Dissertationsschrift aufbauend zunächst eine Zielformulierung mit einer Fokus- und Konzeptbeschreibung des Reifegradmodells im Teil 2 erarbeitet wird – bevor die Ausgestaltung des Modells beim kleinsten Teil des Reifegradmodells, den Bewertungskriterien, ansetzt. Diese Kriterien werden aus einer Literaturrecherche im Rahmen der Synthese von Kriterien abgeleitet und im Rahmen der Analyse empirisch überprüft. Aus den empirisch gewonnenen Kriterien werden Komponenten und Sub-Komponenten des Reifegradmodells gebildet, anhand derer der Fernsehproduktionsprozess im Reifegradmodell gemessen wird. Nach einer summativen und formativen Evaluation, in der das Reifegradmodell in unterschiedlich organisierten Fernsehsendern in Fallstudien und Interviews evaluiert wurde, werden Verbesserungspotenziale eingearbeitet. Das Reifegradmodell erhält aufgrund der Evaluation ausreichend Legitimation. Die Allgemeingültigkeit sowie Objektivität im Rahmen der Evaluation sind bestätigt. Die Reifegrade des Prozessreifegradmodells für die cloudbasierte Fernsehproduktion lauten:

- Reifegrad 0 – Prozess ist „nicht cloud-fähig“,
- Reifegrad 1 – Prozess ist „cloud-fähig“,
- Reifegrad 2 – Prozess ist „cloud-unterstützt“,
- Reifegrad 3 – Prozess ist „cloud-definiert“,
- Reifegrad 4 – Prozess ist „cloud-gesteuert“ und
- Reifegrad 5 – Prozess ist „cloud-optimiert“.

Auf diese Weise wird Fernsehsendern und weiteren Content-Herstellenden ein spezifisches Bewertungsmodell für ihre Produktionsprozesse zur Verfügung gestellt, um eine Prozessbewertung und -optimierung hin zur optimalen Nutzung der Cloud-Technologie zu erzielen. Das Prozessreifegradmodell kann

- linear und non linear orientierte Arbeitsprozesse optimieren,
- die grundlegenden Arbeitsschritte der Contenterstellung und -verbreitung (Preproduktion, Produktion, Postproduktion und Distribution) berücksichtigen,
- die Potenziale der Cloud-Technologie umfassend darlegen und damit orts- und zeitungebundenes und vor allem paralleles Arbeiten fördern,
- eine Betrachtung der Ebenen Content, Technik und Organisation unterstützen und dabei trotzdem unabhängig von der Produktionsform sein.

Die Zielerreichung nach Methodik des **Zielkatalogs** wird wie folgt bewertet (s. Tab. 5.1):

Zielklasse	Ziel des Zielkatalogs	Priorität	Bewertung der Zielerreichung („nicht umgesetzt", „teils-teils", „umgesetzt")
Design	Umsetzung eines aufeinander aufbauenden Stufenmodells	MUSS-Ziel	Teilsteils, da die Reifegrade aufgrund der Umsetzung der Relevanz-Spalte und der Scoring-Methode nicht aufeinander aufbauen.
	Berücksichtigung von Potenzialen und Risiken des Cloud Computings	MUSS-Ziel	Umgesetzt
	Beschreibung des Nutzens	MUSS-Ziel	Umgesetzt
	Berücksichtigung von Besonderheiten der Fernsehproduktion (z. B. technische Aspekte)	SOLL-Ziel	Umgesetzt
	Berücksichtigung von Besonderheiten der behördenähnlichen Vorgaben des öffentlich-rechtlichen Verwaltungswesens	SOLL-Ziel	Umgesetzt
	Passfähigkeit der Bewertungskriterien zur Beschreibung des Reifegrades	SOLL-Ziel	Umgesetzt
	Ausreichend detaillierte Beschreibung des Reifegradzustandes mittels Kriterien	SOLL-Ziel	Umgesetzt
	Ableiten praxistauglicher Optimierungsmaßnahmen durch konkrete Zieldefinition	SOLL-Ziel	Teilsteils, da keine Maßnahmen empfohlen werden.
	Berücksichtigung der IT-Compliance	SOLL-Ziel	Teilsteils, da bei der Erstellung nicht direkt auf z. B. EBU R143, Umsetzungsplan kritische Infrastruktur Bezug genommen wurde.
	Transparent, definiert und ermittelbare Kenngrößen	SOLL-Ziel	Umgesetzt
	Möglichkeit der anwendungsbezogenen Fokussierung	SOLL-Ziel	Umgesetzt

Ziel-klasse	Ziel des Zielkatalogs	Priorität	Bewertung der Zielerreichung („nicht umgesetzt“, „teils-teils“, „umgesetzt“)
	Innovationskriterium	SOLL-Ziel	Nicht umgesetzt
Ein-satz	Zielgruppenorientierung und Benutzendenfreundlichkeit	MUSS-Ziel	Umgesetzt
	Definierte Erwartungshaltung bezüglich Outputs	MUSS-Ziel	Umgesetzt
	Zumutbare Intensität und Art der Nutzung und effektive sowie effiziente Nutzung	MUSS-Ziel	Umgesetzt
	Nutzung mit „Bordmitteln“	MUSS-Ziel	Umgesetzt
	Technische Realisierbarkeit	MUSS-Ziel	Umgesetzt
	Definierter Personalaufwand	SOLL-Ziel	Umgesetzt
	Einsetzbar als Operationalisierungshilfe für Anforderungen	SOLL-Ziel	Umgesetzt
	Minimierte Nutzungsbarrieren	SOLL-Ziel	Umgesetzt
	Objektive Analyse und Einordnung in Reifegrade	SOLL-Ziel	Umgesetzt
	Hilfestellung für Steuerung und Weiterentwicklung von Prozessen	SOLL-Ziel	Umgesetzt
	Kompatibel für Techniker:in-/Nicht-Techniker:in	SOLL-Ziel	Umgesetzt
	Verständlich für verschiedene Hierarchieebenen	SOLL-Ziel	Umgesetzt
	Hoher Bedarf	WUNSCH-Ziel	Umgesetzt
	Zusammensetzung der definierten Zielgruppen entspricht der ursprünglich genannten.	WUNSCH-Ziel	Teilsteils, da die Zielgruppendefinition nach Evaluation angepasst werden musste.
	Anwendung von Standardsoftware (MS Office)	SOLL-Ziel	Umgesetzt
	Identifikation von neuen Anwendungsfeldern für Cloud-Technologie	WUNSCH-Ziel	Umgesetzt
Evalu-ation	Gütekriterium Objektivität	MUSS-Ziel	Umgesetzt
	Gütekriterium Validität	SOLL-Ziel	Umgesetzt

Ziel-klasse	Ziel des Zielkatalogs	Priorität	Bewertung der Zielerreichung („nicht umgesetzt", „teils-teils", „umgesetzt")
	Ausreichende Evaluation	SOLL-Ziel	Teilsteils, da es für eine Generalisierbarkeit einer langfristigen Anwendung bedarf.
	Gütekriterium Reliabilität	SOLL-Ziel	Teilsteils, da es weiterer Test für eine abschließende Bewertung der Messgenauigkeit bedarf.
	Erzielt Nützlichkeit	SOLL-Ziel	Umgesetzt
	Zufriedenheit über 2,5 (Schulnote).	SOLL-Ziel	Umgesetzt

Tabelle 5.1: Zielerreichung im Rahmen des Zielkatalogs, Quelle: in Anlehnung an Anhang 2.

Insgesamt konnte nur das MUSS-Ziel „Umsetzung eines aufeinander aufbauenden Stufenmodells" nicht umgesetzt werden (s. Tab. 5.1). Auf die Umsetzung eines aufeinander aufbauenden Stufenmodells wird verzichtet, da die große Spannweite der **Anwendungsfälle in der Fernsehproduktion** eine gewisse Komplexität erzeugt und eine Standardisierung auch auf einem hohen Abstraktionsgrad nicht umsetzbar ist. Für ein aufeinander aufbauendes Stufenmodell ist eine klare Gewichtung und Zuordnung der Kriterien und deren Ausprägung zu den Reifegraden notwendig. Diese Schritte können aufgrund der Heterogenität der Anwendungsfälle und der unterschiedlichen Einschlägigkeit der Kriterien im Rahmen dieser Ausarbeitung nicht geleistet werden (s. Kap. 4.2.2).

Die mit dem Forschungsziel einhergehenden **untergeordneten Forschungsfragen** werden beantwortet.

<u>Forschungsfrage F1: Wie können die Nutzenden eines Reifegradmodells als Zielgruppe beschrieben werden?</u>

Die Frage nach der Zielgruppe des Reifegradmodells (F1) wird in den Kapiteln 4.1.3 und 4.4 vollständig beantwortet. Die Zielgruppe umfasst folgende Adressaten:

- Prozessmanager:in, um Optimierungsstrategien und spezifische Empfehlungen für Vorgehensweisen ableiten zu können,
- Entscheidungsträger:in, die bei der Auswahl zwischen Alternativen von Ansatzpunkten im Bereich Prozessoptimierung Unterstützung suchen,
- IT-Planer:in, um die Eignung und Weiterentwicklung der Prozesse zu überprüfen,
- Leitendes Produktionspersonal, um die Potenziale der Cloud-Technologie im Rahmen der Herstellung und Distribution von Content voll auszuschöpfen,
- Controller:in zur Bewertung und Steuerung der Prozesse und deren Ressourcen.

Forschungsfrage F2: Welche Bewertungskriterien beurteilen die Ausschöpfung des cloudbasierten Innovationspotenzials zutreffend?
Die Beantwortung der Frage nach den Bewertungskriterien für die Ausschöpfung des Cloud-Potenzials (F2) wird im Kapitel 4.2.1.1 zunächst durch die Synthese und dann im Kapitel 4.2.1.2 durch die Analyse der Kriterien ausführlich dargelegt. Unterschiedliche Informationsquellen und empirische Erhebungen führen zu einer systematisierten Liste von Kriterien, die in einer Befragung mit praxisorientierten, erfahrenen Vertreterinnen und Vertretern gereift und verbessert werden.

Die Kriterien werden erneut nach Erkenntnissen der summativen und formativen Evaluation angepasst und die Passfähigkeit wird optimiert (s. Kap. 4.3.2).

Forschungsfrage F3: Wie kann ein Reifegradmodell für die Ausschöpfung der Potenziale der Cloud-Technologie in der Fernsehproduktion dargestellt werden?
Die Darstellung des Modells (F3) wird im Kapitel 4.1.3 und abschließend im Kapitel 4.2.2 thematisiert. Das Herleiten der Messmethoden aus dem Konzept des Modells und aus den Angaben der Erhebung vervollständigen das zu entwickelnde Reifegradmodell um eine Checkliste zu Voraussetzungen sowie um ein Scoring zur Gesamtauswertung des Reifegrades (s. Kap. 4.2.2). Das Reifegradmodell in beispielhafter Form als Excel-Tabelle befindet sich im Anhang 10.

Forschungsfrage F4: Wie kann ein Reifgradmodell in der Praxis zum Einsatz kommen?
Die Frage nach dem abschließenden Einsatz in der Praxis (F4) wird im Kapitel 4.4 konkretisiert, in dem die Anleitung für den Modell-Einsatz beschrieben wird. Das Reifegradmodell für cloudbasierte Fernsehproduktion kommt in der Praxis als Entscheidungs-, Optimierungshilfe oder Argumentationsgrundlage zum Einsatz. Es hat verschiedene Neben- und Hauptanwendungsgebiete zur Bewertung von Fernsehproduktionsprozessen und zum Einsatz von Cloud-Technologie in diesem Umfeld. Es wird in einem Self Assessment von mindestens drei Personen eingesetzt, dessen fünf-stufiger Ablauf skizziert ist. Der Zeitaufwand beläuft sich auf ca. 1,5 Stunden und sollte halbjährlich/jährlich wiederholt werden (s. Kap. 4.4).

Dadurch wird insgesamt die **übergreifende Forschungsfrage** der Dissertationsschrift „Wie muss ein Prozessreifegradmodell gestaltet sein, das Fernsehsender zielgerichtet unterstützt, die Potenziale der Cloud-Technologie zur Optimierung von Prozessen voll auszuschöpfen?“ beantwortet.

Das **methodische Vorgehen** wird durch die Anwendung des PLZs im Sinne des SEs, der vollständig durchlaufen wird, und die strukturierte Anwendung des Bottom-up-Vorgehensmodells nach de Bruin et al. ermöglicht (s. Kap. 1.3 und 3.3).

Die Kriterien für die **wissenschaftliche Qualität** (vgl. Döring/Bortz 2016, S. 90) werden erfüllt: Die *inhaltliche Relevanz* ist gegeben. Das Interesse seitens der Wissenschaft und seitens der Praxis wird im Kapitel 3.1 herausgestellt. Mit Erstellung des Reifegradmodells wird ein spezifisches Modell für die Praxis zur Verfügung gestellt. *Methodische* sowie *ethische Strenge* werden angewendet. Die *Präsentationsqualität* wird erzielt, indem die Dokumentation der Entwicklung schrittweise und strukturiert dargestellt wird. Die einschlägige Fachliteratur wird entsprechend durch Belege nachvollziehbar eingebunden.

Würdigung des Ergebnisses

Bereits in der summativen und formativen Evaluation (s. Kap. 4.3.1) wird ersichtlich, dass das Ergebnis aufgrund des jungen Forschungsfeldes noch eine **theorieorientierte Abstraktion** aufweist. Deshalb sind folgende Maßnahmen für den Einsatz des Reifegradmodells zu empfehlen:

- Die Methodenkenntnis und das Verständnis müssen erst erworben werden. Dafür ist mindestens eine Vorbesprechung oder ein begleitetes Heranführen an das Thema notwendig.
- Die Akzeptanz des Vorgehens und der Technik muss erarbeitet werden. Geeignete Marketingmaßnahmen, die die Akzeptanz des Modells fördern, sind anzufügen.

Die Etablierung des Modells ist ausblickend ein nächster Schritt, der ein nicht unerhebliches Potenzial für die spätere Nutzung birgt. Die summative Evaluation liefert hierzu erste Erkenntnisse (s. Anhang 8), die es in weiteren Untersuchungen auszubauen gilt.

5.2 Schlussbetrachtung

Diese Arbeit stellt die Relevanz der Entwicklung eines Prozessreifegradmodells für cloudbasierte Fernsehproduktion dar und skizziert die Entwicklung eines solchen Modells. Das erarbeitet Prozessreifegradmodel schließt eine Forschungslücke und verknüpft die Fachgebiete „Cloud Computing", „Fernsehproduktion" und „Prozessoptimierung".

Die Frage nach dem Einfluss der Cloud-Technologie auf die Produktionsprozesse sowie die Folgen für die Prozessperformance werden thematisiert. Die technologische Entwicklung hat einen unmittelbaren Einfluss auf die prozessuale Organisation in einem Fernsehsender.

Im Hinblick auf die Forschung bildet das Prozessreifegradmodell damit einen Brückenschlag zwischen technischen und betriebswirtschaftlichen Erkenntnissen. Der Forschungsbeitrag dieser Arbeit liegt insbesondere darin, dieses Forschungsfeld durch Untersuchungen im Bereich cloudbasierter Fernsehproduktion zu ergänzen.

Durch die spezifische Modellentwicklung aus der Theorie kann eine praktische Hilfestellung geleistet werden. Für die Praxis bedeutet dies, dass ein anwendungsnahes Instrumentarium gefunden wurde, welches dabei unterstützt, das große Potenzial der Cloud-Technologie zielgerichtet auszuschöpfen.

Literaturverzeichnis

Allweyer, T.: Geschäftsprozessmanagement – Strategie, Entwurf, Implementierung, Controlling. IT-Lernen. Herdecke: W3L-Verlag, 2005.

Amazon Web Services, Inc.: *AWS Cloud Transformation Maturity Model.* 2017. Elektronische Veröffentlichung: https://d0.awsstatic.com/whitepapers/AWS-Cloud-Transformation-Maturity-Model.pdf, Zugriff am 02.05.2021.

Bach, N.; Brehm, C.; Buchholz, W.; Petry, T.: *Wertschöpfungsorientierte Organisation. Architekturen – Prozesse – Strukturen.* Wiesbaden: Gabler Verlag/Springer Fachmedien, 2012.

Bc-Solution Service GmbH: *DIRECT CLOUD ACCESS - Wir sorgen für die Cloud Anbindung Ihres Unternehmens!* 2021. Elektronische Veröffentlichung: https://www.bc.de/loesungen/cloud/direct-cloud-access/?gclid=CjwKCAjwlY-CHBhAQEiwA4K21m7mtVLNn_0OE8B4u6u8IksuUAfpiZxXj61SXEFPe_A-Pu4ZcIMWGqRoCilEQAvD_BwE, Zugriff am 05.07.2021.

BearingPoint GmbH; BPM&O GmbH: *Business Process Management-Studie 2017. BPM macht kurzen Prozess mit der Digitalen Transformation.* Hamburg/Düsseldorf, 2017. Elektronische Veröffentlichung: https://www.bearingpoint.com/de-de/unser-erfolg/insights/bpm-studie-2017/ , Zugriff am 27.01.2021.

Becker, J.; Kahn, D.: *Der Prozess im Fokus.* In: Becker, J.; Rosemann, M.; Kugeler, M. (Hrsg.), Prozessmanagement: Ein Leitfaden zur prozessorientierten Organisationsgestaltung. 7. Aufl., Berlin, Heidelberg: Springer, 2012.

Becker, J.; Knackstedt, R.; Pöppelbuß, J.: Entwicklung von Reifegradmodellen für das IT-Management – Vorgehensmodell und praktische Anwendung. In: Wirtschaftsinformatik. Heft 3, 2009a, S. 249-260.

Becker, J.; Mathas, C.; Winkelmann, A.: *Geschäftsprozessmanagement.* Berlin, Heidelberg: Springer, 2009b.

Bernerstätter, R.: Reifegradmodell zur Bewertung der Inputfaktoren für datenanalytische Anwendungen-Konzeptionierung am Beispiel der Schwachstellenanalyse. Dissertation Montanuniversität Leoben, Leoben, 2019.

Binder, B. C.; Morelli, F.; Ochs, T.; Riemann, U.: Prozesscontrolling in der Cloud. In: Barton, T.; Herrmann, F.; Meister, V. G.; Müller, C.; Seel, C. (Hrsg.), Prozesse, Technologie, Anwendungen, Systeme und Management. Tagungsband zur 29. AKWI-Jahrestagung. S. 65-77. Brandenburg: Technische Hochschule Brandenburg, 2016. Elektronische Veröffentlichung: https://opus4.kobv.de/opus4-oth-regensburg/frontdoor/deliver/index/docId/276/file/AKWI-Tagungsband_2016.pdf#page=66, Zugriff am 02.05.2021.

BITKOM Bundesverband Informationswirtschaft, Telekommunikation und neue Medien e. V. (Hrsg.): *Cloud Computing – Evolution in der Technik, Revolution im Business. BITKOM-Leitfaden.* Berlin, 2009. Elektronische Veröffentlichung: https://www.bitkom.org/sites/default/files/file/import/090921-BITKOM-Leitfaden-CloudComputing-Web.pdf, Zugriff am 06.05.2021.

de Bruin, T.; Rosemann, M.; Freeze, R.; Kulkarni, U.: *Understanding the main phases of developing a maturity assessment model.* In: Proceedings of the 16th Australasian Conference on Information Systems (ACIS). Sydney: Australasian Chapter of the Association for Information Systems, 2005, S. 8-19.

Christensen, C. M.: The Innovator's Dilemma: When New Technologies Cause Great Firms to Fail. Boston: Harvard Business Review Press, 1997.

DeGEval – Gesellschaft für Evaluation e. V.: *Glossar der Standards für Evaluation. Evaluation.* 2021. Elektronische Veröffentlichung: https://www.degeval.org/degeval-standards/glossar-der-standards-fuer-evaluation/, Zugriff am 16.06.2021.

DeLSt GmbH – Deutsches eLearing Studieninstitut: *Kollaboratives Arbeiten.* 2021. Elektronische Veröffentlichung: https://www.delst.de/de/lexikon/kollaboratives-arbeiten/, Zugriff am 05.07.2021.

Devoncroft Partners LLC: *The Media and Entertainment Cloud Adoption Index, December 2017.* 2017. Elektronische Veröffentlichung: http://blog.devoncroft.com/2017/11/29/introducing-the-devoncroft-me-cloud-adoption-index/, Zugriff am 17.05.2021.

Döring, N.; Bortz, J.: Forschungsmethoden und Evaluation in den Sozial- und Humanwissenschaften. 5. Aufl., Berlin, Heidelberg: Springer, 2016.

Dörr, D.; Holznagel, B.; Picot, A.: Legitimation und Auftrag des öffentlich-rechtlichen Fernsehens in Zeiten der Cloud. ZDF, 2016.

EABPM.org: *BPM*, 2021. Elektronische Veröffentlichung: http://www.e-abpm.org/?page_id=5, Zugriff am 18.03.2021.

Ebner, A.: *Vorgehensweise für die Prozessmodellierung und Prozessanalyse in der Fernsehproduktion.* In: FKT – Fachzeitschrift für Fernsehen, Film und Elektronische Medien. Heft 6, 2009, S. 302-306.

EBU BPN 126: Version 1.22 2020. The EBU Business Capability Map.

EBU R 146: 2017. Cloud Security for Media Companies.

EBU TR 041: Version 1.0 2017. Modellierung der Kerngeschäftsobjekte und des Geschäftsprozesszyklus in digitalen Medienunternehmen.

Gadatsch, A.: Grundkurs Geschäftsprozess-Management. Analyse, Modellierung, Optimierung und Controlling von Prozessen. 8. Aufl., Wiesbaden: Springer Fachmedien, 2017.

Gausemeier, J.; Dumitrescu, R.; Steffen, D.; Czaja, A.; Wiederkehr, O.; Tschirner, C.: *Systems Engineering in der industriellen Praxis*. 2013. Elektronische Veröffentlichung: https://www.hni.uni-paderborn.de/fileadmin/Fachgruppen/Seniorprofessur_Gausemeier/systemsengineerings/Studie_Systems-Engineering.pdf, Zugriff am 16.02.2017.

Gebesmair, M.; Nölleke-Przybylski, P.: *Schlüsselaspekte der Medienproduktion.* In: Krone, J.; Pellegrini, T. (Hrsg.), Handbuch Medienökonomie. Wiesbaden: Springer Fachmedien, 2020. S. 585-622.

Gericke, A.; Bayer, F.; Kühn, H.; Rausch, T.: *Der Lebenszyklus des Prozessmanagements.* In: Bayer, F.; Kühn, H. (Hrsg.), Prozessmanagement für Experten. Berlin, Heidelberg: Springer, 2013.

Gläser, M.: *Medienmanagement*. 3. Aufl., München: Verlag Franz Vahlen GmbH, 2004.

Gläser, M.; Kühnle, B. A.: Handbuch Mediencontrolling. Performanceorientierte Steuerung in der Medienindustrie. München: UVK Verlag, 2020.

Haberfellner, R.; de Weck, O.; Fricke, E.; Vössner, S. (Hrsg.): *Systems Engineering: Grundlagen und Anwendung*. 13. Aufl., Zürich: Orell Füssli Verlag AG, 2015.

Hammer, M.; Champy, J.: *Reengineering the corporation. A Manifesto for Business Revolution.* New York: HarperCollins Publishers, 1994.

Hammer, M.: *What is Business Process Management?* In: vom Brocke, J.; Rosemann, M. (Hrsg.), Handbook on Business Process Management 1. International Handbooks on Information Systems. 2. Aufl., Berlin, Heidelberg: Springer, 2015. S. 3-16.

Harmon, P.: *The scope and evolution of business process management.* In: vom Brocke, J.; Rosemann, M. (Hrsg.), Handbook on Business Process Management 1. International Handbooks on Information Systems. 2. Aufl., Berlin, Heidelberg: Springer, 2015. S. 37-80.

Hentschel, R.; Leyh, C.: *Cloud Computing: Status quo, aktuelle Entwicklungen und Herausforderungen.* In: Reinheimer, S. (Hrsg.), Cloud Computing. Wiesbaden: Springer Vieweg, 2018. S. 3-20.

Herzwurm, G.; Henzel, R.: *Cloud-Computing – gekommen um zu bleiben.* In: Kollmann, T. (Hrsg.), Handbuch Digitale Wirtschaft. Wiesbaden: Springer Fachmedien, 2020. S. 877-909.

Von der Howen, L.: *Was sind Microservices?* 2021a. Elektronische Veröffentlichung: https://www.cloud-mag.com/microservices/, Zugriff am 05.07.2021.

Von der Howen, L.: *Was ist Multi-Cloud?* 2021b. Elektronische Veröffentlichung: https://www.cloud-mag.com/was-ist-multi-cloud/, Zugriff am 05.07.2021.

IBM Corp.: *Working with Growing Files*, 2020. Elektronische Veröffentlichung: https://www.ibm.com/docs/en/aspera-console/3.4.1?topic=ww-working-growing-files, Zugriff am 05.07.2021.

Ihne, C. W.: *Workflows in Magazin- und Nachrichtenproduktionen.* Media Event des Instituts für Medientechnik, Ilmenau: Technischen Universität Ilmenau, 2018.

Jochem, R.: Was kostet Qualität - Wirtschaftlichkeit von Qualität ermitteln. München: Carl Hanser Verlag GmbH & Co. KG, 2010.

Karstens, E.; Schütte, J.: *Praxishandbuch Fernsehen. Wie TV-Sender arbeiten.* 3. Aufl., Wiesbaden: Springer Fachmedien, 2013.

Keltsch, M.: *Sind Sie „Cloud-ready"? - geschäftliche, technische und rechtliche Herausforderungen der Media Cloud.* FKTG Firmenforum – „Production in the Cloud", München: Institut für Rundfunktechnik GmbH, 2016.

Keltsch, M.: *Hybrid und Multi Cloud – Chancen und Herausforderungen für den Rundfunk.* In: FKT – Fachzeitschrift für Fernsehen, Film und Elektronische Medien. Heft 12, 2018, S. 35-38.

Klimsa, P.: Digitale Medienprodukte. Grundlagen der Medienproduktforschung. Norderstedt: BoD – Books on Demand, 2017.

Klimsa, P.; Vogt, S.: *Technik, Organisation und Content – Elemente der Medienproduktion.* In: Klimsa, P.; Vogt, S. (Hrsg.), Europäische Tagung zur Medienproduktion. Tagungsband. Ilmenau: Universitätsverlag Ilmenau, 2007. Elektronische Veröffentlichung: https://www.researchgate.net/publication/220006998_Technik_Organisation_und_Content_-_Elemente_der_Medienproduktion, Zugriff am 02.04.2017.

Kloth, C.: Systemgestaltung im Broadcast Engineering. Prozessorientierte Konzeption integrierter Fernsehproduktionssysteme. Wiesbaden: Vieweg+Teubner Verlag, 2010.

Kloth, C.: *Herausforderungen einer integrierten, file-basierten Fernsehproduktion.* In: FKT – Fachzeitschrift für Fernsehen, Film und Elektronische Medien. Heft 10, 2011, S. 552-558.

Kovarova-Simecek, M.; Aubram, T.: *Controlling in Medienunternehmen.* In: Krone, J.; Pellegrini, T. (Hrsg.), Handbuch Medienökonomie. Wiesbaden: Springer Fachmedien, 2020. S. 649-675.

KPMG AG Wirtschaftsprüfungsgesellschaft: *Cloud-Monitor 2020. Die Intergrationsfähigkeit und Interoperabilität der Cloud stärken.* 2020. In Zusammenarbeit mit bitkom research. Elektronische Veröffentlichung: https://hub.kpmg.de/hubfs/LandingPages-PDF/cloud-monitor-2020-final-sec.pdf?utm_campaign=Cloud-Monitor %202020&utm_medium=email&_hsmi=89862586&_hsenc=p2ANqtz--Y3oZUwpTMY_QJqXdofmWMZP_PtQ7chqV_Jp1_bBCV8bE5yEzFPpiXAyqAnWZ-BAiJFdg9g6MYX_vqH8SuoREjN0E58LGXaPZ4yKFgjZJJYD2otBZc&utm_content=89862586&utm_source=hs_automation, Zugriff am 02.09.2020.

Krömker, H.; Klimsa, P. (Hrsg.): *Handbuch Medienproduktion. Produktion von Film, Fernsehen, Hörfunk, Print, Internet, Mobilfunk und Musik.* Wiesbaden: VS Verlag für Sozialwissenschaften/GWV Fachverlag GmbH, 2005.

Lasrado, A. L.; Vatrapu, R. K.; Andersen, K. N.: *Maturity Models Development in IS Research: A Literature Review.* In: Selected Papers of the Information Systems Research Seminar in Scandinavia (IRIS). 2015, Nr. 6.

Luczak, H.; Becker, J. (Hrsg.): Workflowmanagement in der Produktionsplanung und -steuerung: Qualität und Effizienz in der Auftragsabwicklung steigern. Berlin, Heidelberg, New York: Springer, 2003.

Luntovskyy, A.; Gütter, D.: Moderne Rechnernetze: Protokolle, Standards und Apps in kombinierten drahtgebundenen, mobilen und drahtlosen Netzwerken. Wiesbaden: Springer Fachmedien, 2020.

Mayring, P.: *Qualitative Inhaltsanalyse.* 12. Aufl., Weinheim: Beltz, 2015.

Mell, P. M.; Grance, T.: The NIST definition of cloud computing: Recommendations of the National Institute of Standards and Technology (Special Publication, 800-145). Gaithersburg, MD: National Institute of Standards and Technology (NIST), 2011.

Mettler, T.: *Maturity assessment models: a design science research approach.* In: International Journal of Society Systems Science. 2011, 3. Jg. Nr. 1-2, S. 81-98.

Momot, L.: *Microservices – Kommunikation.* 2016. Elektronische Veröffentlichung: https://www.sdx-ag.de/2016/11/microservices-kommunikation/, Zugriff am 05.07.2021.

Moonasar, V.; Naicker, V.: *Cloud capability maturity model: A study of South African large enterprises.* In: South African Journal of Information Management. 2020, 22. Jg., Nr. 1, S. 1-12.

Open Alliance for Cloud Adoption, Inc.: *OPEN ALLIANCE FOR CLOUD ADOPTION^SM USAGE MANUAL: CLOUD MATURITY MODEL.* 2021. Elektronische Veröffentlichung: https://www.oaca-project.org/wp-content/uploads/2021/03/CloudMaturityModelUM-4.5.pdf, Zugriff am 02.05.2021.

Porter, M. E.: Wettbewerbsvorteile: Spitzenleistungen erreichen und behaupten. Frankfurt am Main: Campus Verlag GmbH, 1986.

Rosemann, M.; vom Brocke, J.: *The six core elements of business process management.* In: vom Brocke, J.; Rosemann, M. (Hrsg.), Handbook on Business Process Management 1. International Handbooks on Information Systems. 2. Aufl., Berlin, Heidelberg: Springer, 2015. S. 105-122.

Röglinger, M.; Kamprath, N.: *Prozessverbesserung mit Reifegradmodellen. Eine Analyse ökonomischer Zusammenhänge.* In: ZfB – Zeitschrift für Betriebswirtschaft. Heft 82, 2012, S. 509-538.

ScaleUp Technologies GmbH & Co. KG: *Cloud Basics: Wie unterscheiden sich Elastizität und Skalierbarkeit im Cloud Computing?* 2018. Elektronische Veröffentlichung: https://www.scaleuptech.com/de/blog/elastizitaet-und-skalierbarkeit-im-cloud-computing/, Zugriff am 05.07.2021.

Schäfer, R.: *Smarte Produktion smarter Medieninhalte in der Cloud.* In: Kaiser, M. (Hrsg.), Innovation in den Medien. Crossmedia – Storywelten – Change Management. 2. Aufl., München: Verlag Dr. Gabriele Hooffacker / MedienNetzwerk Bayern, 2015. S. 261-273.

Schäfer, R.; Keltsch, M.; Altendorf, P.; Polanec-Kutija, G.: *Cloud-Lösungen in Medienproduktion und Rundfunk.* In: FKT – Fachzeitschrift für Fernsehen, Film und Elektronische Medien. Heft 3, 2015, S. 78–82.

Schindler, T.; Ewert, M.: *Konzept des Process Owner - Harmonisierung, Standardisierung und Zentralisierung von Produktionsprozessen.* FIT 2018 – Die Fachtagung des ARD/ZDF Netzwerks IT in Zusammenarbeit mit dem ORF und SRG/SSR am Institut für Rundfunktechnik, München: Institut für Rundfunktechnik GmbH, 2018.

Schmelzer, H. J.: *Ganzheitliches Geschäftsprozessmanagement erfolgreich umsetzen.* In: Controlling & Management. 2011, 55. Jg., Nr. 2, S. 69-79.

Schmelzer, H. J.; Sesselmann, W.: *Controlling in Geschäftsprozessen: Erfahrungen und Empfehlungen aus der Praxis.* In: krp – Kostenrechnungspraxis – Zeitschrift für Controlling, Accounting & System-Anwendungen. Heft 6, 2001, 45. Jg., S. 329-335.

Schmelzer, H. J.; Sesselmann, W.: *Geschäftsprozessmanagement in der Praxis.* 9. Aufl., München: Carl Hanser Verlag GmbH & Co. KG, 2020.

Schneider, S.; Spor, M.; Haustedt-Sommer, O.: *Microservices im Medienbereich.* In. FKT – Fachzeitschrift für Fernsehen, Film und Elektronische Medien. Heft 3, 2019, S. 21-26.

Schönauer, A.: Online-Produktion im Wandel der Zeit. Die Ausrichtung der Fernseh-Produktionsprozesse an zeitgemäßen Verbreitungsformen. In: FKT – Fachzeitschrift für Fernsehen, Film und Elektronische Medien. Heft 10, 2017, S. 441-444.

Schumann, M.; Hess, T.; Hagenhoff, S.: *Grundfragen der Medienwirtschaft. Eine betriebswirtschaftliche Einführung.* 5. Aufl., Berlin, Heidelberg: Springer, 2014.

Scriven, M.: Evaluation thesaurus. 4. Aufl., California: Sage, 1991.

Seidlmeier, H.: Prozessmodellierung mit ARIS®: Eine beispielorientierte Einführung für Studium und Praxis in ARIS 9. 4., aktual. Aufl., Wiesbaden: Springer Vieweg, 2015.

Seitz, M.; Jablonski, S.: *Evolutionäres Prozess-Engineering – der angemessene Grad an Prozessunterstützung.* In: HMD Praxis der Wirtschaftsinformatik, Heft 4, 2012, 49. Jg., S. 93-102.

Sjurts, I.: *Organisation der Contentproduktion: Strategische Alternativen aus ökonomischer Sicht.* In: Sydow, J.; Windeler, A. (Hrsg.), Organisation der Content-Produktion. Wiesbaden: VS Verlag für Sozialwissenschaften/GWV Fachverlag GmbH, 2004. S. 18-36.

Sunna, P.: *Live production in the cloud – learning through collaboration.* In: tech-i – Media Technology & Innovation. Heft 47, 2021, S. 8-9.

Sydow, J.; Wirth, C.: *Produktionsformen von Mediendienstleistungen im Wandel – Von einer Variante der Netzwerkorganisation zur anderen.* In: Sydow, J.; Windeler, A. (Hrsg.), Organisation der Content-Produktion. Wiesbaden: VS Verlag für Sozialwissenschaften/GWV Fachverlag GmbH, 2004. S. 103-124.

Uhl, S.: *Skalierbar, intelligent und kostengünstig. Welche Vorteile neue Private-Cloud-Systeme Medienunternehmen bringen.* In: FKT – Fachzeitschrift für Fernsehen, Film und Elektronische Medien. Heft 4, 2020. Elektronische Veröffentlichung: https://www.fkt-online.de/archiv/artikel/2020/fkt-4-2020/27639-skalierbar-intelligent-und-kostenguenstig/, Zugriff am 26.04.2021.

Uhlig, T.: *Figure 3 – Comparison of sequential and parallel processing*, 2014. Elektronische Veröffentlichung: https://www.researchgate.net/figure/Comparison-of-sequential-and-parallel-processing_fig3_280937197, Zugriff am 05.07.2021.

Van Looy, A.: Business process maturity: A comparative study on a sample of business process maturity models. Cham Heidelberg u. a.: Springer Science & Business Media, 2014.

Wikipedia, Die freie Enzyklopädie: *High Definition Television*, 2021a. Elektronische Veröffentlichung: https://de.wikipedia.org/w/index.php?title=High_Definition_Television&oldid=213225735, Zugriff am 05.07.2021.

Wikipedia, Die freie Enzyklopädie: *Prozessautomatisierung (Betriebswirtschaft)*, 2021b. Elektronische Veröffentlichung: https://de.wikipedia.org/w/index.php?title=Prozessautomatisierung_(Betriebswirtschaft)&oldid=211086459, Zugriff am 05.07.2021.

Wirtz, B. W.: *Medien- und Internetmanagement.* 10. Aufl., Wiesbaden: Gabler Verlag/Springer Fachmedien, 2019.

Wolf, E.; Appelhans, L.; Klose, R.: Organisatorische Prozessoptimierung. In: Bayer, F.; Kühn, H. (Hrsg.), Prozessmanagement für Experten. Berlin, Heidelberg: Springer, 2013.

ZDF: Ein Tag im ZDF heute journal. 18-minütiges Video vom 24.10.2018. Elektronische Veröffentlichung: https://www.zdf.de/nachrichten/heute-journal/videos/ein-tag-im-heute-journal-100.html, Zugriff am 30.05.2021.

Züst, R.: Einstieg ins Systems Engineering: Optimale, nachhaltige Lösungen entwickeln und umsetzen. 3. Aufl., Zürich: Verlag Industrielle Organisation, 2004.

Zydorek, C.: Grundlagen der Medienwirtschaft. Algorithmen und Medienmanagement. Wiesbaden: Springer Fachmedien, 2018.

Betreute Bachelor- und Masterarbeiten

Bau, B.; Co-Betreuer: Bauer, M.; Betreuer: Severin, S.: *Analyse des Medienproduktionsprozesses zur Optimierung mit Cloudtechnologie am Fallbeispiel des ZDF*. Unveröffentlichte Masterarbeit, Ilmenau: Technische Universität Ilmenau, 2019.

Kielholz, M.-M.; Co-Betreuer: Bauer, M.; Betreuer: Severin, S.: Ist die Innovation „Cloud“ schon in der Fernsehproduktionspraxis angekommen? – Markt- und Branchenanalyse zum Thema Cloud-Einsatz im Fernsehproduktionsprozess. Unveröffentlichte Bachelorarbeit, Ilmenau: Technische Universität Ilmenau, 2020.

Abkürzungsverzeichnis

API	Application Programming Interface
ARD	Arbeitsgemeinschaft der öffentlich-rechtlichen Rundfunkanstalten der Bundesrepublik Deutschland
AWS	Amazon Web Service
BIMM	Business Intelligence Maturity Model
BPM	Business Process Management
BPMM	Business Process Maturity Model
BPMN	Business Process Model and Notation
CAPEX	Capital Expenditure
CBC	Cologne Broadcasting Center GmbH
CMMI	Capability Maturity Model Integration
COBIT	Control Objectives for Information and Related Technology
CPU	Central Processing Unit
CTO	Content, Technik und Organisation
DeGEval	Deutsche Gesellschaft für Evaluation e. V.
DeLSt	DeLSt GmbH – Deutsches eLearing Studieninstitut
d. h.	das heißt
DevOps	Development Operations
EAM	Enterprise Architecture Management
EBU	European Broadcasting Union
EFQM	European Foundation of Quality Management
FKT	Fachzeitschrift für Fernsehen, Film und Elektronische Medien
GB	Gigabyte
GfSE	Gesellschaft für SE e. V.
ggf.	gegebenenfalls
GPM	Geschäftsprozessmanagement
HBBTV	Hybrid broadcast broadband TV
IaaS	Infrastructur as a Service
I. e. S.	Im engeren Sinne
INCOSE	International Council on Systems Engineering
IP	Internet Protokoll
IRT	Institut für Rundfunktechnik GmbH
ISO	International Organization for Standardization
IT	Informationstechnik
ITIL	Information Technology Infrastructure Library
KI	Künstliche Intelligenz
KPI	Key Performance Indicator
MAZ	Band mit Magnetbandaufzeichnung

NIST	National Institute of Standards and Technology
OPEX	Operational Expenditure
ORF	Österreichischer Rundfunk
PaaS	Platform as a Service
PI	Produktionsingenieur
PLZ	Problemlösungszyklus
PSB	Produktions- und Sendebetrieb
SaaS	Software as a Service
SE	Systems Engineering
SLA	Service-Level-Agreement
SOP	Sonderprojekte
SPICE	Software Process Improvement and Capability Determination
SSL	Secure Sockets Layer
SWR	Südwestrundfunk
u. a.	unter anderem
UI	User Interface
WFM	Workflowmanagement
ZDF	Zweites Deutsches Fernsehen
z. B.	zum Beispiel

Abbildungsverzeichnis

Tabellenverzeichnis

Anhang

Aufgrund des Umfanges ist der Anhang nur in elektronischer Form unter DOI 10.22032/dbt.55664 einsehbar.

Wenn Sie zur Datenlage Austauschbedarf haben, dann melden sich gerne per Mail severin-sandra@t-online.de.

Ich freue mich auf Ihre Kontaktaufnahme.